dtv MERIAN reiseführer

Bordeaux
Atlantikküste
Périgord

Von Ralph Braun
und Thorsten Droste

Deutscher
Taschenbuch
Verlag

Gräfe und Unzer Verlag, München
Reiseredaktion
Lektorat/Redaktion: Claudia Strand
Bildredaktion: Claudia Strand
Kartenredaktion: Dagmar Piontkowski

**Wir freuen uns, Ihre Meinung zu
diesem Reiseführer zu erfahren.
Bitte schreiben Sie uns, wenn Sie
Berichtigungen und Ergänzungs-
vorschläge haben oder wenn Ihnen
etwas besonders gut gefällt.**

Gräfe und Unzer Verlag
Reiseredaktion
Stichwort: dtv MERIAN
Postfach 40 07 09
Isabellastraße 32
80 707 München

Originalausgabe
1. Auflage 1995
Deutscher Taschenbuch Verlag
GmbH & Co. KG, München
© Gräfe und Unzer Verlag GmbH,
München
Visuelles Konzept und
Umschlaggestaltung:
Klaus Meyer/Jorge Schmidt,
München
Umschlagfoto: Martin Thomas,
Château Monbazillac im Périgord
Kartographie: Huber, München
Produktion:
Verlagsbüro Walter Lachenmann,
Waakirchen-Schaftlach
Druck und Bindung:
Kösel, Kempten

Printed in Germany
ISBN 3-423-37004-1

Inhalt

A
↓
Z

Austernfischer
bei der Arbeit in
Gujan-Mestras

**Erste
Begegnung
mit Bordeaux
Atlantikküste
Périgord**

Leben wie Gott in Frankreich

Wer begeistert davon berichtet, er habe einen erholsamen Urlaub im Poitou verbracht oder eine anregende Besichtigungstour durch das Périgord unternommen, wird immer noch auf Unverständnis stoßen. Zwar hat es sich mittlerweile wirklich überall herumgesprochen, daß Ferien in Frankreich allemal ein genußreiches Erlebnis sind. Aber man muß dann doch den Atlas bemühen, mit dem Finger auf der Landkarte herumfahren und wortreiche Erklärungen abgeben, um begreiflich zu machen, wo man denn überhaupt gewesen ist. Es ist ein Phänomen: Während jeder eine feste Vorstellung von Burgund, von der Provence oder der Bretagne hat, so ist der Südwesten Frankreichs für viele immer noch eine »terra incognita«. Von den herrlichen Stränden hat man schon gehört, und fällt der Name Bordeaux, glänzt das Auge des Weinkenners, doch welch' unerhörte Vielfalt landschaftlicher Schönheiten, kunstgeschichtlicher Höhepunkte und schier unerschöpflicher Möglichkeiten es gibt, erholsam und anregend zugleich Ferien südlich des Loirebogens zu verbringen, davon ist nur wenig bekannt.

Dieser Band erschließt einen Teil Frankreichs, der in jeder Hinsicht mit den bekannten Regionen des Landes konkurrieren kann. Der Vorteil dabei ist, daß der Reisende in Gebiete gelangt, die auch heute noch abseits der touristischen Trampelpfade liegen. Er erlebt Frankreich pur: unberührte Landschaften, Hotels mit familiärer Atmosphäre, Denkmäler, einmal nicht von Besucherscharen belagert, Einheimische, die den Reisenden freundlich aufnehmen. Der liebe Gott, dessen Wahlheimat Frankreich bekanntlich ist, hat sich von der lärmenden Côte d'Azur längst zurückgezogen und auch anderen Regionen den Rücken gekehrt, aber im Südwesten des Landes hat er sich ein köstliches Refugium erhalten. Wir wollen ihm dorthin folgen!

Die Vendée, Schwester der Bretagne

Folgt man von Tours dem Lauf der Loire nach Westen, so stößt man auf dem Wege nach Nantes zunächst noch auf die klangvollen Namen berühmter Schlösser: Langeais, Chinon, Saumur, Angers. Doch kaum verläßt man »le val«, wie die Franzosen das weltberühmte Loiretal kurz und bündig nennen, in südlicher Richtung, dringt man alsbald in die Einsamkeiten der Vendée vor. Das Auge streift über eine endlose Hügelkette, die sich nördlich der Loire im Armorikanischen Massiv der Bretagne fortsetzt. Von den Kuppen grüßen gelegentlich alte Windmühlen, die in den Vendéekriegen Ende des 18. Jahrhunderts eine wichtige militärische Rolle spielten: Die Aufständischen, die sich gegen das Terrorregiment Robespierres erhoben hatten, übermittelten sich durch unterschiedliche Stellung der Mühlenflügel verschlüsselte Botschaften. Heute rühren die stummen Zeugen der Vergangenheit in dieser idyllischen Landschaft an unser Gemüt. Von hier aus erreicht man bezaubernde Städtchen – Airvault, Thouars, Bressuire, Cholet, Parthenay und Fontenay-le-Comte –, die lediglich an Tagen, wenn Markt abgehalten wird, aus ihrer Beschaulichkeit aufschrecken. Und selbst wenn man die von Urlaubern frequentierte Küste erreicht, finden sich genügend Orte, an denen man nicht das Gefühl haben muß, in der Masse unterzugehen.

Besondere Refugien sind die Inseln der Vendée. Zwar ist die Ile de Noirmoutier schon seit vielen Jahren durch eine Brücke mit dem Kontinent verbunden, doch bieten ihre Strände nach wie vor genügend Platz zu ungestörter Erholung. Eine Perle ist die Ile d'Yeu, die schon die Römer als göttlich priesen, denn sie nannten sie die »insula dia«. Das Auto sollte man auf dem Festland lassen, weil einzig Fahrräder, die man am Hafen von Port Joinville ausleihen kann, als Fortbewegungsmittel auf dem Eiland zugelassen sind. Der Autofreund muß auf das Fahrrad umsteigen.

Ausgedehnte Sonnenblumenfelder bedecken die sommerliche Landschaft des Poitou

Das Poitou, Land der Flüsse und Kanäle

Südlich der Vendée beginnt das sogenannte Aquitanische Becken, das sich bis an den Fuß der Pyrenäen erstreckt. Den Namen Aquitanien für das südwestliche Frankreich lesen wir schon in Cäsars Kommentar zum Gallischen Krieg. Die Silbe »Aq« ist der Hinweis auf Wasser (lateinisch: aqua), so daß im Namen Aquitanien prägnant auf die zahllosen Flüsse angespielt wird, die geschwisterlich vereint dem Atlantik zustreben. Der nördliche Teil des Aquitanischen Beckens, durch die Vendée nach Norden und das Tal der Charente nach Süden begrenzt, ist das Poitou. Im Frühjahr überschäumen endlose Rapsfelder, im Sommer Sonnenblumenfelder wie gelbe Teppiche die sanft geschwungene Landschaft. Im Herzen des Poitou liegt das Marais Poitevin, einst eine ungesunde Sumpflandschaft, die von Mönchen im Mittelalter kanalisiert und fruchtbar gemacht wurde. Heute nennen die Franzosen diese von Tausenden kleiner Kanäle durchzogene Traumlandschaft schwärmerisch »Venise verte« (das grüne Venedig). Man gleitet auf schmalen Kähnen unter den Kronen jahrhundertealter Baumriesen entlang und vergißt in diesem »Spreewald Frankreichs« Raum und Zeiten. Wer die Erholung am Strand sucht, findet an der Küste zwischen Les Sables-d'Olonne und Rochefort eine gute Auswahl hübscher Badeorte mit weitläufigen Sandstränden. Wie vor der Küste der Vendée, so locken auch im Poitou besonders Inseln zu einer erfrischenden Begegnung mit dem Meer. Berühmt ist der Charente-Archipel mit den Inseln Aix, Ré und Oléron. Die Ile d'Oléron wurde schon 1966 durch eine Brücke mit dem Festland verbunden, 1988 wurde auch die kleinere Ile de Ré in dieser Form an die Leine gelegt. Das hat den Fremdenverkehr auf beiden Eilanden sprunghaft ansteigen lassen, so daß während der Hochsaison ein quirliges Treiben herrscht. Verständlich, denn die Küste des Poitou besitzt – abgesehen vom Spitzenreiter Provence – die meisten Sonnenstunden pro Jahr (2 500 Stunden in der Provence gegenüber 2 200 im Poitou). Die Ile d'Aix ist dagegen nicht nur eine Insel, sondern zugleich eine nationale Zwangsvorstellung. Da Kaiser Napoleon hier seine letzten Tage auf französischem Boden verbrachte, bevor ihn die Engländer 1815 in seine endgültige Verbannung auf die Insel St. Helena schickten, pilgern die am Atlantik urlaubenden Franzosen zuhauf auf die Insel, die deshalb meist von einem lärmigen Rummel erfüllt ist.

La Rochelle ist ein Kleinod an der französischen Atlantikküste. Es gibt kaum eine freundlichere Hafenstadt zwischen Bretagne und Pyrenäen. Alle Gebäude strahlen in glänzendem Weiß, man ergeht sich unter endlosen Arkaden, die die geschäftigen Straßen säumen, und immer weht vom Meer her eine erfrischende Brise. Die markanten

Türme an der Hafeneinfahrt haben den Schrecken ihrer einstigen militärischen Bestimmung verloren und fügen sich nahtlos in das heitere Ambiente der Stadt.

Einen der schönsten Märkte des ganzen Landes besitzt das Städtchen Niort, das auf halber Strecke zwischen Poitiers und La Rochelle liegt. Händler und Bauern aus der Umgebung bieten knackig frisches Gemüse und Salate, Obst, Fische, Backwaren und andere Köstlichkeiten feil. Namhafte Köche aus Paris versorgen sich hier allwöchentlich mit ihrem Bedarf an Frischwaren, der Urlauber deckt seinen Bedarf für das nächste Picknick oder füttert die Photokamera mit opulenten Motiven.

Saintonge und Angoumois, Schatztruhe der Romanik

In den Landschaften Saintonge und Angoumois beherrschen die Denkmäler des 12. Jahrhunderts unbestritten die Szene. Allein die zwei Hauptorte, Saintes und Angoulême, beide im Tal der Charente gelegen und Namensgeber ihres Umlandes, besitzen Kirchen, die zu den bedeutendsten Denkmälern der Epoche gehören: die Abbaye-aux-Dames und St-Eutrope in Saintes, die Kathedrale St-Pierre mit der größten Fassade der europäischen Romanik in Angoulême. In einem Umkreis von knapp 30 Kilometern um Saintes findet man mehr als 200 Denkmäler der Romanik, eine Dichte, wie es sie nirgends sonst in Europa gibt. Die Bauwerke selbst sind meist eher bescheiden, die Faszination besteht in ihrem plastischen Fassadendekor, wo sich inmitten strenger Theologie die überschäumende Phantasie des romanischen Bestiariums zu unvorstellbarem Reichtum entfaltet.

Inmitten der Orte Pont-l'Abbé-d'Arnoult, Fenioux, Corme-Royal, Rétaud, Rioux, Pérignac, Echebrune läßt der Name Cognac aufhorchen. Zwischen Saintes und Angoulême im Tal der Charente gelegen, spielt hier

Ehemals Zwischenstation für die Jakobspilger, heute romantische Kirchenruine: das Kloster La Sauve Majeure

die Kunst kaum eine Rolle, da sich alles um den Weinbrand dreht, der das Städtchen weltberühmt gemacht hat. Der Ort selbst wirkt ernüchternd, denn ein mikroskopisch kleiner Pilz, der von den Ausdünstungen aus den Cognacfässern lebt, hat alle Häuser mit einem Graufilm überzogen. Es heißt, daß alljährlich so viel Cognac aus den Eichenfässern verdunstet, wie im selben Zeitraum von dem köstlichen Getränk in ganz Frankreich konsumiert wird. »Part des anges«, Anteil der Engel, nennt man den Verlust, der nicht den Engeln, sondern den Pilzen zur Lebensfreude dient. Welch ein Dasein für einen Pilz!

Das Périgord, Märchenland der Höhlen und der Trüffel

Das Périgord ist nicht nur die Herzlandschaft Aquitaniens, sondern zugleich die Wiege der Menschheit. In den Höhlen in den Tälern der Vézère und der Dordogne erzählen Felsbilder, Ritzungen und Reliefs von der Kultur des Cro-Magnon-Menschen, der vor weit mehr als 10 000 Jahren im südwestlichen Frankreich siedelte. Lascaux, die berühmteste aller Höhlen neben dem spanischen Altamira, ist schon seit 1962 nicht mehr zugänglich. Als Ersatz wurde 1983 die »Lascaux II« genannte Kopie geschaffen, die in verblüffender Originaltreue dem Besucher die Faszination der steinzeitlichen Höhlenmalerei vor Augen führt. Im Original erlebt man dergleichen noch in Font-de-Gaume oder in Pech-Merle in der Nachbarlandschaft Quercy. Anlaß zum Staunen gibt auch der monumentale Fries im Abri du Cap-Blanc. In Lebensgröße und mit einer frappierenden Genauigkeit in der Wiedergabe anatomischer Wirklichkeit sind dort mehrere Pferde in Relief dargestellt. Es sind die ältesten uns bekannten Skulpturen der Menschheit, von einem namenlosen Michelangelo der Steinzeit geschaffen.

Neben Höhlen mit Kunstwerken aus der letzten Eiszeit gibt es auch eine Fülle solcher Grotten, in denen man die Vielfalt der Kalksinterbildungen bewundern kann: Gouffre de Proumeyssac, Le Grand Roc, Carpe Diem. Neben spindeldürren sogenannten Fistuleuses hängen kräftige Stalaktiten von der Höhlendecke, von unten wachsen ihnen die Stalagmiten sehnsuchtsvoll entgegen – Jahrtausende vergehen, bis sich beide in einer »colonne en formation« miteinander vereinigen, denn Tropfsteine wachsen im Schnitt nur einen Zentimeter pro Jahrhundert!

Taucht man aus der Märchenwelt der unterirdischen Höhlen wieder auf, sieht man sich in eine liebliche Landschaft versetzt, in der üppig übergrünte Hügel mit schroffen Felsformationen, weite Flußtäler mit engen Schluchten, bebautes Ackerland mit wilder Natur wechseln. Henry Miller, der das Périgord 1938 besuchte, befand über die Dordogne, »daß selbst ein flüchtiger Ausblick auf den schwarzen, geheimnisvollen Fluß bei Domme von der wunderschönen steilen Anhöhe am Stadtrand aus etwas ist, für das man das ganze Leben lang dankbar sein muß«. Und weiter schwärmt der sonst so hartgesottene Autor lyrisch: »Für mich gehört dieser Fluß, dieses Land dem Dichter Rainer Maria Rilke... es ist das verzauberte Land, das von Dichtern entdeckt wurde und auf das nur sie Anspruch erheben dürfen... Nennen wir es großzügig das Paradies der Franzosen«.

Das Périgord haben auch die Menschen anderer Epochen als Paradies empfunden. Im Mittelalter, in der Renaissance und zur Zeit des Barock entstanden mehr als 1 000 Burgen und Schlösser an den Ufern der Dordogne und ihrer Nebenflüsse – mit dieser Zahl vermag nicht einmal die Loire zu konkurrieren. Man versteht, weshalb sich Engländer und Franzosen rund 300 Jahre um diesen Schatz prügelten. Beinahe vergißt man darüber die gleichfalls beachtlichen Schätze der Romanik: die kraftvollen Kuppelkirchen in Périgueux (die dortige Kathedrale St-Front ist die größte Kuppelkirche in Westeuropa!), Paunat, Cherval und Souillac. Um sich wie im Paradies zu fühlen, gehören aber zur Augenfreude auch die Vergnügungen des Gaumens, und in dieser Hinsicht erfüllt das Périgord alle Wünsche. Wer hier beim Tafeln die Kalorien zählt, ist selber schuld. Trüffeln verleihen den Pasteten von Gans und Ente, aber auch köstlichen Omelettes ihr unvergleichliches Aroma. Alle möglichen Spezialitäten vom Geflügel, von Wild und Rind, aus Flüssen und Weihern füllen die Speisekarten der Lokale. Dazu genießt man die vollmundigen Weine aus Ca-

Kleines kulinarisches Lexikon zur Küche im Périgord Im Périgord wie auch in den anderen Landschaften Südwestfrankreichs dreht sich alles um das Geflügel. Beim Studium der Speisekarte sollte man die einschlägigen Begriffe kennen.

Grundsätzlich zur Unterscheidung: »oie« ist die Gans, »canard« die Ente. Die größte Köstlichkeit ist der »foie gras« (Gänse- oder Entenstopfleber). Die Geflügelleber wird im Ganzen eingekocht, zum Teil mit Trüffeln verfeinert. Mit »terrine« ist nicht eine Suppe gemeint, sondern eine Pastete. Der Name rührt von den irdenen Gefäßen her, in denen der »pâté« angemacht wird. »Mousse de foie« nennt man eine durchpassierte Geflügelleber, die meist streichfähig ist und einen sehr feinen Geschmack hat. Eine kalorienträchtige Angelegenheit ist »rillette«, Enten- oder Gänseschmalz, das meist als Brotaufstrich zum Vorgericht gereicht wird. Mit »gésiers« (weichgekochtem Geflügelmagen, der in dünne Scheiben geschnitten ist) werden Salate garniert, ein gehaltvolles, originelles Vorgericht.

hors oder Bergerac. Eine *eau de vie* aus Mirabellen oder Kirschen oder ein alter Pflaumenschnaps (*vieille prune*) vertreiben am Ende des genossenen Mahles alle Sorgen um die Verdauung.

Das Bordelais, wo der Wein in Strömen fließt

Die Dordogne furcht ihr verschlungenes Mäandertal von der Auvergne in westlicher Richtung, die Garonne fließt ihr von Süden her aus den Pyrenäen entgegen. Nahe bei Bordeaux vereinen sich beide Ströme im breiten Trichter der Gironde. Dort liegt das berühmteste Weinanbaugebiet der Erde, das Bordelais. Bereits die Römer hatten die idealen Voraussetzungen dieser Region für den Weinbau erkannt: ein mildes Klima (bedingt durch den Golfstrom) mit gemäßigten Wintern und sonnigen, aber nicht zu heißen Sommern sowie ein Boden, der die optimale mineralogische Beschaffenheit besitzt und zugleich für eine ausgewogene Entwässerung sorgt.

Westlich der Gironde gedeihen im Médoc auf kargen Kieselböden, die den Weinstock dazu zwingen, seine Wurzeln metertief ins Erdreich vorzutreiben, tiefrote, bukettreiche Rotweine. Die Namen von Châteaux wie Margaux, Beychevelle, Pichon-Longueville, Lafite oder Mouton-Rothschild lassen das Herz jedes Weinkenners höher schlagen. Die Rotweine, die östlich der Gironde gezogen werden, gehören zu den kaum minder bekannten Lagen St-Emilion, Pomerol und Fronsac. Im Entre-Deux-Mers (zwischen den Meeren, nicht zwi-

Das Nationalgericht ist »le confit de canard«. Damit ist ein Stück von der Ente gemeint, in der Regel ein Schenkel, der im eigenen Fett eingemacht wird und je nach Geschmack kalt oder aufgewärmt genossen wird. Dazu ißt man »pommes sarladaises«, in Entenschmalz gebratene Kartoffelscheiben. Fast jedes Restaurant bietet auch das »magret de canard« an, Entenbrust, die wie ein Steak in der Pfanne gebraten oder über dem Rost gegrillt und dann in der Regel in Scheiben geschnitten serviert wird. Deftig ist der »cou farci«, der mit Fleischstückchen und Gewürzen gefüllte Enten- oder Gänsehals.

Neben Ente und Gans gibt es natürlich auch unterschiedliche Gerichte vom Huhn (»poulet«). Besonders fleischig und kräftig im Geschmack sind die »poulets jaunes« aus den Landes, die ihren Namen (gelbe Hühnchen) wegen des Maises tragen, mit dem man sie füttert. Weiteres Geflügel: »caille farcie« (gefüllte Wachtel) und die zarten »pigeons« (Tauben).

schen zwei Müttern! – gemeint sind Garonne und Dordogne, wo sich bis 100 Kilometer flußaufwärts der Wechsel von Ebbe und Flut bemerkbar macht) gedeiht ein fruchtiger, trockener Weißwein, die ideale Ergänzung zu jedem Fischgericht. Südlich von Bordeaux ist der Sauternes beheimatet, ein schwerer, süßer Dessertwein, den der Kenner zur Gänseleberpastete, aber auch zu Roquefortkäse genießt. Seit Jahrhunderten wird der Weinhandel über die Metropole Bordeaux abgewickelt. Behäbig liegt die »hanseatischste« unter den Küstenstädten Frankreichs am Ufer der Garonne und pflegt ein kühles Understatement. Hat man das von den Engländern gelernt? Tatsächlich gibt es keine andere Stadt auf dem Kontinent außer Hamburg, die einen derart engen Kontakt mit den Briten unterhalten hat. Als im 14. und 15. Jahrhundert ganz Frankreich im Chaos des Hundertjährigen Krieges versank, betrieben die Kaufleute von Bordeaux einen blühenden Handel mit England, das die Treue regelmäßig mit großzügigen Privilegien honorierte. Bordeaux besaß das Monopol im Weinhandel mit England.

Davon ist bis auf den heutigen Tag vieles lebendig geblieben. Gewiß, inzwischen wird der Wein aus dem Bordelais in alle Welt exportiert, neben den Engländern sind Deutsche, Holländer, Belgier und Amerikaner die Hauptabnehmer von dem, was nicht in Frankreich selbst konsumiert wird, aber noch immer reden die Engländer ein Wörtchen mit. Da sie nun nicht mehr als Landesherren auftreten können, denn

Die Abtei Cadouin ist als einziges der Zisterzienser-Klöster im Périgord erhalten

nach Ende des Hundertjährigen Krieges Mitte des 15. Jahrhunderts verblieben ihnen nur einige der einstmals französischen Kanalinseln, haben sie klammheimlich durch die Hintertür wieder ihr Terrain zurückerobert. Zahlreiche namhafte Weingüter befinden sich in englischem Besitz. Auch bei der Wahl des Zweitwohnsitzes nehmen die Engländer den ersten Platz ein.

Aber über Geld, Besitz, Anteile und dergleichen wird in Bordeaux nicht gesprochen. Geschäfte werden gemacht! Die Steuern aller kommen der Stadt zugute, die gerade in den letzten Jahren beachtliche Anstrengungen unternommen hat, ihr Gesicht aufzupolieren. Das Musée d'Aquitaine als eine Art Nationalmuseum Aquitaniens hat 1987 am Cours Pasteur eine noble neue Heimstatt gefunden. 1990 wurde in aufgelassenen Lagerschuppen im Hafenbezirk das Musée d'Art Contemporain eingerichtet, das inzwischen mit einigen spektakulären Ausstellungen zur aktuellen Gegenwartskunst international Aufsehen erregt hat. Auf Initiative des rührigen Bürgermeisters Jacques Chaban-Delmas sind westlich der Altstadt der Neubaukomplex Mériadeck und im Norden das Messezentrum entstanden. So besitzt Bordeaux durchaus das Flair einer modernen europäischen Großstadt, doch fügt sich das Neue mit der gewachsenen historischen Substanz harmonisch zusammen – in Frankreich keineswegs eine Selbstverständlichkeit!

Entlang der Vézère im Périgord reihen sich kunsthistorische Juwele aneinander. Einen Abstecher lohnt auf jeden Fall Tursac

Die Landes und das Baskenland

Von der Girondemündung bis zur spanischen Grenze zieht sich ein 200 Kilometer langer Strand entlang, der nur einmal, am Becken von Arcachon, unterbrochen wird. Da können noch so viele Urlauber kommen, es findet sich für jeden ein schönes Plätzchen. Bei Pilat türmen sich die Sandmassen in der »Dune du Pilat« zur größten Wanderdüne Europas auf: 118 Meter hoch und stolze 7 Kilometer lang. Wer auf ihrem Kamm steht, sieht nur das Blau des Meeres, das Weiß des Sandes und die endlose Grünfläche der Kiefernwälder der Landes de Gascogne, die erst im 19. Jahrhundert ihre systematische Aufforstung erfuhren. Dem Auge wird erst wieder sehr viel weiter südlich, am Fuße der Pyrenäen, Einhalt geboten. Dort drängen sich die mondänen Badeorte Hossegor, Capbreton, Biarritz, die große alte Dame unter den Seebädern der Atlantikküste, und das reizende St-Jean-de-Luz, wo Ernst von Salomon sein persönliches »Glück in Frankreich« fand (so der gleichlautende Titel seiner Reiseerinnerungen). Dieser äußerste Zipfel im Südwesten Frankreichs gehört zum Baskenland, dessen eigene Kultur sich in einer Sprache niederschlägt, die auch dem Sprachbegabtesten verschlossen bleibt. Sichtbar äußert sich das Baskische im Fachwerkbau, der den Orten dieser Region eine besonders heimelige Atmosphäre verleiht. Und eine Heiterkeit des Herzens schlägt dem Besucher entgegen, die ansteckend wirkt. Wer hier Station macht, wird Ausflüge in die Pyrenäen unternehmen. Ein beliebtes Ausflugsziel ist St-Jean-Pied-de-Port, wo einst die Ja-

Die Sprache des Weinetiketts Das Etikett jeder Weinflasche beinhaltet eine Fülle wichtiger Informationen, aus denen der Konsument etwas über Qualität, Herkunft und Abfüllort des Rebensaftes erfährt.
»Vin de table« ist die unterste Kategorie, die man meist nur in einfachen Lokalen vorgesetzt bekommt. Von guter, verläßlicher Qualität sind in aller Regel die »vins de pays«, die meist aus Reben verschiedener Lagen verschnitten und zu erschwinglichen Preisen angeboten werden. Die oberste Güteklasse wird durch die Kürzel »A.O.C.« ausgewiesen: Appellation d'origine contrôlée. Die Herkunft dieser Qualitätsweine wird durch staatliche Kontrollen garantiert. Innerhalb des Bordelais gibt es eine Unzahl kleiner Appellations, fast jede Gemeinde, oft ein einzelnes Château besitzt eine eigene Herkunftsbezeichnung. Bei den Bordeauxweinen wird innerhalb der Güteklasse A.O.C. noch einmal nach verschiedenen Graduierungen unterschieden, die vom »cru bourgeois« bis zum »pre-

kobspilger durchzogen. Eine Kostbarkeit der Romanik bietet die Kirche von St-Paul-lès-Dax. In die Außenmauer ihres Chores sind großformatige Reliefplatten mit Szenen aus dem Neuen Testament und der Apokalypse eingelassen – ein für die Romanik ungewöhnlicher Fall, da doch sonst der bildhauerische Dekor immer an den Portalen konzentriert erscheint. Der Liebhaber romanischer Kunst findet in Sorde-l'Abbaye und Lescar weitere Schätze. In den Chören beider Kirchen haben sich Fußbodenmosaiken des 12. Jahrhunderts erhalten. In Sorde handelt es sich um dekorative Muster, in Lescar sind bewegte Darstellungen der Jagd zu bewundern, darunter die ungewöhnliche Wiedergabe eine Mannes mit einer Beinprothese. Da das christliche Mittelalter derartige Möglichkeiten der Wiedergabe noch nicht kannte, wird an dieser Stelle deutlich, daß man sich intensiv mit den Errungenschaften der Araber auseinandergesetzt hat.

Ein originelles Denkmal besitzt das Städtchen Orthez: Die »Vieux Pont« genannte Wehrbrücke, deren Mitte ein steil aufragender Turm markiert.

Die Ausflüge lassen sich bis nach Oloron mit seiner sehenswerten romanischen Kirche Ste-Marie und Pau ausdehnen. Dort bestaunt man das Schloß Heinrich IV., »notre bon Henri«, des populärsten unter den Königen Frankreichs, dem, als er aus Gründen der Staatsräson zum Katholizismus konvertieren mußte, Paris eine Messe wert schien.

Wieviele Messen wären ihm wohl seine Heimat, Südwestfrankreich, wert gewesen?

mier grand cru« reichen. Weine der allerhöchsten Kategorie werden, zumal wenn es sich um gute Jahrgänge handelt, zu astronomischen Summen angeboten. Auf dem Etikett ist auch grundsätzlich vermerkt, ob der Wein auf dem eigenen Gut (»mis en bouteille au Château«) oder durch einen Zwischenhändler auf Flaschen abgefüllt wurde (»mis en bouteille par«... und dann folgt der Name des Händlers). Große Bedeutung hat natürlich auch die Angabe des »millésime«, des Jahrgangs. Hat man das Pech und erwischt die Flasche eines schwachen Jahres, so zahlt man unter Umständen einen hohen Preis nur für einen klangvollen Namen. Deshalb sollte man über die Qualität der letzten Jahre informiert sein. Infolge der heißen Sommer in jüngerer Zeit gibt es gleich mehrere Jahrgänge, die man als »Jahrhundertwein« apostrophieren kann. Das sind besonders die Weine der Jahre: 1982, 1983, 1985, 1989, 1990 und 1994. Gute Jahrgänge: 1984, 1986, 1991, 1993. Weniger zu empfehlen sind die Weine der Jahrgänge: 1980, 1981, 1992.

Geschichte und Gegenwart

Es gibt definitiv keine andere Region in Europa außer Südwestfrankreich, wo man auf begrenztem Raum praktisch alle Epochen der Menschheitskultur lückenlos erleben kann – von der prähistorischen Kunst der Eiszeit bis zur Kultur der Gegenwart. So eignen sich die Landschaften zwischen Loire und Pyrenäen nicht nur zum erholsamen Ferienaufenthalt, sondern sie vermitteln zugleich einen Geschichtsunterricht, wie man ihn sich lebendiger kaum vorstellen kann.

Präludium in grauer Vorzeit

Rund 40 000 Jahre vor unserer Zeitrechnung verabschiedete sich der Neandertaler aus der Evolutionsgeschichte der Menschheit; an seine Stelle trat der Cro-Magnon-Mensch als erster homo sapiens sapiens. Seinen Namen erhielt dieser nach einem Ortsteil des Städtchens Les Eyzies im Tal der Vézère, wo Mitte des 20. Jahrhunderts das erste Skelett eines Cro-Magnon gefunden wurde. Da die Archäologen inzwischen zahlreiche weitere Knochen des Cro-Magnon ergraben haben, läßt sich sein Aussehen verläßlich rekonstruieren. Um 10 000 v. Chr. endete die letzte Eiszeit. Man vermutet, daß die Sippen des Cro-Magnon ihrem wichtigsten Beutegut, den Herden der Rentiere, in den Norden folgten.

Der Cro-Magnon-Mensch ist der Schöpfer der einzigartigen Höhlenkunst. Deren wichtigste Werke finden sich im Raum des heutigen Südwestfrankreich und in Kantabrien in Nordspanien. Man spricht deshalb auch vom »franko-kantabrischen Kunstkreis«. Dieser ist erst spät wieder ins Bewußtsein der Menschheit gerückt. Die Höhlen waren

Der steinerne Urmensch steht vor dem Prähistorischen Museum in Les Eyzies-de-Tayac

Vorherige Seite: Meisterhafte Handwerkskunst bezeugen die Tapisserien im Schloß von Pau
Links: Eine kriegerische Geschichte verbindet man mit dem Château Montfort im Tal der Dordogne

verschüttet und über Jahrtausende in Vergessenheit geraten. 1879 waren es Kinderaugen, die zum ersten Mal in der Neuzeit Höhlenbilder wahrnahmen. Damals unternahm Graf M. de Sautuola Grabungen in einer Höhle, die zehn Jahre zuvor bei Santillana del Mar in Nordspanien entdeckt worden war. Mit dem Ausruf »mira, Papa, toros pintados!« (schau, Vater, gemalte Stiere) machte die kleine Tochter des Grafen, die den Vater in die Höhle von Altamira – so ihr späterer Name – begleitet hatte, auf Darstellungen von Stieren und anderen Tieren an der Decke der Grotte aufmerksam. Die Entdeckung der Bilder von Altamira wirkte wie ein Fanal. Aus ganz Europa strömten die Forscher nach Altamira, um den Sensationsfund zu begutachten. 1880 wurde eigens ein Kongreß der Vor- und Frühgeschichtler nach Lissabon einberufen. Doch das sich dem Ende zuneigende 19. Jahrhundert war noch nicht reif für die Erkenntnis, daß es bereits 10 000 Jahre vor den ägyptischen Pyramiden eine Hochkultur im Herzen Europas gegeben hatte. Die Forschung zog die Echtheit der Bilder in Zweifel, viele Gelehrte erklärten sie für einen Schabernack und meinten, ein Witzbold habe mit den vermeintlich uralten Bildern, die in Wahrheit neu seien, die Wissenschaft nasführen wollen. Doch dann wurden andere Höhlen entdeckt, die die Skeptiker zum Verstummen brachten. 1901 untersuchten Henri Breuil und Denis Peyrony nahe bei Les Eyzies die Höhlen Font-de-Gaume und Les Combarelles, die eine mit polychromen Malereien, die andere mit Felsritzungen ausgeschmückt. Einige der Bilder dort sind von Kalksinterschichten überlagert, wie sie nur im Laufe von Jahrtausenden wachsen können. Damit war das hohe Alter der Kunstwerke bewiesen. Doch hielten sich auch weiterhin Zweifel an der Authentizität der prähistorischen Kunst. Noch 1956, als über 100 Darstellungen von Mammuts in der Höhle von Rouffignac (nördlich von Les Eyzies) entdeckt wurden, konnte man erneut Stimmen hören, die die Echtheit der Bilder in Frage stellten.

Doch inzwischen war die Radiokarbon-Methode, auch C 14-Methode genannt, von der Wissenschaft entwickelt worden, mittels derer eine recht genaue Datierung organischer Stoffe möglich ist. Seither besteht kein Zweifel mehr an der Datierung der Höhlenbilder. Sie entstanden in der Hauptsache im Magdalénien, das ist die Epoche zwischen 18 000 und 10 000 vor unserer Zeitrechnung.

Überwiegend wurden Tiere dargestellt, zum Teil Arten, die heute entweder ganz ausgestorben oder nur noch in entfernten Regionen anzutreffen sind: Rentiere, Bisons, Mammuts, Steinböcke, Wildpferde, aber auch Löwen, Nashörner und Fische. Wir kennen monochrome Malereien (zum Beispiel in Rouffignac), die mittels in Bindemitteln gelöster Asche auf die Felswand aufgetragen wurden, aber auch zahlreiche Höhlen mit polychromen Bildern (zum Beispiel Font-de-Gau-

me). Als Farbstoffe wurden Ocker, Rötel, schwarze Erde, Brandreste und Eisenoxyd verwendet. Die meisten der mehrfarbigen Bilder sind deshalb in Rot- und Brauntönen gehalten.
Daneben gibt es Felsritzungen (zum Beispiel in Les Combarelles) und Reliefs, die direkt in den gewachsenen Stein gemeißelt wurden (zum Beispiel Abri du Cap-Blanc). Ferner kennen wir eine große Anzahl bearbeiteter Knochen, die neben unterschiedlichen Tierdarstellungen vereinzelt auch Menschen, vor allem weibliche Idole zeigen. Diese findet man heute in verschiedenen Museen. Das herrliche Kalksteinrelief der »Venus von Laussel« etwa befindet sich im Musée d'Aquitaine in Bordeaux, das Köpfchen des »Mädchens von Brassempuy« im Nationalmuseum in St-Germain-en-Laye bei Paris.

Jagdzauber oder kultische Stätte?

Früher meinte man, die Bilder hätten dem Cro-Magnon als Schmuck seines Wohnraums in der Höhle gedient. Von dieser rein dekorativen Sichtweise ist die Forschung längst abgerückt. Die zahlreichen Grabungen, die mittlerweile in vielen Höhlen durchgeführt wurden, haben nirgends Spuren einer Behausung der Grotten nachweisen können. Solche – nämlich Feuerstellen, Essensreste – wurden dagegen stets unter den Abris geortet, den zum Teil weit vorkragenden Felsdächern vor den Höhleneingängen. Demnach lebten die Sippen der nomadisierenden Jäger niemals *in*, sondern ausschließlich *vor* den Höhlen. Heute herrscht Einigkeit in der Einschätzung, daß wir es mit einer kultischen Kunst zu tun haben. Es wurde an Jagdzauber gedacht, doch eher scheint es, daß den dargestellten Tieren religiöse Verehrung entgegengebracht wurde. In der Höhle von Lascaux wurden zudem artifiziell gebohrte Löcher festgestellt, die, wie eine neuere Untersuchung schlüssig belegt hat, ein Abbild des Sternenhimmels in der Zeit um 14 000 v. Chr. wiedergeben. Also auch mit Astronomie, vielleicht sogar Astrologie scheint sich der Cro-Magnon beschäftigt zu haben.
Die anschließende Epoche des Mesolithikums ist nur bruchstückhaft belegt. Die Funde mehren sich erst wieder im Neolithikum, das uns in seinen Dolmen und Menhiren gegenwärtig ist. Um 2800 v. Chr. endet die Steinzeit. Es folgen Bronze- und Eisenzeit, während derer Südfrankreich auch weiterhin kontinuierlich besiedelt war. Seit der Zeit um 1000 wanderten von Osten in mehreren Wellen die Kelten ein und siedelten zwischen Garonne und Pyrenäen. Sie waren in der Bearbeitung des Eisens den meisten anderen Völkern überlegen. Erst die Römer konnten den Erfolgskurs der Kelten stoppen. Die meisten keltischen Gebiete wanderten in römische Hand.

Als die Römer frech geworden...

...zogen sie bekanntlich nicht nur nach Deutschlands Norden, sondern bemächtigten sich auch Galliens. Schon ein Dreivierteljahrhundert vor den systematischen Eroberungszügen Cäsars waren römische Legionen im heutigen Südfrankreich einmarschiert, um in den ständig schwelenden Konflikt zwischen griechischen Kolonialstädten (vor allem Marseille) und Kelten einzugreifen. 118 v. Chr. wurde mit der »Gallia Narbonensis« die erste Provinz des Imperiums auf gallischem Boden eingerichtet. Damals markierte der Tarn, ein Seitenarm der Garonne, die Grenze zwischen Rom und Gallien. Mitte des letzten vorchristlichen Jahrhunderts wurde dann auch das restliche Gallien durch Cäsar dem Imperium Romanum einverleibt. Über ein halbes Jahrtausend herrschte fortan die »Pax Romana« über Südwestfrankreich. Bedeutende Provinzhauptstädte wurden Bordeaux, Périgueux und Poitiers.

Die Römer haben auch hier ihre Spuren hinterlassen: Der Germanicus-Bogen in Saintes ist ein imposantes Beispiel der römischen Architektur

Wenn auch das südwestliche Frankreich an Zahl und Erhaltung antiker Denkmäler mit der Provence im Südosten des Landes nicht mithalten kann, so sind doch zum Teil beachtliche Bauten auf uns gekommen. Das schönste Römerdenkmal ist der sogenannte Germanicus-Bogen in Saintes, eine monumentale Zweitoranlage, die sich einst auf einer Brücke über die Charente erhob; seit dem 19. Jahrhundert hat sie

einen neuen Platz am Ufer des Flusses. In einigen Orten sind Reste römischer Amphitheater erhalten: Bordeaux, Périgueux, Saintes. Jedes größere Museum verfügt über Architekturfragmente, Altäre, Statuen und Werke des Kunstgewerbes, die alle vom Rang der römischen Kultur als Zivilisationsbringer Südwestfrankreichs künden.

Doch mit dem Vordringen der Franken südwestwärts der Rheingrenze und dem Sieg Chlodwigs 486 über den letzten römischen Machthaber bricht die Römerherrschaft in Gallien zusamen. Chlodwig dehnt seinen Machtbereich nach Westen hin und bis an den Rand der Pyrenäen aus. Die besiegten Westgoten ziehen weiter nach Spanien. Es entsteht das Fränkische Reich.

Neukonsolidierung im frühen Mittelalter

Die Fruchtbarkeit und die geographische Lage des südwestfranzösischen Raumes als Brücke zwischen der iberischen Halbinsel und dem mittleren Westen Europas haben dieser Region stets eine unruhige Geschichte beschert. Phasen politischer und wirtschaftlicher Stabilität wurden immer wieder von kriegerischen Ereignissen unterbrochen. Die Herrschaft der Franken geriet Anfang des 8. Jahrhunderts ernstlich in Gefahr. Im Jahr 711 hatten die Mauren die Westgoten in Spanien überrannt und waren kurz darauf über die Pyrenäen vorgestoßen. Ihren weiteren Vormarsch nach Norden konnte erst 732 Karl Martell, der Großvater Karls des Großen, bei Tours und Poitiers stoppen. Die vermeintlich welthistorische Dimension dieser Schlacht wird allerdings in unseren Geschichtsbüchern immer noch überstrapaziert. Die Sarazenen wurden damals nicht über die Pyrenäen zurückgeworfen, sondern konnten sich in Südfrankreich noch lange behaupten. In der Provence wurde ihre letzte Bastion erst im 10. Jahrhundert gestürmt. Karl der Große holte 778 zum Gegenschlag aus. Er marschierte gegen Barcelona, das er von den Mauren befreite, zugleich wurden die letzten Araber aus dem Südwesten Frankreichs vertrieben. Allerdings endete die Aktion des Frankenherrschers vor den Toren von Saragossa mit einer militärischen Katastrophe, und die Rückkehr über die Pyrenäen brachte die bittere Erkenntnis, daß längst nicht alle Einheimischen auf seiten der Franken standen. Am Paß von Roncesvalles wurde die Nachhut des Heeres unter deren Anführer Roland durch aufrührerische Basken vollständig aufgerieben, ein Ereignis, das die Phantasie des ganzen Mittelalters bewegt und sich im ersten volkssprachlichen Epos, dem sogenannten »Rolandslied«, literarisch niedergeschlagen hat.

Unter den Nachfolgern Karls des Großen zerfiel das von diesem geschaffene Riesenreich rasch. Kaiser Ludwig der Fromme, der Sohn

Karls des Großen, lebte in ständigem Hader mit seinen vier Söhnen. Familiärer Zankapfel war das unabhängige Königreich Aquitanien, das Ludwig seinem jüngeren Sohn Pippin anfangs überlassen hatte, später jedoch wieder nahm. Nach Pippins Tod ging es 838 in den Besitz Karls des Kahlen über und wurde in späterer Zeit zum Bestandteil des Westfrankenreiches. Nach wie vor lebt der Wille zu Unabhängigkeit und Selbständigkeit bis heute in den Menschen Südwestfrankreichs fort. Nach der Angliederung an das Westfrankenreich war Aquitanien zunächst Grafschaft, seit dem 10. Jahrhundert nahm es den Rang eines Herzogtums ein, das dann in Personalunion mit der Grafschaft Poitou verbunden wurde.

Kulturelle Zeugen aus der Übergangszeit vom Ende der Antike bis zum Mittelalter sind nur in geringer Zahl erhalten geblieben. Dabei handelt es sich um frühchristliche Denkmäler. Wichtigstes ist das Baptisterium St.-Jean in Poitiers, das im Kern aus dem 4. Jahrhundert n. Chr. stammt, einer Zeit, als mit dem heiligen Hilarius der erste Bischof von Poitiers sein Amt ausübte. In Civaux im Tal der Vienne befindet sich die größte merowingische Nekropole Frankreichs. Von geschätzten einst 20 000 Gräbern sind heute nur noch etwa 500 vorhanden. Aus karolingischer Zeit stammen die Kirchen in St-Philbert-de-Grand-Lieu und St-Généroux, beide in der Vendée gelegen.

Die Blütezeit des 11. und 12. Jahrhunderts

Man kann das hohe Mittelalter ohne Übertreibung als das »Goldene Zeitalter« Südwestfrankreichs apostrophieren. Die Turbulenzen der Völkerwanderungszeit, des Arabereinfalls, der Normanneninvasion und der karolingischen Reichsteilungen waren im 11. Jahrhundert vergessen, das Land fand zu innerer Ruhe und Stabilität. Dafür waren nicht nur die geordneteren politischen Verhältnisse verantwortlich. Entscheidenden Anteil hatten auch die Klöster, die zu einem großen Teil vom burgundischen Cluny aus gelenkt wurden. Die Benediktiner organisierten die Wallfahrtswege, auf denen die Pilger dem Grab des heiligen Jakobus im äußersten Nordwesten Spaniens, in Santiago de Compostela, entgegenzogen.

1137 wurde das Herzogtum Aquitanien mit allen dazugehörigen Territorien an die französische Krone gebunden, nachdem die erst fünfzehnjährige Eleonore von Aquitanien die Ehe mit Ludwig VII. eingegangen war. Die Folgen dieser Mesalliance sind indes bekannt: Durch unüberbrückbare Gegensätze zwischen den Ehegatten platzte der Bund 1152. Die lebenslustige Eleonore, die sich mit dem mönchischen Wesen ihres introvertierten Gemahls niemals hatte abfinden können, ließ die Ehe annullieren, indem sie den Nachweis einer entfernten Blutsverwandtschaft mit Ludwig VII. brachte – eine Scheidung in unserem heutigen Verständnis war natürlich nach dem mittelalterlichen Kodex ausgeschlossen. Bereits damals muß die ehrgeizige Herzogin und zeitweilige Königin von Frankreich ein Verhältnis mit Heinrich, dem Herzog der Normandie, gehabt haben, denn nur zwei Monate nach der spektakulären Auflösung der Ehe mit dem französischen König trat sie erneut vor den Traualtar, diesmal mit Heinrich. Der junge Herzog gebot nicht nur über die Normandie, er war zugleich Graf von Maine, Touraine und Anjou. Als ihm zwei Jahre später, 1154, durch Erbschaft die Krone von England zufiel, entstand über Nacht mit dem sogenannten Angevinischen Reich ein Machtkomplex, wie ihn Europa seit der Zeit Karls des Großen nicht mehr gesehen hatte. Das Herrschaftsgebiet Heinrichs II. Plantagenet und seiner Frau, Eleonore von Aquitanien, erstreckte sich von Schottland bis zu den Pyrenäen. Hatte Eleonore als Königin von Frankreich keinem Sohn das Leben geschenkt, so sollte sie als Königin von England gleich Mutter von vier Söhnen werden. Bis auf einen – Johann Ohneland – starben alle noch vor ihr: Gottfried, Heinrich und auch ihr Lieblingssohn Richard Löwenherz, der 1189 bis 1199 als Nachfolger Heinrichs II. König von England und Herrscher über Aquitanien gewesen war. Eleonore selbst starb hochbetagt erst 1204 und wurde in ihrer Lieblingsabtei Fontevraud an der Loire beigesetzt. Mit dieser großen Herrscherin sanken auch die Unabhängigkeit und die kulturelle Blütezeit Südwestfrankreichs ins Grab. In der Folgezeit sollten die Landschaften südlich des Loirebogens ein heftig umkämpfter Zankapfel zwischen den Königreichen Frankreich und England sein. Das 11. und 12. Jahrhundert ist die Epoche der Romanik. Sie hat in Poitou und Aquitanien zwei sehr unterschiedliche lokale Bauschulen hervorgebracht. Im Poitou entwickelte sich die Hallenkirche, eine dreischiffige Anlage, in der die Seitenschiffe annähernd dieselbe Höhe erreichten wie das Mittelschiff. Die Lichtführung ist reduziert, so daß das Innere der Kirche immer in ein weihevolles Halbdunkel getaucht ist. Ganz anders weiter südlich: Vor allem im Périgord hat sich die Kuppelkirche byzantinischer Tradition durchgesetzt. St-Front in Périgueux – ein Kuppelbau mit fünf Kuppeln über griechischem Kreuz – sollte man sich nicht entgehen lassen. Andere Kirchen sind einschiffig angelegt, die Kuppeln sind dort hintereinandergereiht wie zum Beispiel St-Pierre in Angoulême.

Die überwältigende Zahl romanischer Kirchen im südwestlichen Frankreich ist staunenswert. Dieser Denkmälerreichtum erklärt sich aus der Tatsache, daß drei der vier wichtigsten Pilgerrouten nach Spanien im Südwesten von Frankreich zusammenliefen. In einigen Orten sieht man noch Reste vormaliger Pilgerhospize (zum Beispiel in Pons bei Saintes) oder alte Pilgerherbergen (zum Beispiel in Parthenay).

Spitzenleistungen erreichte die Skulptur im 12. Jahrhundert – neben Burgund und Provence – im Südwesten Frankreichs. im Poitou entwickelte sich eine Sonderform des mitteralterlichen Figurenportals. Während im allgemeinen in der Romanik das Bogenfeld über dem Kircheneingang (Tympanon) als Entrée wichtigstes Podium für das Skulpturenprogramm war, verzichtet man im Südwesten Frankreichs darauf. Nun bevölkert die Skulptur – wie zum Beispiel in Aulnay und Saintes – die Bögen über den Portalen (Archivolten). Bei einigen Kirchen findet sich die ganze Westwand mit bildhauerischem Dekor reich überzogen. Allemal ein Fest für das Auge! Neben der Skulptur spielte auch die Wandmalerei eine gewichtige Rolle. Allein, das meiste davon ist verlorengegangen. Einen lebendigen Eindruck vom einstigen prachtvollen Aussehen der farbig ausgemalten Innenräume erhalten wir heute noch in St-Savin-sur-Gartempe und in der Krypta von Montmorillon, beide nahe bei Poitiers gelegen.

Die führende kulturelle Rolle Aquitaniens im 12. Jahrhundert hat sich noch in einer anderen Richtung niedergeschlagen. Im südwestlichen Frankreich ist damals die Troubadourlyrik entstanden, die von dort über die Provence unter dem Namen »Minnesang« Eingang in den germanischen Kulturraum fand. Eleonore von Aquitanien, Vorzeigefrau der Emanzipation im Mittelalter, hat an ihrem Hof mitgeholfen, der Troubadourlyrik den Weg in den Norden zu ebnen. Die Dichtkunst lag ihr im Blut,

Reichhaltiger Figurenschmuck befindet sich an den Kapitellen und in den Archivolten der Abbaye aux Dames in Saintes

denn ihr Großvater Herzog Wilhelm IX. von Aquitanien gehörte mit zu den ersten Troubadouren seiner Zeit. Ihm folgten Bertrand de Born, den Dante wegen dessen Teilnahme an einem Aufstand gegen Heinrich II. in die Hölle verdammte, Bernart de Ventadour und zahlreiche andere, deren immer wiederkehrendes Thema die Liebe zu einer angebeteten Frau war. Bemerkenswert ist die hohe gesellschaftliche Stellung der Frau in der Dichtkunst dieser Zeit auch für uns heute noch. Vorboten einer Emanzipation, die sich bis heute ihren Weg sucht?

Der Kampf um Südwestfrankreich

Nachdem mit der Eheschließung zwischen Eleonore von Aquitanien und Heinrich II. von England die englische Krone offiziell die Herrschaft über die Landschaften Südwestfrankreichs angetreten hatte, begann ein Konflikt zwischen den beiden Königreichen, der die europäische Geschichte über 300 Jahre überschatten sollte. Bereits im 13. Jahrhundert waren überall im Land die sogenannten Bastiden aus dem Boden geschossen, befestigte Garnisonsstädte, in denen die Herrscher beider Reiche ihre Truppen stationierten. Beinahe unverändert steht heute noch die Bastide von Monpazier im Departement Dordogne mit ihren rechtwinklig verlaufenden Straßenzügen, ihren Mauern und Stadttoren. Für größere Sakralbauprojekte war in diesem angespannten Klima kaum mehr Platz. So erklärt es sich, daß die Gotik nur geringe Spuren in Südfrankreich hinterlassen hat.
Als 1328 der letzte König aus dem Haus der Kapetinger starb und sowohl auf französischer – Philipp VI. von Valois – wie auch auf englischer Seite – Eduard III. – zwei Anwärter standen, die Anspruch auf die französische Krone erhoben, brach der Konflikt offen aus. Frankreich taumelte in die Katastrophe des Hundertjährigen Krieges. Anfangs eilten die Engländer von Triumph zu Triumph. Protagonist auf der kriegerischen Bühne war der Sohn Eduards III., der als »Schwarzer Prinz« in die Geschichte eingegangen ist. Tollkühn und mit Wagemut besiegte er 1356 in der Schlacht von Maupertuis den französischen König, Johann den Guten. Was dann folgte, war für Frankreich eine bittere Niederlage. Zwar verzichtete Eduard III. 1360 auf die französische Krone, forderte aber dafür die Souveränität über den Südwesten Frankreichs. Pestepidemien, Hungersnöte und Revolten schwächten Frankreich im weiteren Verlauf so sehr, daß Anfang des 15. Jahrhunderts England als der endgültige Sieger festzustehen schien. Frankreich bestand nur mehr aus einem Schrumpfterritorium, das im wesentlichen aus den Grafschaften Poitou und Berry bestand. Spöttisch nannte man damals den französischen Souverän den

»König von Bourges« (nach der Hauptstadt des Berry). Von 1423 bis 1436 bezog das Parlament seinen Sitz in Poitiers. Doch dann kehrte sich das Blatt überraschend. Eine junge Frau sollte von nun an den Verlauf der Geschichte bestimmen: Als Jeanne d'Arc, von ihrer göttlichen Mission überzeugt, 1429 das von den Engländern belagerte Orléans befreite, trat die Wende ein. Zwar fand die Jungfrau, nachdem sie durch Verrat in die Hände der Engländer gefallen war, 1431 in Rouen den Tod in den Flammen, doch war der von ihr entfachte Siegeswillen auf französischer Seite nicht mehr zu bremsen. 1453 errangen die Franzosen bei Castillon-la-Bataille an der Dordogne den letzten Sieg über die Engländer, die sich danach vollständig aus Frankreich zurückzogen.

Wen wundert es, daß der Sieg über die Engländer bei Orléans in Frankreich noch heute als Festtag begangen wird.

Ein Zeitalter mit Licht und Schatten: Renaissance und Absolutismus

Nach Ende des Hundertjährigen Krieges ging ein Aufatmen durch das ganze Land. Wir können uns die Verheerungen, die der große Waffengang angerichtet hatte, kaum vorstellen. Beide Weltkriege des 20. Jahrhunderts, so erschütternd sie auch in ihren Konsequenzen waren, haben zusammengenommen Frankreich nicht einen solchen Aderlaß, gemeint ist vor allem der Verlust an Menschenleben, abgefordert wie die Ereignisse des 14. und 15. Jahrhunderts. Erst Mitte des 19. Jahrhunderts hat die Landbevölkerung Frankreichs nach Schätzungen von Historikern wieder dieselbe Populationsstärke erreicht wie vor dem Ausbruch des Hundertjährigen Krieges.

Sichtbarer Ausdruck für das neue Lebensgefühl nach der Mitte des 15. Jahrhunderts sind die Schlösser, die an die Stelle der Wehrburgen des Mittelalters traten. Statt schmaler Schießscharten beleben nun großzügige Fenster die Mauern,

Die Wachttürme an der Hafeneinfahrt sind die Wahrzeichen von La Rochelle

es entstehen Wohnfluchten, die bis dahin hermetisch abgeriegelten Innenhöfe öffnen sich nach außen und gehen in Park- und Gartenanlagen über, in denen sich der Adel seinen Lustbarkeiten hingab. Doch sollte dieses Frühlingserwachen nur von begrenzter Dauer sein. Mitte des 16. Jahrhunderts verschärften sich die Gegensätze zwischen den Katholiken und den protestantischen Hugenotten, die Religionskriege brachen aus. Diese blutige Epoche gipfelte in der Bartholomäusnacht (23./24. August 1572), in der allein in Paris mehr als 10 000 Hugenotten auf brutale Weise getötet wurden. Zugleich fiel sie zusammen mit dem Niedergang des Hauses Valois. Dessen letzter Sproß, Heinrich III., der jüngste der drei Söhne der Katharina de Medici, war 1589 ermordet worden. Ihm folgte als erster Vertreter der Bourbonen Heinrich IV. aus dem Hause Navarra, der 1598 mit dem in Nantes erlassenen Edikt zur religiösen Toleranz das Kapitel der Religionskriege zu beenden suchte. Damals wurde den Hugenotten die Stadt La Rochelle als befestigter Platz zuerkannt. Doch schon bald nach dem gewaltsamen Tod Heinrichs IV. 1610 gerieten dessen umsichtige Pläne in Vergessenheit. Kardinal Richelieu ließ als Kanzler Ludwig XIII., des Sohns Heinrich IV., La Rochelle belagern, das 1628 trotz Unterstützung von englischer Seite fiel. Von einstmals 28 000 Einwohnern lebten bei der Übergabe der Stadt nur noch 5000. Ganz Europa blickte damals auf den Hafen am Atlantik. Die einen feierten den Fall der Stadt als Sieg des Katholizismus, die anderen sahen darin ein Beispiel für die Unerschrockenheit des protestantischen Glaubens.

Von der Revolution zur Republik

In der Folgezeit sanken die Landschaften des südwestlichen Frankreich in provinzielle Bedeutungslosigkeit ab und teilten darin das Schicksal aller Regionen des Landes. Fortan konzentrierte sich das Geschehen in Frankreich auf Paris und Versailles. Daran hat auch der Übergang von der Monarchie zur Republik nichts ändern können. Nur einige wenige Male sollte Bordeaux aus seinem politischen Dornröschenschlaf geweckt werden. So war die Stadt kurzfristig, 1870 während des deutschen-französischen Krieges, nach Ausbruch des Ersten Weltkrieges und nach dem Einmarsch deutscher Truppen in Frankreich Regierungssitz.

Auch hier wie andernorts sind die Folgen des Zweiten Weltkrieges ein trauriges Kapitel jüngster Geschichte. Noch heute zeugen die Geschützbunker an der gesamten französischen Atlantikküste von der Besetzung Frankreichs durch deutsche Truppen. Das Seebad Royan war nach alliierten Luftangriffen fast vollständig zerstört.

»Décentralisation«, das Schlagwort der siebziger Jahre

M it großem Weitblick hat Goethe die Vision von einem multikulturellen Frankreich entworfen, als er den Wunsch artikulierte: »Es wäre eine Wohltat, wenn es statt eines großen Zentrums zehn hätte, die überall Licht und Leben verbreiten würden.« In unseren Tagen beginnt dieser Traum reale Konturen anzunehmen. Der Weg dorthin war allerdings anfangs von nüchternen machtpolitischen Notwendigkeiten diktiert. Die unterentwickelten Regionen im südwestlichen Frankreich waren in der Fünften Republik, deren Verfassung 1958 verabschiedet worden war, mit ihrer starken Linksopposition ein Stachel im Fleisch der konservativen Regierung de Gaulle. Vor allem das Departement Dordogne wählt seit Generationen traditionell links. Es ist kein Zufall, daß der erste sozialistische Präsident der Fünften Republik, der 1981 gewählte François Mitterrand – seine zweite Amtszeit geht 1995 zu Ende –, aus Südwestfrankreich stammt. Um Teile der unzufriedenen Linkswähler in das Regierungslager zu ziehen, plante de Gaulle deshalb eine Gebietsreform, die er ausgerechnet im unruhigen Jahr 1968 dem Volk zur Abstimmung vorlegte. Der Präsident hatte sein persönliches Schicksal an die Abstimmung geknüpft – ein folgenschwerer Fehler, denn das Referendum wurde abgelehnt. Dabei ging es den Franzosen jedoch in der Hauptsache um die Abwahl des inzwischen ungeliebten Präsidenten, während die von ihm geplante Reform mehrheitlich auf Sympathie stieß. Als nach dem Rücktritt de Gaulles deshalb sein Nachfolger Georges

Die Regionen und ihre Departements Südwestfrankreich wurde anläßlich der Gebietsreform 1972 in zwei Regionen gegliedert: Poitou-Charentes und Aquitaine. Hier der statistische Überblick über Größe und Bevölkerung der in diesem Buch behandelten Departements:

	Departement	Fläche in km^2	Einwohner (1980)
Poitou-Charentes:	Charente	5953	334 200
	Charente-Maritime	6848	499 800
Aquitaine:	Dordogne	9184	365 800
	Gironde	10 000	1 089 000
	Landes	9236	292 000
	Pyrénées-Atlantiques	7629	542 100

Pompidou den Gedanken der Reform wieder aufgriff, konnte er sich auf eine breite Mehrheit in der Bevölkerung stützen.

Südfrankreich hatte zu jener Zeit das Schlagwort »OC« auf sein Banner geschrieben, die Kurzbezeichnung für Okzitanien. Oc ist die alte Sprache Südfrankreichs, die in vier regional unterschiedlichen Dialekten von den Alpen bis zur Atlantikküste gesprochen wurde. Im 19. Jahrhundert in den Schulen offiziell verboten, hat sich die alte Volkssprache dennoch beharrlich behaupten können und wird mittlerweile auch von jüngeren Leuten wieder gepflegt. Oc bedeutet »ja«. Man unterscheidet in Frankreich zwischen der »langue d'oc«, der Sprache des Südens und der »langue d'oïl«, der Sprache des Nordens. 1972 konnte dann die Reform unter der Präsidentschaft von Georges Pompidou umgesetzt werden. Frankreich wurde in 21 Regionen gegliedert. In jeder Region sind mindestens zwei, höchstens acht Departements zusammengefaßt. Jedes Departement hat, wie auch schon zuvor, ein eigenes Regionalparlament, den »conseil général«. Die Regionen dagegen besitzen kein Parlament, haben also keine politischen Hoheitsrechte. Ihre Funktion besteht in erster Linie darin, wirtschaftliche und kulturelle Fragen zwischen den Departements zu koordinieren. Damit fällt ihnen verwaltungstechnisch die wichtige Aufgabe zu, der Zersplitterung unter den Departements entgegenzuwirken, Aktivitäten zu bündeln, die Plattform für gemeinsame Initiativen zu entwickeln. Zusätzlich wurden Funktionen, die zuvor Paris an sich gezogen hatte, an die Provinzen delegiert. Ein Beispiel: Nach Périgueux wurde die Herstellung der gesamten französischen Briefmarkenpro-

In diesem Band sind außerdem zwei der insgesamt fünf Departements der Region Pays de Loire mitbehandelt:

Loire-Atlantique	6893	977 700
Vendée	6721	466 200

Aus den nüchternen Zahlen lesen wir prägnante Informationen. Die Region Aquitaine besitzt mit den Departements Dordogne, Gironde und Landes die drei flächengrößten Verwaltungsgebiete Frankreichs. Demgegenüber fällt die Bevölkerungsdichte vergleichsweise gering aus, besonders Landes und Dordogne sind extrem dünn besiedelt. Hier spiegelt sich die Landflucht wider, die vor allem in den sechziger und siebziger Jahren des 20. Jahrhunderts zur Entvölkerung ganzer Dörfer geführt hat, wohingegen die Einwohnerzahl der Städte, besonders in Bordeaux, sprunghaft gestiegen ist. Dies hängt vor allem mit der wirtschaftlichen Entwicklung der zurückliegenden Jahrzehnte zusammen.

duktion verlegt. Damit gelangte ein wichtiger Zweig des Postgeschehens ins Périgord, es wurden zahlreiche neue Arbeitsplätze geschaffen. Ferner wurden die Universitäten in Poitiers und Bordeaux, die bis dahin im Schatten der Pariser Hochschulen gestanden hatten, ausgebaut; es wurden zahlreiche neue Lehrstühle eingerichtet. Poitiers hat sich seither zu einem international anerkannten Zentrum der Mittelalterforschung emanzipiert.

Überall im Land spürt man die positiven Auswirkungen der Gebietsreform, nicht nur in Südwestfrankreich. Zwar bleibt Paris das unangefochtene Zentrum Frankreichs, aber die Provinzen sind aus ihrem Dornröschenschlaf erwacht und haben Anschluß an die internationale Entwicklung in Wirtschaft und Kultur gefunden.

Wirtschaft und Verkehr

D ie Gebietsreform und die damit verbundene Aufwertung der Provinzstädte hat eine verstärkte Ansiedlung industrieller Betriebe vor allem am Rande von Nantes, Poitiers, Bordeaux, Angoulême und La Rochelle bewirkt. Führend sind Firmen der Elektro- und chemischen Industrie. Angoulême zum Beispiel ist ein traditionsreiches Zentrum des Druckereigewerbes und besitzt heute rund 40 Druckereien.

Ehemals ein wichtiger militärischer Stützpunkt und Handelshafen ist Royan heute ein beliebter Badeort

Bodenschätze haben an verschiedenen Orten wichtige Industrien entstehen lassen. Bei Parentis-en-Born in den Landes wird eine nicht unbeträchtliche Menge Erdöl gefördert, das in petrochemischen Betrieben in Bordeaux verarbeitet wird; vor den Toren von Nantes steht ein Großkraftwerk, das mit Erdgas aus dem nahen Lacq betrieben wird. Bordeaux und Nantes beziehungsweise St-Nazaire an der Loiremündung haben sich zu wichtigen Umschlagplätzen an der französischen Atlantikküste entwickelt. Andere Häfen wie La Rochelle oder Bayonne haben ihre Bedeutung weniger als Warenumschlagplatz, sondern dienen als Anlaufstationen größerer Fischfangflotten.

Bei einer Fahrt über Land wird man aber gewahr, daß die ländlichen Regionen noch weitgehend agrarisch strukturiert sind, hier fehlt jede Industrie. Der Vorteil – intakte Natur, große Waldflächen, kaum Monokulturen (außer der Weinbau im Bordelais) – wird jedoch von vielen Einheimischen als Nachteil empfunden. Die Landwirtschaft reicht vielen Kleinbetrieben nicht zum Lebensunterhalt aus. Zahlreiche Bauern sind gezwungen, sich im Nebenerwerb zusätzliche Einnahmequellen zu erschließen. Und groß ist das Heer der Arbeitslosen, das in einigen Departements im Zuge der Rezession zu Beginn der neunziger Jahre bis auf 15 Prozent angewachsen ist. Da viele der sozialistischen Regierung dafür die Verantwortung zuschoben, führte die Parlamentswahl 1993 zu einem für das traditionell linksorientierte Südwestfrankreich überraschend hohen Sieg der konservativen Parteien, die seither wieder die Regierung stellen.

Die fortschreitende wirtschaftliche Erschließung des südwestfranzösischen Raumes seit 1970 ging Hand in Hand mit einem zügigen Ausbau der Verkehrswege. 1981 wurde die Autobahn A 10 eingeweiht, genannt »L'Aquitaine«, die die Verbindung zwischen Paris, Poitiers, Saintes und Bordeaux hergestellt hat, wenig später war die A 62 Bordeaux-Toulouse fertiggestellt. Seither haben sich wegen der günstigeren Grundstückspreise zum Teil auch abseits der großen Städte, etwa am Rande von Niort und Saintes, kleinere Betriebe angesiedelt, ein Trend, der weiter anhält. Durch gewaltige Brückenbauprojekte wurden breite Flußtäler überwunden. Zu den kühnsten Brücken in Europa zählen jene bei St-Nazaire (61 Meter Höhe, 2 636 Meter Länge) und der 1981 eröffnete »Pont d'Aquitaine« bei Bordeaux mit ähnlichen Ausmaßen. Neben dem Ausbau des Straßennetzes genießt die Verbesserung des Schienenverkehrs besonderen Vorrang. 1992 wurde der »TGV-Atlantique« (TGV = Abkürzung für Train à grande vitesse = Hochgeschwindigkeitszug) in Dienst gestellt, mit dem man jetzt von Paris aus Bordeaux im Non-Stop-Verkehr in weniger als drei Stunden erreicht – früher brauchten die Züge fast doppelt so lange! Bislang ist die Trasse, auf der der TGV volles Tempo, nämlich 250 Stundenkilometer, fahren kann, nur zwischen Paris und Châteauroux ausgebaut, doch ist geplant, das Gleissystem noch vor dem Jahr 2000 bis Bordeaux auf den für die Maximalgeschwindigkeit des Zuges erforderlichen Stand zu bringen.

Moderne Denkmalpflege und Museumskultur

1965 hat der damalige Kulturminister von Frankreich, der Kunsthistoriker André Malraux, ein bahnbrechendes Gesetz zur Denkmalpflege erlassen. Malraux war zu der Einsicht gelangt, daß es in einem so großen Land wie Frankreich mit seinen schützenswerten Kulturgütern ohne Zahl wenig Sinn macht, nach dem Gießkannenprinzip mal hier, mal dort unkoordinierte Restaurierungen durchzuführen. Er faßte beträchtliche Mittel der staatlichen Denkmalpflege zentral in einem Topf zusammen, dessen Mittel dann in ein großes Projekt einzubringen sein sollten. Als erste Stadt kam Sarlat, die Hauptstadt des Périgord Noir, in den Genuß des Malraux-Gesetzes. Von 1965 bis 1975 wurde die gesamte historische Altstadt von Grund auf restauriert. Im europäischen Denkmalpflegejahr 1975 wurde das Resultat der Weltöffentlichkeit vorgestellt und zu Recht als Wiederauferstehung einer Stadt gefeiert. Wenig später folgte die gleichfalls gelungene Altstadtsanierung von Périgueux. Die Realisierung dieser beiden großen Projekte hat dazu geführt, daß gerade die Denkmalbehörde des Departements Dordogne internationales Renommee erworben hat.

Mit dem bereits geschilderten wirtschaftlichen Aufschwung seit

Südwestfrankreich im Spiegel der Literatur Die ideale Abrundung eines Urlaubs ist es immer, wenn man sich als Ferienlektüre einem Buch zuwendet, das aus der Feder eines Autors der Region stammt, in der man sich aufhält, oder dessen Handlung sich in eben diesem Gebiet abspielt.

Eleonore von Aquitanien hat zahlreiche Autoren gefesselt. Besonders lesenswert sind die romanhaften Biographien von Régine Pernoud: »Königin der Troubadoure – Eleonore von Aquitanien« und Jean Markale: »Eleonore von Aquitanien – Königin von Frankreich und von England«. Erst jüngst ist zum selben Thema der Roman der Bestsellerautorin Tanja Kinkel erschienen: »Die Löwin von Aquitanien«.

Im Milieu des Bordelaiser Großbürgertums spielen die schicksalhaften Romane von François Mauriac (1885 bis 1970): »Die Wege des Meeres«, »Die Tat der Thérèse Desqueyroux« oder »Das Geheimnis Frontenac«. 1952 wurde Mauriac für sein Gesamtwerk mit dem No-

1970 ging auch die kulturelle Emanzipation Südwestfrankreichs einher. Dies hat sich vor allem in der Entstehung neuer Museen niedergeschlagen. Ja, man kann sagen, daß sich in den zurückliegenden Jahrzehnten eine ganz eigene Museumslandschaft entwickelt hat, so um Poitiers, Bordeaux oder Le Thot im Tal der Vézère.

Natur und Umwelt

B ei einer Fahrt von der Loire zu den Pyrenäen kann man nur immer wieder über die Vielfalt der Naturlandschaften staunen. Erst auf Wanderungen entdeckt man allerdings den wahren Reichtum der Flora. Im Wald von Chizé südlich von Poitiers erlebt man einen der größten Laubwälder Westeuropas, das Périgord besitzt endlose Haine von Edelkastanien, in den Landes bilden die Kiefernwälder einen geschlossenen Grünteppich. Überall gewahrt man Blumenarten, die sonst in Europa Seltenheit geworden sind. Überreich ist das Kaleidoskop der Wildorchideen, von denen es mehr als 200 Arten gibt. Im Mai und Juni findet man zuhauf: Waldhyazinthe, Knabenkraut, Ragwurze unterschiedlicher Arten, Waldvögelein und sogar die in Deutschland praktisch ausgestorbene Bocksriemenzunge.

Demgegenüber ist der Bestand an Wildtieren auffallend arm. Hier hat das Jagdfieber der Franzosen zur Ausrottung ganzer Arten geführt. Interessante Beobachtungen gelingen dem vogelkundlich Interessierten: Häufig kommt in den Flußniederungen der farbenschil-

belpreis für Literatur ausgezeichnet. Über seine Kindheit in Rochefort-sur-Mer schreibt anschaulich Pierre Loti (1850 bis 1923) in dem autobiographischen »Roman eines Kindes«. Die anderen Bücher des heute zu Unrecht nur noch wenig bekannten Autors spielen überwiegend in exotischem Milieu wie zum Beispiel »Aziyadé«.

Honoré de Balzac hat in dem Roman »Verlorene Illusionen« Angoulême, der Stadt des Druckereigewerbes, ein literarisches Denkmal gesetzt.

Lesenswert ist auch der Roman »Dominique« des aus La Rochelle stammenden Eugène Fromentin (1820 bis 1876), der, seltener Fall einer Doppelbegabung, auch als Maler zu Ansehen kam. Seine Bilder sieht man im Museum in La Rochelle. Zum Schluß seien noch deutsche Autoren genannt: In dem historischen Roman über »Henri Quatre« entwirft Heinrich Mann ein großartiges Bild von der Epoche der Religionskriege. Ernst von Salomon beschreibt in »Glück in Frankreich« den Charme des Baskenlandes.

lernde Eisvogel vor, in Hecken am Wegesrand sieht man gelegentlich den Wiedehopf, in felsigen Gegenden nisten oft ganze Kolonien des Milans.

Die Freude an diesen Schönheiten der Natur wird allerdings oftmals gedämpft, wenn man sehen muß, mit welcher Unbekümmertheit auch jetzt noch in Frankreich Raubbau an der Natur getrieben wird. Rücksichtslos werden Schnellstraßen durch Biotope geschlagen, neue Industriereviere in vormals geschützten Gebieten aus dem Boden gestampft. Mit dem Zauberwort »Arbeitsbeschaffungsmaßnahmen« hat schon mancher Bürgermeister nicht mehr gutzumachenden Frevel in seiner Gemeinde toleriert, wenn nicht sogar noch tatkräftig gefördert. Doch wird man auch in Frankreich mittlerweile sensibler in Fragen der Umwelt. Breite Bevölkerungsschichten haben schon Ende der achtziger Jahre derart massiv gegen die geplante Regulierung der Loire protestiert, daß das Projekt vorerst auf Eis gelegt wurde. Bürgerinitiativen machen sich für einen modifizierten Verlauf der in Bau befindlichen Schnellstraßenverbindung von Bordeaux nach Clermont-Ferrand stark, und im Bordelais gehen Weinbauern gegen den Ausbau der Trasse des TGV-Atlantique auf die Straße. 1990 hat der Einzug der »Grünen«, bis dahin eine belächelte Splitterpartei, mit rund zehn Prozent Stimmenanteil ins Europaparlament ein deutliches Zeichen gesetzt. Dieser Trend hat jedoch bei der letzten Wahl zum europäischen Parlament im Juni 1994 einen empfindlichen Dämpfer erlitten. Der Grund dafür sind die Zunahme der sozialen Spannungen und die verschärfte Polarisierung der Wähler in Frankreich, vor allem das Erstarken der rechtsorientierten Parteien.

Die Menschen im südwestlichen Frankreich

Wenn man allgemein dem Südfranzosen nachsagt, daß er hitzig und großsprecherisch sei, so gilt dies sicher für die Provenzalen, keinesfalls aber für die Bewohner Südwestfrankreichs. Selten nur wird man Zeuge leidenschaftlicher Debatten und lautstarker Diskussionen. Gelassenheit und Zurückhaltung sind hervorstechende Merkmale der Männer und Frauen, die zwischen Loire und Pyrenäen leben. Die vielen Kriege und die periodisch auftretenden Fremdherrscher haben grundsätzlich eine gewisse Abneigung gegen alles Fremde evoziert. Selbst ein halbes Jahrtausend nach Ende des Hundertjährigen Krieges ist deutlich spürbar, daß Engländer, so sehr sie sich ihrerseits gerade in das Périgord verliebt haben, nur wenig Sympathie genießen. Um so freudiger darf man als deutscher Urlauber zur Kenntnis nehmen, daß kaum noch Ressentiments aus der Zeit des Zweiten Weltkrieges bestehen. Im übrigen bringt es immer Pluspunkte, wenn man das Bemühen zeigt, sich in der Landesprache zu artikulieren, auch wenn es nur wenige Brocken Französisch sind. Dann öffnen sich sogleich die Herzen der Marktfrau, des Postbeamten oder der Hotelrezeptionistin. Ein freundliches Wort fällt auf fruchtbareren Boden als das noch so gut gemeinte Trinkgeld. Zudem eignet den Menschen Südwestfrankreichs eine gewisse Behäbigkeit, die sich aus der Tatsache erklärt, daß es sich auch heute noch um ein überwiegend ländlich geprägtes Milieu handelt. Industrie und Handel haben noch nie eine besondere Rolle gespielt, einzig Bordeaux bildet da eine Ausnahme. Doch auch hier herrscht bürgerliche Gemütlichkeit, alles wird mit Bedacht getan. Andererseits ist die lange Zeit der englischen Herrschaft nicht spurlos an der großen Hafenstadt vorübergegangen. Nirgendwoanders in Frankreich werden in der Sprache derart viele Anglizismen verwandt wie gerade hier. Jede größere Stadt Frankreichs hat ihre »Rue St-Jacques« (Jakobsstraße), in Bordeaux heißt sie »Rue St-James«

Von offener Herzlichkeit sind vor allem die Basken, die jederzeit gern zu einem Schwätzchen bereit sind. Ernst von Salomon, der den Charme dieses Volkes so unnachahmlich beschrieben hat, empfand es als die höchste aller Ehrungen, als ihn einmal ein alter Schmuggler als »Basque allemand« titulierte. Wer hier Urlaub macht, wird in der Tat ein Stück des Landes in seinem Herzen zur Wahlheimat machen.

Gemütlicher Plausch im Schloßpark von Pau

Geschichte auf einen Blick

um 40000 v. Chr. *Auf den Neandertaler folgt der Cro-Magnon-Mensch.*

ca. 18000–10000 v. Chr. *Epoche des Magdalénien: Blütezeit der Steinzeitkunst.*

Seit 1000 v. Chr. *wandern die Kelten in Gallien ein.*

118 v. Chr. *Die Römer gründen die Provinz Gallia Narbonensis.*

56–52 v. Chr. *Cäsar unterwirft ganz Gallien.*

360–367 *Der hl. Hilarius wird erster christlicher Bischof in Poitiers.*

410–507 *Das Reich der Westgoten in Südwestfrankreich.*

507 *Die Franken verdrängen die Westgoten (Schlacht bei Vouillé).*

732 *Bei Tours und Poitiers besiegt Karl Martell die Mauren.*

817–838 *Aquitanien unter Pippin I. unabhängiges Königreich.*

Im 9. Jh. *wird Aquitanien Grafschaft, im 11. Jh. Herzogtum.*

1137 *Heirat König Ludwig VII. mit Eleonore von Aquitanien. 1152 wird die Ehe in Beaugency annulliert.*

1152–1189 *Eleonore von Aquitanien gründet als Gattin Heinrich II. und Königin von England das Angevinische Reich.*

1214 *In der Schlacht von Bouvines verliert Johann Ohneland gegen Philipp II. August große Teile des Angevinischen Reichs.*

1328–1453 *Der Hundertjährige Krieg mit England.*

1432–1436 *tagt das französische Parlament in Poitiers.*

1429 *Befreiung Orléans' durch Jeanne d'Arc.*

1453 *Letzte Schlacht des Hundertjährigen Krieges bei Castillon-la-Bataille: Die Engländer ziehen aus Frankreich ab.*

1493 *Die Entdeckung Amerikas begründet den Handelsverkehr über den Atlantik. Aufstieg von La Rochelle, von wo aus die Kolonialisierung Kanadas betrieben wird.*

1562–1598 *Religionskriege, 1598 durch das Edikt von Nantes Heinrich IV. beendet.*

1628 *erobert Richelieu das protestantische La Rochelle.*

1685 *Aufhebung des Edikts von Nantes durch Ludwig XIV. Die Hugenotten verlassen das Land zu Hunderttausenden.*

1789 Französische Revolution, Neugliederung Frankreichs in 89 Departements (heute sind es 94).

1793 Erfolgloser Aufstand gemäßigter Revolutionäre (sogenannte Girondisten) in Bordeaux.

1793 Royalistischer Aufstand in der Vendée. Er wird von General L. Hoch niedergeschlagen. In der folgenden Zeit setzen sich die republikanischen Truppen durch.

1914 Nach Ausbruch des Ersten Weltkrieges Übersiedlung der Regierung nach Bordeaux.

1918 Clemenceau beendet den Ersten Weltkrieg. Der Präsident stammte aus dem Dorf Mouilleron-en-Pareds in der Vendée.

1940 Einmarsch deutscher Truppen in Paris. Bordeaux wird vorübergehend Regierungssitz.

1942 besetzen deutsche Truppen ganz Frankreich. In der folgenden Zeit entstehen entlang der Atlantikküste Geschützbunker. La Rochelle bleibt bis zum Ende des Zweiten Weltkrieges wichtige U-Boot-Station. Das Seebad Royan wird durch alliierte Luftangriffe fast vollständig zerstört.

1944 Einzug General de Gaulles in Paris. Zusammensetzung der »Provisorischen Regierung der Französischen Republik«.

1945 unterzeichnet Marschall de Lattre de Tassigny die Kapitulationsurkunde der Deutschen. Zufall der Geschichte: Er stammte aus demselben Dorf wie Clemenceau!

1965–1975 Erste systematische Altstadtsanierung Frankreichs in Sarlat.

1968 Rundfunkansprache de Gaulles und Auflösung der Nationalversammlung. Mit dem Rücktritt de Gaulles wird der Weg frei für die Gebietsreform.

1972 Durchführung der Gebietsreform: Südwestfrankreich wird in die Regionen Poitou-Charentes und Aquitaine sowie in die entsprechenden Departements gegliedert.

1981 Eröffnung der Autobahn A 10 Paris–Bordeaux.

1992 Inbetriebnahme des »TGV-Atlantique« Paris–Bordeaux.

1994 Verschärfung der politischen Gegensätze bei den Wahlen zum Europaparlament, empfindliche Stimmeneinbußen der Grünen und der Sozialisten.

1995 endet die zweite Amtszeit des ersten sozialistischen Präsidenten der Fünften Republik, François Mitterrand, der aus dem Städtchen Jarnac im Angoumois stammt.

Unterwegs im Béarn

Wie die Basken, die seit jeher als Seefahrer oder Emigranten mit aller Herren Länder Kontakt haben, besonders weltoffen sind, so sind die Bauern des Béarn verschlossen, eigenbrötlerisch und konservativ. Touristisch ist die Region – der östliche Teil des Departements Pyrénées-Atlantiques – ein schwarzes Loch. Man reist entweder an die Küste oder ins Hochgebirge der Pyrenäen, aber kaum jemand interessiert sich für die Landschaft, die dazwischen liegt. Dabei ist das Hügelland um den Gave de Pau und den Gave d'Oloron eine stimmungsvolle, landschaftlich abwechslungsreiche Region. Viehwirtschaft und Weinanbau an den Kalkhängen der Pyrenäen sind bisher die Haupterwerbsquellen der Bauern gewesen. Größter Arbeitgeber ist mittlerweile jedoch die Industrie. 20 Kilometer flußabwärts von Pau wurde bei Lacq-Mourenx das größte Erdgasvorkommen Frankreichs gefunden. Obwohl sich die Erschöpfung der Gasvorkommen abzeichnet und das Kraftwerk sowie die damit verbundene Aluminiumhütte bereits geschlossen wurden, bietet die Schwerindustrie noch immer ausreichend Arbeitsplätze. Schlecht steht es um die Bauern der Pyrenäentäler, der Vallée d'Aspe und der Vallée d'Ossau, die nicht mehr mit den Viehzüchtern des Flachlandes konkurrieren können. Auch im Fremdenverkehr finden sie nicht immer eine neue Erwerbsquelle. So wandern sie aus.

Atlanten an der Kirche Ste-Marie
in Oloron-Ste-Marie

D9 **Pau**

Wie schön für die 86 000 Bürger, daß ihre Stadt nicht nur eine richtige Burg hat, sondern sie sich auch mit gleich zwei leibhaftigen Königen als den ihren identifizieren können. Der eine, ein Bernadotte, brachte es erst im Ausland zu Amt und Würden – das trübt den Glanz mit dem Makel der Fahnenflucht. Um so heller strahlt der Ruhm des an-

Vorherige Seite: An der äußersten
Spitze der Hafeneinfahrt von St-Martin-
de-Ré bietet der Leuchtturm Orientierung für die Schiffe
Links: Wild und unwegsam ist das Tal
von Gavarnie in den Pyrenäen

deren, um den sich unzählige Legenden vom »guten König« ranken. Im Schloß verweilen die Besucher ehrfürchtig an der Schildpattwiege (Victor Hugo: »Eine angefressene Reliquie«), in der Heinrich IV. von Navarra gelegen hat; jener König, der anfangs die große Hoffnung der Protestanten war, aber um des französischen Throns willen (»Paris ist eine Messe wert«) zum Katholizismus wechselte und die Bourbonen-Dynastie begründete. Mit dem Edikt von Nantes suchte Heinrich den Ausgleich der Bekenntnisse und wurde schließlich von einem Fanatiker der katholischen Partei ermordet.

Der Zufall fügte es, daß der englische General Wellington, von Spanien aus Napoleon nachsetzend, 1814 samt seinem Stab einige Wochen in Pau lag – und einige Offiziere von den Pyrenäen so begeistert waren, daß sie später, ganz zivil, auf Urlaub wiederkamen. Der Modearzt Alexander Taylor »entdeckte« die gesundheitsfördernde Wirkung von Winterferien in Pau und propagierte sie in einer seinerzeit auch ins Deutsche übersetzten Broschüre. Noch vor Biarritz war Pau die erste Ferienstadt in Südwestfrankreich.

Vorzeigestück auf politischer Ebene ist das »Kinderparlament«. 56 von allen Grundschülern gewählte »Abgeordnete« treffen sich viermal im Jahr und beraten nach dem Vorbild des Erwachsenen-Stadtrates die Kinder und Jugendliche betreffenden Angelegenheiten. Wenn das keine Investition in die Zukunft ist...

Hotels

Abgesehen von den Tagen der Großereignisse wie Autorennen oder Messe gibt es genügend Zimmer in den mittleren und unteren Preislagen. Für eine richtige Luxusherberge fehlt es an entsprechender Nachfrage.

D'Albret
11, rue Jeanne d'Albret
Tel. 59 27 81 58
14 Zimmer
3. Kategorie
Einfache Ausstattung samt klassischer Blümchentapete, preiswert, zentral und freundlicher Empfang. Zimmer sind überwiegend mit Etagenbad.

Continental
2, rue Maréchal Foch
Tel. 59 27 69 31, Fax 59 27 99 84
80 Zimmer
1./2. Kategorie
Etabliertes Hotel im Zentrum, die Zimmer von unterschiedlichem Zuschnitt und Niveau

Roncevaux
25, rue Louis Barthou
Tel. 59 27 08 44, Fax 59 82 92 79
40 Zimmer
2. Kategorie
Von der blau gespiegelten und gefliesten Eingangsfassade sollte man sich nicht schrecken lassen. Dahinter verbirgt sich ein durchaus seriöses Haus mit einem der Preislage angemessenen Komfort; ohne Restaurant.

Sehenswertes

Boulevard des Pyrénées

Das tolle Pyrenäenpanorama vom Boulevard und der Place Royale aus verdanken die Palois und ihre Gäste Napoleon III. Der ließ die Häuser, die ihm die Sicht versperrten, einfach wegreißen. Vom Bahnhof führt eine Seilbahn auf die Promenade, für den Weg nach unten empfiehlt sich der »Sentier du Roi«, der Königsweg durch die üppige Vegetation des Parks am Hang.

Château

Tel. 59 27 36 22
16. April – 15. Okt. tgl. 9.30 bis 11.45, 14 – 17.45 Uhr,
sonst 9.30 – 11.45, 14 bis 16.45 Uhr
Eintritt 26 FF

150 000 Menschen, also mehr als beim Autorennen, besuchen jedes Jahr das Geburtszimmer Heinrichs IV. im Schloß. An einem in der ehemaligen Küche ausgestellten Modell kann man die einzelnen Bauphasen von der einfachen Wehrburg (12. Jh.) über die Umbauten der Renaissance bis ins 19. Jh. nachvollziehen, als das total verfallene Schloß von Louis Philippe und Napoleon III. wieder hergerichtet wurde. Die Innenräume sind üppig mit Tapisserien geschmückt, im Zimmer der Kaiserin Eugénie findet man außer Nachttöpfen auch Gefäße, in die die Damen während der bis zu vier Stunden dauernden Messen ihre Notdurft verrichteten.

Museen

Musée Béarnais

Château de Pau
Tel. 59 82 38 00
Juli / Aug. tgl. 9.30 – 12.30, 14.30 – 18.30 Uhr,
sonst 9.30 – 12.30, 14.30 bis 17.30 Uhr
Eintritt 21 FF

Im dritten Stock des Schlosses werden außer den üblichen volkskundlichen Exponaten wie bäuerliche Möbel und Kleidung auch Geräte zur Herstellung von Käse, Baskenmützen, Espadrilles und schließlich königliche Jagdtrophäen gezeigt.

Musée des Beaux-Arts

Rue Mathieu Lalanne
Tel. 59 27 33 02
Mi – Mo 10 – 12, 14 – 18 Uhr
Eintritt 10 FF

Ein Potpourri von Gemälden aus fünf Jahrhunderten, bei dem die Moderne nicht zu kurz kommt. In Erinnerung bleiben Breughels »Einzug in die Arche« und Rubens' »Jüngstes Gericht«.

Musée Bernadotte

8, rue Tran
Tel. 59 27 48 42
Di – So 10 – 12, 14 – 18 Uhr
Eintritt 10 FF

Das Geburtshaus des Jean-Baptiste Bernadotte (1763 – 1844), der es vom Seekadetten zum König von Schweden brachte. Als Heerführer überwarf er sich mit Napoleon und trat in schwedische Dienste. Dort adoptierte ihn der kinderlose König als Karl XIV. zu seinem Nachfolger.

51

Einsame Dörfer, im Hintergrund
die Gipfel der Pyrenäen, bestimmen
die Landschaft des Béarn

Essen und Trinken

Die berühmte *sauce béarnaise*
stammt womöglich nicht aus
dem Béarn, sondern wurde
1830 von Meisterkoch Collinet
in seinem Pariser Lokal »Henri IV« kreiert und hat mit Pau
nur soviel gemein, als daß König Henri hier geboren wurde.
Tatsächlich aus dem Béarn
stammt dagegen die *garure béarnaise*, ein Suppeneintopf mit
Kohl, Gemüse der Saison und in
Würfel geschnittenem eingemachtem Gänsefleisch. Der
Schafskäse *brebis* schmeckt
nach den Weiden der rauhen Pyrenäentäler. Dazu paßt ein roter
Madiran, ein kräftiger Rotwein

vom Gave de Pau. Der bernsteinfarbene und likörähnliche Dessertwein Jurançon war der Lieblingswein vieler französischer
Könige. Es gibt ihn als trockenen und würzigen Weißwein.
Der Vin de Béarn wächst zwischen Pyrenäen und Adour.

Café / Brasserie de la Paix
Pl. des Sept Cantons
Tel. 59 27 08 28
2./3. Kategorie
Von den Fensterplätzen der Terrasse der gemütlichen, im alten
Stil eingerichteten Brasserie
kann man dem Straßentreiben
zuschauen. Besonders die Kuchen sind eine Bestellung wert.

Chez Pierre
16, rue Louis Barthou
Tel. 59 27 76 86
Sa ab Mittag, So und 2. Februarhälfte geschl.
1. Kategorie

Das Schloß von Pau ist berühmt für
seine reiche Innenausstattung und die
Tapisserien

Örtliches Nobellokal, »spontane« Tagesgerichte und Kreationen wie etwa »Langustinen-Ravioli an Currysoße«, aber auch Bewährtes (z. B. Piccata mit Leber)

El Rio Loco
23 bis, rue Tran
Tel. 59 27 81 27
Mo geschl.
3. Kategorie
Die Studentenkneipe mit mexikanischer Küche öffnet für Nachtschwärmer an Wochenenden um 5 Uhr in der Frühe.

La Gousse d'Ail
12, rue du Hédas
Tel. 59 27 31 55
Sa ab Mittag, So und 2. Oktoberhälfte geschl.
2. Kategorie
Kleines, rustikales Lokal im »Graben« unter der Rue des Cordeliers

Einkaufen

Wichtigste Einkaufszone ist die Rue des Cordeliers.

Caves Basques
1, pl. Louis de Gonzaque
Tel. 59 27 31 95
Eine Fundgrube für lokale Weine wie Jurançon, Madiran

Le Fou du Roi
8, rue Montpesier
Tel. 59 27 83 96
Das Königreich für Geschenkartikel und ein Eldorado für Liebhaber von Gesellschaftsspielen

Kinder

La Cité des Abeilles
St-Faust
Jurançon

Sauce béarnaise Ein Eßlöffel gehackte Schalotten, zwei Eßlöffel gehackter Kerbel und Estragon, eine Prise Thymian, ein Lorbeerblatt, zweieinhalb Eßlöffel Essig, etwas Salz und Pfeffer in einem Topf auf den Herd stellen und auf ein Drittel der ursprünglichen Menge eindämpfen, dann langsam abkühlen lassen. Nach dem Erkalten zwei mit einem Eßlöffel Wasser verrührte Eigelb dazugeben und unter Rühren vorsichtig erwärmen. Wenn das Eigelb andickt, unter ständigem Rühren nach und nach 125 Gramm zuvor in kleine Stücke geschnittene Butter hinzufügen. Je einen Eßlöffel gehackten Kerbel und Estragon hineingeben, eventuell mit einer Prise Cayennepfeffer und einem Schuß Zitronensaft würzen. Die jetzt fertige Sauce béarnaise kann im Wasserbad warm gehalten werden, man sollte sie aber nicht ein zweites Mal aufwärmen.

Tel. 59 83 10 71
Mai–Okt. Di–Sa 14–18 Uhr
11 km außerhalb von Pau ist die »Stadt der Bienen«, eine Imkerei, als Museum hergerichtet und zu besichtigen. Keine Angst: Die Stöcke mit den lebenden Bienen stehen etwas abseits, und es heißt, noch nie sei ein Besucher gestochen worden.

Allgemeine Informationen

Auskunft
Office de Tourisme
Pl. Royale
64000 Pau
Tel. 00 33/59 27 27 08
Mo–Sa 9–12, 14–18 Uhr,
Juli/Aug. tgl. 9–19 Uhr

Bahn
Auskunft: Tel. 59 30 50 50
Reservierung: Tel. 59 55 11 88
Vom Bahnhof in der Av. Gaston Lacoste am Fuße des Stadthügels Direktverbindungen nach Paris (mit TGV 5 Std., über Dax, Bordeaux), Bayonne, Toulouse (-Lyon)

Busse
CITRAM
30, palais des Pyrénées
Rue Gachet
Tel. 59 27 22 22
Ausflugfahrten nach St-Jean-Pied-de-Port
Société TPR
2, pl. Clemenceau (rue Gachet)
Tel. 59 27 45 98
Linienbusse nach Mauléon, Oloron, Lourdes und Biarritz
STAP-Kiosk
Pl. Clemenceau
Tel. 59 27 69 78
Beim Pavillon der Verkehrsbetriebe gibt es einen Linienplan und Mehrfachkarten.

Medizinische Hilfe
Centre Hospitalier
14, bd. Hauterive
Tel. 59 92 48 48
SAMU (Ambulanz)
Tel. 59 27 15 15

Polizei

Hôtel de Police
Rue Oquin
Tel. 59 98 22 22
Notruf Tel. 17

Post

21, cours Bosquet
Mo–Fr 8–19, Sa 8–12 Uhr

Taxi

Tel. 59 27 03 03

Orte in der Umgebung

D9 Gurs

Ein unscheinbares Straßendorf am Westufer des Gave d'Oloron mit trauriger Vergangenheit. In 400 von den Flüchtlingen selbst in aller Eile errichteten Barakken waren hier zunächst die am Ende des spanischen Bürgerkrieges nach Frankreich geflohenen republikanischen Soldaten interniert. Später hielt die mit den Nazis kollaborierende Vichy-Regierung hier französische Widerstandskämpfer gefangen. »Es war der traurigste und verlassenste Ort: schmutzig, ein Ort zum Sterben«, erinnert sich Semi Moos an das »Champ de Gurs«, wie das Konzentrationslager beschönigend hieß. Im Herbst 1940 wurde Gurs mit über 15 000 aus Baden und der Pfalz deportierten Juden belegt. Wer nicht in Gurs an Krankheit und Unterernährung starb, wurde später in andere Lager verlegt und im Rahmen der »Endlösung« umgebracht.

Oloron-Ste-Marie D 10

Entgegen ihrem Namen ist die Baskenmütze keine Erfindung der Basken, sondern des Béarn. Hier in Oloron (12 000 Einwohner), am Zusammenfluß von Gave d'Aspe und Gave d'Ossau, steht die letzte Fabrik, die das aus der Mode gekommene *béret basque* noch herstellt. Sehenswert ist das romanische Portal der Kirche Ste-Marie am linken Flußufer: Dargestellt sind Figuren der Apokalypse und die nach Béarn versetzte Hochzeit von Kanaan.

Auch der Altstadthügel Ste-Croix ist den steilen Anstieg wert. Vom Vorplatz der gleichnamigen Basilika bietet sich ein schöner Ausblick auf die grauen Schieferdächer des Städtchens und die Pyrenäenkette. Gegenüber der Kirche fallen zwei Fachwerkhäuser mit offenem Erdgeschoß auf, in dem die Händler am Morgen regengeschützt ihre Marktstände aufschlagen. Bergab der Straße folgend, stößt man auf einen mittelalterlichen Wehrturm.

Hotel

Darroze
4, pl. de la Mairie
Tel. 59 39 00 99, Fax 59 39 17 88
30 Zimmer
2. Kategorie
Mit seiner in Blautönen gestrichenen Fassade hebt sich das kürzlich erst renovierte Haus am Rathausplatz angenehm von seiner grauen, tristen Umgebung ab.

Die Baskenmütze Irgendwo in einem abgelegenen Pyrenäental und im tiefsten Mittelalter soll es sich zugetragen haben, daß ein Hirte die Baskenmütze erfand, indem er vergaß, seine vom Regen durchweichte und verfilzte Pudelmütze vor dem Trocknen wieder in Form zu bringen. Ob er wirklich ein Baske war – und nicht Béarnais –, ist zweifelhaft. Heute bildet die Adour die heimliche Grenze. Südlich ist der »béret basque« ein identitätsstiftendes Vorzeigestück stolzer Männer. Im Norden dagegen führt die Baskenmütze ein Schattendasein – als Arbeitskappe oder als ein von städtischen Hutdesignern verunstaltetes Modestück. Der richtige »béret« muß knautschig weich und möglichst breit sein. Erst so kann man ihn den regionalen Gepflogenheiten entsprechend formen: Das Oberteil der Mütze – wie den Schirm einer Schiebermütze – weit über die Augen gezogen, um den mißtrauischen Blick zu verbergen, das ist die baskische Art; die

Allgemeine Informationen
Auskunft:
Office de Tourisme
Pl. de la Résistance
64400 Oloron-Ste-Marie
Tel. 00 33/59 39 98 00
Juli/Aug. Mo–Sa 9–12.30,
14–19.30 Uhr,
sonst Di–Sa 9–12, 14–18 Uhr

Der gute Tip 🅼:
Rafting auf dem Gave d'Oloron
Mit einer fröhlichen Gruppe und in Begleitung erfahrener Guides geht's im Gummifloß den wilden Fluß hinab.

Sport:
Rafting Gave d'Oloron 🅼
Centre de Sports nautiques
Soeix-Gurmençon
Tel. 59 39 61 00
Rafting Eaux-Vives
Pl. des Casernes
Navarrenx
Tel. 59 66 04 05

Zwischen Navarrenx und Sauveterre erfreut sich der lebhafte Gave d'Oloron wegen seiner schönen Uferlandschaft bei Flußfahrern besonderer Beliebtheit. Im Raft, einem Gummifloß für bis zu 12 Personen, eignet sich der Spaß auch für Landratten; Kanuten und Kajakfahrer müssen dagegen etwas Erfahrung mitbringen.

Salies-de-Béarn   C9
Das von Durchreisenden nur selten besuchte Städtchen (5 000 Einwohner) liegt etwas abseits der Autobahn Pau–Bayonne und zeichnet sich durch seine pittoreske, sorgfältig sanierte Altstadt aus. Einige Häuser stehen auf Pfählen mitten über dem Fluß. Die stark salzhaltige Quelle mitten im Ortszentrum wird außer für den bescheidenen Kurbetrieb (sehenswert das »Hotel du Parc«) nach wie vor für

Kappe vorn zu einem Horn ausgebeult, das in die Ferne weist, so lieben es die Gascogner in den Landes – und im Béarn wird der »Überhang« gleichmäßig rund um den Kopf verteilt – charakteristisch für den Béarnais, der sich im Mittelpunkt aller Dinge sieht und behäbig in sich ruht. Doch die Mütze taugt zu mehr, als nur getragen zu werden. Bei aufregenden Fußballspielen beißt der Zuschauer hinein, angesichts der umworbenen Geliebten wird sie verlegen in der Hand gedreht, man winkt mit ihr zum Abschied, sammelt darin Waldbeeren oder haut sie den Kindern um die Ohren. Fangen Sie aber nie die Diskussion darüber an, wie unpraktisch der schwarze oder dunkelblaue Filzkuchen in der Sonnenhitze sei – da hört der Spaß auf, und ein vernünftiger Mensch hält während dieser Stunden sowieso im Schatten seine Siesta.
Und zieht die Mütze übers Gesicht...

die Salzgewinnung genutzt (Saline hinter dem Bahnhof). Wie archäologische Funde belegen, war das Salz von Salies schon in der Bronzezeit ein begehrter Handelsartikel. Mehr über die Salzgewinnung im Musée du Sel.

Hotel
Du Golf
Domaine d'Hélios
Tel. 59 65 02 10, Fax 59 38 05 84
33 Zimmer
2. Kategorie
An den Golfplatz angrenzendes Landgut mit Schwimmbad, Tennisanlage; erstaunlich preiswert

Museum
Musée du Sel
Pl. du Baya
Nov.–April Do, Sa 15–18 Uhr,
Mai/Juni, Sept. Mo–Sa 15–18,
auch Do 10–12 Uhr,
Juli/Aug. tgl. 10–12, 14 bis
18 Uhr
Eintritt frei

Die rekonstruierte Werkstatt eines »Salzmachers« mit Dokumenten über Salzgewinnung

Allgemeine Informationen
Auskunft:
Office de Tourisme
1, bd. St-Guily
64270 Salies-de-Béarn
Tel. 00 33/59 38 00 33
Mo–Sa 9.30–12, 14–18 Uhr
Bus:
Bahnbusse von Dax

Vallée d'Aspe   D10
Mit dem auch im Winter passierbaren Col du Somport (1632 m) war die Vallée d'Aspe ein wichtiger Pyrenäenübergang. Römische Legionen, maurische Stoßtrupps und Jakobspilger zogen durch das Tal. Noch 1838 klebten die Militärs am Engpaß zwischen Etsaut und Urdos das Fort du Portalet in die Felswand, um den Zugang zu Frank-

Der »typische Baske« mit Baskenmütze und Pfeife: Klischee oder nationales Denkmal?

abenteuerlustige Wanderer die Tunnel (Taschenlampe!) und klettern Kinder und Eisenbahnfans über die ausgedehnten Gleisanlagen des Eisenbahnfriedhofs und früheren Grenzbahnhofs Canfranc (Aragon). Eine Initiative kämpft wohl auf verlorenem Posten für die Wiederinbetriebnahme der Bahn und sieht darin eine Alternative zum geplanten Bau einer Schnellstraße samt Tunnel unter dem Col du Somport, die, mit EU-Mitteln gefördert, den Lastwagenverkehr nach Spanien beschleunigen und die Grenzübergänge von Hendaye und Port Bou entlasten soll. Die Autobahngegner befürchten, daß die auch im Zusammenhang mit der Winterolympiade in Jaca (1998) zu sehende Straße wie schon auf spanischer Seite Seilbahnen und Skistationen nach sich ziehen wird – bisher spielt der Wintersport in der Vallée d'Aspe kaum eine Rolle, und auch im Sommer kommen vergleichsweise wenig Urlauber.

reich zu schützen. Schönstes Dorf der Talschaft ist das in einem Kessel angelegte Lescun (200 Einwohner). Wanderwege führen von hier auf die Berghöfe und Almen. Der Hang hinter dem Dorf ist ein idealer Startplatz für Gleitschirmflieger.

Die 1927 eröffnete Bahnlinie Pau–Zaragoza gehört zu den Meisterleistungen des Eisenbahnbaus. Über 20 Tunnel – der längste 7,8 km – wurden mit einfachsten Mitteln durch den Fels geschlagen. Eine schadhafte Brücke nahm die französische Staatsbahn zum Anlaß, die unrentable Strecke stillzulegen. Am 27. März 1970 fuhr der letzte Zug. Seither passieren nur noch

Hotel
Du Pic d'Anie
64490 Lescun
Tel. 59 34 71 54
10 Zimmer
2. Kategorie
Einfaches Landgasthaus in sehr ruhiger Lage, alle Zimmer mit Dusche/WC; mit Restaurant

Sehenswertes
Pyrenäenbahnhof Canfranc Ⓜ
Ein Bahnhofsgebäude, größer als Frankfurt oder Zürich, ge-

hört heute den Schwalben und Eidechsen. Gerade zwei Zugpaare am Tag fertigt Vorsteher Jaime Ortiz de la Rubis noch ab, und es ist pure Nostalgie, daß die spanische Eisenbahnverwaltung die Strecke überhaupt noch betreibt. Vor der Kulisse der einsamen Bergwelt verrotten Waggons auf den von Gras und Büschen überwucherten Gleisanlagen, und der stattliche Bau, stilistisch eine Mischung aus Klassizismus und Jugendstil, verfällt. Die Renovierung würde Unsummen verschlingen, und doch weiß keiner, wie der Komplex mit seinen riesigen Warteräumen, Zollabfertigungshallen, Krankenstation und sogar Hotelzimmern sinnvoll genutzt werden könnte.

Einkaufen
Pimparela
Pl. du Marché
64490 Bedous
Tel. 59 34 52 23
Hier gibt's den Schafskäse Brebis und andere Bergkäse, die alle noch auf traditionelle Art und nicht in der Fabrik produziert werden.

Allgemeine Informationen
Auskunft:
La Goutte d'Eau
64490 Eygun
(im ehemaligen Bahnhof)
Tel. 00 33/59 34 78 83
Das von jungen Leuten genossenschaftlich geführte Haus im früheren Bahnhof Eygun ist eines der Zentren des Widerstan-

> **Der gute Tip M:**
> **Pyrenäenbahnhof Canfranc**
> Ein monumentaler Geisterbahnhof auf einem eigens für die Gleisanlagen aufgeschütteten künstlichen Plateau. 70 Jahre wurde an diesem aufwendigen Projekt gebaut.

des gegen die Erschließung der Vallée d'Aspe. Man erhält dort Informationen über die Region, geführte Wanderungen und Extremklettern. Leider recht schmuddelig und deshalb zum Essen und Übernachten nicht zu empfehlen.
Bus und Bahn:
Bahnbusse von Oloron über Lescun bis Canfranc (Bahnanschluß Zaragoza)
Nationalpark:
Maison du Parc National des Pyrénées
64490 Etsaut
(im Bahnhof)
Tel. 59 34 88 30
Juli/Aug. tgl. 9–12.30, 14.30 bis 19 Uhr,
Juni, Sept. Sa, So 14–17 Uhr
Mit einer Dokumentation über den Bären Joio, der als Waise gefunden und hier aufgezogen wurde.

Vallée d'Ossau D10
In diesem Pyrenäental südlich von Pau ist neben der kriselnden Viehwirtschaft (Käsemarkt in Laruns) schon seit langem der Fremdenverkehr die wichtigste Erwerbsquelle. Napoleon ent-

deckte die Thermalquellen von Eaux-Bonnes (»Schönwasser«) und Eaux-Chaudes (mit 33 Grad allerdings so warm nicht) als Erholungsorte für regenerationsbedürftige Soldaten. Beide Thermalbäder haben bessere Zeiten gesehen. Der Wintersport hält sich, anders als jenseits des Col du Pourtalet auf der aragonesischen Seite, noch in Grenzen. Im oberen Talbereich, der schon zum Nationalpark gehört, stehen die Belange des Naturschutzes weiteren Liften und Pisten im Wege, so daß sich die touristische Erschließung auf das Gebiet um den Pic de Ger (2613 m) oberhalb von Eaux-Bonnes konzentriert. Es bleibt abzuwarten, welche Folgen die für 1998 nach Jaca auf die spanische Seite des Gebirges vergebene Winterolympiade für die Region hat.

Wegen der schönen Landschaft ist das an Sehenswürdigkeiten arme Ossau-Tal vor allem ein Ziel für den klassischen Gebirgstourismus. Ausgangspunkt für Wanderungen und Klettertouren (Pic du Midi d'Ossau 2885 m) ist dabei vor allem der Lac de Bious-Artigues bei Gabas. Von hier führt der Höhenwanderweg GR 10 hinüber ins Vallée d'Aspe. Als besonders spektakulär gilt, auf der anderen Talseite, die Fahrt mit der Seilbahn vom Lac de Fabréges zum Pic de la Sagette (2031 m) und dann weiter mit der Schmalspurbahn zum Lac d'Artouste. Das in der Vorkriegszeit zum Materialtransport für den Bau eines Staudammes angelegte Bähnchen braucht für die 10 km, die es sich in schwindelerregender Höhe am Rand einer Steilwand entlangtastet, fast eine Stunde. Für den Rückweg bietet sich die etwa dreistündige Wanderung zum Pont d'Arrious unten an der Hauptstraße an.

Hotel

Vignau
64440 Gabas
Tel. 59 05 34 06
17 Zimmer
3. Kategorie
Das Hotel im Dorfzentrum hat Zimmer mit unterschiedlichem Sanitärkomfort, teilweise mit Balkon. Probieren Sie im Restaurant die Gemüsesuppe. Im Sommer Reservierung empfohlen.

Allgemeine Informationen

Auskunft:
Office de Tourisme
Pl. de la Mairie
64440 Laruns
Tel. 00 33 / 59 05 31 41
Bus:
Bahnbusse vom Bahnhofsplatz Pau talauf bis Artouste
Feste:
Okt. (1. Wochenende):
Großer Käsemarkt in Laruns:
Hirten verkaufen dort nach dem Almabtrieb ihre selbstgemachten Käse.
Nationalpark:
Maison du Parc National des Pyrénées
64440 Gabas
Tel. 59 05 32 13

Unterwegs in der Charente

Die französischen Verwaltungsgrenzen wurden einst ganz bewußt ohne jede Rücksicht auf historisch Gewachsenes gezogen. Kernland des Departements am Mittellauf der Charente ist das Angoumois, die Landschaft um die Provinzhauptstadt Angoulême. Dazu gehören aber auch Teile der Saintonge, des Poitou und des Limousin. Die Gegend ist stark agrarisch geprägt. Doch es sind nicht mehr, wie noch an der Küste und in der Vendée, die grünen Weiden, sondern goldgelbe Getreidefelder, die im Sommer das kleinräumige, stark zergliederte Landschaftsbild bestimmen. Dazu kommt der Weinbau, der das Land um Cognac weltberühmt gemacht hat, und Cognac ist denn auch der einzige Ort mit ansehnlichem Fremdenverkehr. Doch auch Angoulême mit seiner markanten Lage auf einem Tafelberg über der Charente hat seine Reize.

E5 Angoulême

Cagouillards, nämlich »Schnekken«, heißen die Bewohner des Angoumois in Anspielung auf ihren Speisezettel und die etwas phlegmatische Lebensart. Die sympathische Altstadt thront auf einem markanten Kalkfelsen, der die Charente buchstäblich in die Knie zwingt. Schon in vorrömischer Zeit war hier eine Fluchtburg. Die Karolinger erhoben das Angoumois zu einer eigenen Grafschaft, und nachdem Ludwig XIII. 1515 ohne männliche Nachkommen verstorben war, ging sogar die französische Krone an die Herrscher aus der Nebenlinie Valois-Angoulême über, bis 1589 nach der Ermordung Heinrichs III. das Haus Bourbon an die Reihe kam.

Von der Oberstadt geht der Blick hinunter zur Charente. Als hier Balzac mit seiner Freundin Zulma Carraud spazierte, schallte noch das Gehämmer der Papiermühlen durch das Tal, die aus Holz, Lumpen und Wasser den Grundstoff für die Druckereien der Stadt herstellten. Trotz der Krise in den 70er Jahren sind die verbliebenen fünf Papiermühlen und 30 weiterverarbeitenden Betriebe ein wichtiger Industriezweig in Angoulême. Über die Bilderfront der Kathedrale spannt sich der Bogen zur frühen Blüte der Druckindustrie. Heute bestimmen allerdings Bilder ganz anderer Art die Kunstszene. Mit seinem internationalen Festival zur *bande dessinée* und seiner Hochschule ist Angoulême das europäische Mekka der Comic-Fans.

Hotels

Angoulême wird von Touristen überwiegend nur auf der Durchreise zwischen dem Périgord und der Küste besucht. Das Angebot an Übernachtungsmöglichkeiten ist deshalb gering und vor allem auf Geschäftsreisende zugeschnitten.

Palais
4, pl. Francis Louvel
Tel. 45 92 54 11, Fax 45 92 01 83
50 Zimmer
2./3. Kategorie
Zentrale Lage an einem belebten Platz nahe der Kathedrale. Die Zimmer des historischen Gebäudes, das bis ins Mittelalter zurückreicht, sind nicht alle mit eigenem Bad ausgestattet.

Sehenswertes

Cathédrale St-Pierre
Sie ist das Glanzstück unter den Baudenkmälern der Stadt. Grund und Aufriß des 1128 nach der erstaunlich kurzen Bauzeit von nur 18 Jahren geweihten Gotteshauses orientiert sich an St-Etienne in Périgueux. Die

Der gute Tip **M**:
Centre National de la Bande Dessinée et de l'Image (CNBDI)
Im Mekka der Comic- und Trickfilmfans dreht sich alles um die bunten Bildergeschichten.

Fassade gehört zu den großen Kunstwerken romanischer Bildhauerkunst. Auf der streng gegliederten Schauwand inszenierten die Steinmetze mit einer Fülle sorgfältig ausgeführter Halbreliefs und Skulpturen ein »theatrum fidei«, das den mittelalterlichen Gläubigen von Jesu Himmelfahrt und dem Jüngsten Gericht erzählte. Die unteren Portalbögen zeigen die Apostel. In dem über die ganze Breite laufenden Fries wird eine Folge kämpfender Ritter dargestellt; Kunsthistoriker sehen hier Anspielungen auf das Rolandslied und die Reconquista.

Centre National de la Bande Dessinée et de l'Image (CNBDI) **M**
121, rue de Bordeaux/1, av. de Cognac
Tel. 45 95 16 31
Mi–Sa 12–19, So 14–19 Uhr
Eintritt 30 FF
Bus 3, 5 »Nil-CNBDI«
Das Kulturzentrum mit dem langatmigen Namen, der so gar nicht zur Prägnanz der Sprechblasen-Sprache paßt, bringt in Bild, Ton und auf Papier die Entwicklung und Technik von Comic und Zeichentrickfilm näher. Wer sich nicht für Comics interessiert, sollte sich die Architektur dieses Zentrums anschauen: Eine Brauerei, die Teile einer älteren Abtei enthält, wurde nach dem Entwurf von Roland Castro mit Glas- und Stahlfassaden überbaut. So entstand ein surrealistisches Ensemble, das den Eindruck vermittelt, jeden Moment könne alles zusammenbrechen.

Hôtel de Ville
Pl. de l'Hôtel de Ville
Ein englischer Kunstexperte nannte das von Paul Abadie

Skulpturenschmuck an der Fassade
von St-Pierre in Angoulême

1854–69 entworfene Rathaus von Angoulême, das noch den Donjon des alten Schlosses integriert, einmal »beste Bahnhofsgotik mit einem Zusatz von Renaissance«.

Museen und Galerien

Atelier Musée du Papier und Centre d'Arts Plastiques
134, rue de Bordeaux
Tel. 45 92 73 43
Okt.–Mai Di, So 14–18 Uhr, Juni–Sept. Di, Sa, So auch 14–18 Uhr
Eintritt frei
Bus 3, 5 »Nil-CNBDI«
Die Technik der Papierherstellung kann im Museum in der früheren Zigarettenpapierfabrik (Marke »El-Nil«) nachvollzogen werden. Im selben Haus werkeln Künstler an Collagen und Skulpturen – Hauptsache und Bedingung für ein Atelier ist, daß Papier und Pappe verarbeitet werden.

Musée Archéologique
44, rue Montmoreau
Tel. 45 38 45 17
Mi–Mo 10–12, 14–17 Uhr
Eintritt frei
Gezeigt werden in sieben Sälen und einer Galerie archäologische Funde von der Vorgeschichte bis ins Mittelalter, darunter viele Skulpturen aus romanischen Kirchen der Umgebung.

Musée des Beaux-Arts
1, rue Friedland (bei der Kathedrale)
Tel. 45 95 07 69
Mi–Mo 10–12, 14–18 Uhr
Eintritt 15 FF

Ansprechend aufgebaute vorgeschichtliche Abteilung, ethnografische Objekte, Keramik und anderes Kunsthandwerk. Bestes Stück ist der in Angoulême gefundene Goldhelm eines Keltenfürsten, der den Reichtum der damaligen Stadtherren bezeugt. Thematisch überschneidet sich die Sammlung mit dem Archäologischen Museum. Das Gebäude diente als Bischofspalast.

Essen und Trinken

Die Küche ist bäuerlich-deftig. Was die meisterliche Zubereitung von Schnecken betrifft, tragen die Cagouillards ihren Spitznamen zu Recht. Vielleicht war es ein fauler, des Schneckenlesens müder Gärtner, der die *potée cagouilles* erfand: Schnecken in einer Gemüsesuppe oder einem Eintopf. Eine große Rolle spielen die Innereien von Rind (*tripes*), der Kalbskopf kommt in Tomatensauce auf den Tisch (*tête de veau en sauce tomate*).
Hostellerie du Moulin du Maine Brun (Relais et Château) D 120 über die Route de Cognac
La Vigerie
Tel. 45 90 83 00, Fax 45 96 91 14
Nov./Dez. geschl.
1./2. Kategorie
Weil es in Angoulême an wirklich guten Lokalen fehlt, hier ein Tip aus der Umgebung. Zu dem mit erlesenen Stilmöbeln ausgestatteten Haus gehören auch ein kleiner Tierpark und ein Pool. Überwiegend ausländisches Publikum, Übernachtungsmöglichkeit (18 Gästezimmer, 1. Kat.).

Einkaufen

Haupteinkaufsstraßen sind die Rue Marengo und die Rue St-Martial mit den dazugehörigen Plätzen. Wohl als Ausgleich zu ihrer Vorliebe für deftige Fleischgerichte sind die Angoumois auch Meister in der Herstellung feiner Süßigkeiten. Cognac-Pralinen, kandierte Früchte, gefülltes Kleingebäck oder die *marguerites d'Angoulême* eignen sich vorzüglich als Mitbringsel, sofern man der süßen Versuchung nicht schon unterwegs nachgibt.
Chocolaterie Duceau
Pl. de l'Hôtel de Ville
Tel. 45 95 06 42

Märkte

Champ de Mars: Am 1. und 15. jeden Monats große Messe
St-Cybard: Flohmarkt im Herbst und Frühling an jedem 3. Sonntag des Monats
Markthalle: Außer dem gewöhnlichen Markt findet zwischen November und März jeden Sonntagmorgen ein Gänsemarkt statt.

Allgemeine Informationen

Auskunft
Office de Tourisme
2, pl. St-Pierre
16000 Angoulême
Tel. 00 33/45 95 16 84,
Fax 45 95 91 76

In den uralten Fässern muß der Cognac
einige Jahre reifen

Juli/Aug. Mo–Sa 9–19, So
10.30–12.30 Uhr, sonst
Mo–Fr 9–12.30, 13.30 bis
18.30, Sa 10–12, 14 bis 16 Uhr
Zweigbüro am Bahnhof

Bus und Bahn
Information: Tel. 45 38 50 50
Reservierung: Tel. 45 69 61 64
CITRAM-Bus von Périgueux
TGV-Halt an der Strecke Paris–
Bordeaux, Regionalzug nach
Saintes

Orte in der Umgebung

D5 **Cognac**
Die feine Nase erschnüffelt es
schon auf der Anfahrt, und bald
wird das Auge jenes typischen
grauschwarzen Schmierfilms gewahr, der sich, als lebendiger
Pilz, auf allen Mauern und Dä-
chern niedergelassen hat und
von dem Dunst des Destillats
prächtig gedeiht. Hier dreht
sich alles um den feinen Weinbrand, der sich während der Rei-
fung teilweise verflüchtigt.
Diese »part des anges« (Teil der
Engel), wie ihn die Einheimischen nennen, entspricht immerhin jährlich dem Inhalt von 12
Mio. Flaschen und nährt besag-
ten Pilz. In Cognac sind statt Kirchen und Naturdenkmälern
Brennereien zu besichtigen; der
Cognac ist zu prüfen.

Hotel
Domaine du Breuil
104, av. Robert Daugas
Tel. 45 35 32 06, Fax 45 35 48 06
24 Zimmer
2. Kategorie

Vom Brandy zum Cognac Mit manchem nordischen Tropfen konnten sich die Weine der Charente sicher messen – aber hier, in der Nachbarschaft des Bordelais, mußten sie einfach als minderwertig erscheinen. Und so gaben die Charentaiser Winzer ihren Wein seit alters den Salzhändlern mit auf den Weg nach Holland, Irland und Britannien. Die noch heute im Hausbrand erfahrenen Insulaner erprobten ihre Kunst des Destillierens bald auch am Wein – und erfanden den Branntwein (»brandy«). So wird fast der gesamte Wein der Charente seit dem Ende des 17. Jahrhunderts schon vor Ort zu Cognac verarbeitet. Englische Unternehmerfamilien wie etwa die Hennessys haben an diesem Geschäft von Anfang an maßgeblichen Anteil. Nur der Cognac aus Cognac darf sich Cognac nennen – sonst wäre er ein gewöhnlicher Weinbrand oder Brandy.*

Ein kürzlich zum Hotel umgebauter Herrensitz (19. Jh.); Zimmer in Rosa- oder Blautönen mit großen Fenstern zum Park, viel Stuck. Spezialität der Küche ist der in Cognacdampf gegarte Jakobsmuschelspieß.

Sehenswertes
Kellereien:
Hennessy
1, rue de la Richonne
Tel. 45 82 52 22
16. Juni–15. Sept. Mo–Sa
9–17.30 Uhr,
sonst Mo–Fr 9–12, 14 bis
16.30 Uhr
Der weltgrößte Cognacproduzent. In der Besichtigung ist eine Bootsfahrt über die Charente inbegriffen.
Martell
Rue de Gate Bourse
Tel. 45 82 44 44
Okt.–Mai Mo–Do 9.30–11,
14.30–16, Fr 8.30–11 Uhr,
Juni, Sept. Mo–Fr 9–11,
14–17 Uhr,

Juli/Aug. Mo–Sa 9–11,
13.30–17 Uhr
Martell hat nach unserer Meinung die beste Führung (über den besten Cognac zu urteilen, bleibt Ihnen überlassen). Auf Fragen wurde ausführlich eingegangen, und Probierfläschchen gab's gratis.
Otard
127, bd. Denfert Rochereau
Tel. 45 82 40 00
Okt.–März Mo–Fr 9.30–12,
14–17.30 Uhr,
April–Mai auch Sa, So,
Juni–Sept. tgl. 9.30–17.30 Uhr
Der Firmensitz ist seit der Revolution im Schloß, wo König Franz I. 1494 das Licht der Welt erblickte und Richard Löwenherz seinen Sohn Philippe mit Amélie de Cognac vermählte.

Einkaufen
Sie kaufen Ihren Cognac in den Brennereien oder Läden der Stadt nicht unbedingt billiger als andernorts, aber die Aus-

Auch wenn kein Cognac dem anderen gleicht, ist die Grundprozedur stets die gleiche. Nach Abschluß der Gärung wird der junge Wein in zwei Stufen gebrannt und erreicht so einen Alkoholgehalt von etwa 70 %. Dieser Sud wird in Eichenfässer verfüllt, in denen der Cognac während einiger Jahre reift und »arbeitet«, das heißt die Gerbstoffe des Holzes aufnimmt (daher die gelbe Farbe).

Alle paar Jahre füllen die Kellermeister den durch die Verdunstung in den Fässern entstandenen Leerraum mit weiterem Sud wieder auf. Ähnlich wie beim Sherry gibt diese Mischung verschiedener Lagen, Jahrgänge und Reife jedem Cognac seinen individuellen Geschmack. Erst beim Verfüllen in die Flasche wird der ausgereifte Brandy mit destilliertem Wasser auf 42 % Alkohol zurückgedünnt. Für Süße und Farbe darf in gewissen Grenzen karamelisierter Zucker zugesetzt werden.

wahl ist natürlich größer, und außerdem ist eine edle Flasche gleichzeitig ein Souvenir.

Das bis La Rochelle reichende Anbaugebiet der Appellation »Champagne de Cognac« ist in die Bezirke Grande Champagne, Petite Champagne, Borderies, Fins Bois, Bons Bois und Bois Ordinaires eingeteilt, die sich als fast konzentrische Kreise um das Städtchen Cognac legen. Für einen guten Cognac eignen sich besonders auf kalkhaltigem Boden gewachsene Trauben.

Da der Kalkgehalt mit wachsender Entfernung von der Schnapsmetropole abnimmt, stehen die Destillate aus dem Rebensaft der Grande und Petite Champagne im höchsten Ansehen, während der Kenner über einen Brand aus den cognacfernen »Bois Ordinaires« nur die Nase rümpft. Daneben wird der Edelschnaps nach Alter klassifiziert. »Very special«-Qualitäten (V. S.)

lagern wenigsten vier Jahre im Faß, »very special old pale« (V. S. O. P.) reifen über fünf Jahre, und ein Grande Réserve, Royal oder Napoléon muß über sieben Jahre geruht haben. Die angegebenen Zeiten beziehen sich immer auf die »jüngste« Charge im Faß, ein V. S. O. P. beispielsweise enthält also auch Brand, dessen Trauben schon vor zehn und mehr Jahren geerntet wurden. Durch den Verschnitt sind die Altersangaben schwer überprüfbar.

Allgemeine Informationen
Auskunft:
Office du Tourisme
16, rue du 14 juillet
16100 Cognac
Tel. 00 33/45 82 10 71
16. Juni – 15. Sept. Mo – So
8.30 bis 19 Uhr,
sonst 9 – 12.30, 14 – 18 Uhr
Bahn:
Zug nach Angoulême und nach
Saintes

Unterwegs in der Charente-Maritime

Der mit allen Buchten und Halbinseln 400 Kilometer lange Küstenstreifen zwischen Sèvre Niortaise und Gironde ist das Land der Muschelzüchter und Muschelsammler. Die Tiere lieben das Watt und die Gezeiten, die hier besonders stark sind, und für die Franzosen ist das Herumstochern im Schlick eine nationale Leidenschaft. Badeurlaubern bleiben nur die Inseln und die Halbinsel von Royan. Wer mehr als Sonne, Sand und Wasser sucht, erkundet in Tagesausflügen das Hinterland. Im Marais Poitevin, dem »Grünen Venedig« der Kanäle, Flüßchen und Deiche, begibt man sich im Boot auf die Reise durch einen üppigen Urwald, in dem die Zeit stehengeblieben scheint. Kunstfreunde besuchen die Saintonge, nämlich die Umgebung von Saintes. Nirgendwo in Europa gibt es auf engem Raum so viele romanische Kirchen. Bevor sich im 13. Jahrhundert das Schwergewicht der Bautätigkeit in die Ile de France verlagerte, entstanden hier, am östlichen Zweig des Pilgerweges nach Santiago de Compostela, eine Reihe von architektonisch schlichten, an Fassaden, Fensternischen, Portalen und Kapitellen dafür reich dekorierten Kirchen. Und niemand sollte die einstige Hugenottenstadt La Rochelle auslassen, die außer einer attraktiven Altstadt auch kulturell einiges zu bieten hat.

C4 La Rochelle

»Der kleine Felsen«, wie der Ortsname wörtlich zu übersetzen wäre, ist mit seinen 80000 Einwohnern die größte und lebendigste Küstenstadt zwischen der Bretagne und Bordeaux. Hafen und Altstadt sind ganz auf den Fremdenverkehr eingestellt. Vor dem Hintergrund der Yachten und mittelalterlichen Türme flanieren auf dem Cours des Dames und am Quai Duperré Familie Schmidt und Pablo Gonzalez. La Rochelle ist eine Stadt zum Flanieren und Schauen, zum Sehen-und-Gesehen-Werden. Selbst das Wasser ist Kulisse – zum Baden fährt man besser auf die Ile de Ré. In der Altstadt schlendert der Besucher durch die Arkaden der Rue du Palais und Rue du Minage und betrachtet die prächtigen, teilweise noch aus der Renaissance stammenden Bürgerhäuser. Im unteren Abschnitt der Grande Rue des Merciers haben sich sogar noch einige Holzhäuser mit schindelverkleidetem Fachwerk gehalten. Durch den Holzbedarf des aufblühenden Schiffbaus gingen die Rochelais schon im 16. Jh. dazu über, ihre Häuser nur noch aus Stein zu errichten.

Auf der anderen Seite des Kanals sprüht im Viertel St-Nicolas die gleichnamige Straße geradezu vor Lokalkolorit. Ob im Weinkeller von Familie Garcia,

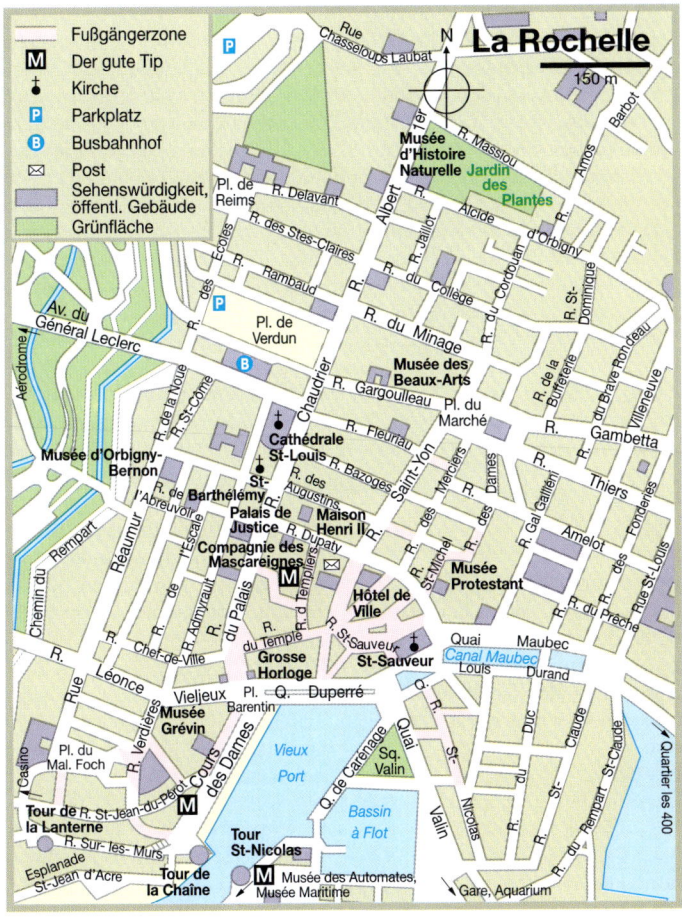

La Rochelle

	Fußgängerzone
M	Der gute Tip
✝	Kirche
P	Parkplatz
B	Busbahnhof
✉	Post
	Sehenswürdigkeit, öffentl. Gebäude
	Grünfläche

N
150 m

Rue Chasseloups Laubat

Musée d'Histoire Naturelle

Jardin des Plantes

Pl. de Reims

R. Delavant

R. des Stes-Claires

Rambaud

R. du Collège

R. du Minage

Pl. de Verdun

Musée des Beaux-Arts

R. Gargouilleau

Pl. du Marché

Gambetta

R. Fleurau

Cathédrale St-Louis

Musée d'Orbigny-Bernon

St-Barthélémy

R. des Augustins

Saint-Yon

Palais de Justice

Maison Henri II

Compagnie des Mascareignes

M

Musée Protestant

Hôtel de Ville

R. St-Sauveur

Quai Maubec

Canal Maubec

Grosse Horloge

St-Sauveur

Pl. Q. Duperré

Vieljeux

Barentin

Musée Grévin

Vieux Port

Sq Valin

Pl. du Mal. Foch

Q. de Carénage

Bassin à Flot

Tour de la Lanterne

R. St-Jean-du-Pérot

M

R. Sur-les-Murs

Tour St-Nicolas

Esplanade St-Jean d'Acre

Tour de la Chaîne

M Musée des Automates, Musée Maritime

Gare, Aquarium

Quartier les 400

bei Antoine, dem Bouquinisten, oder bei Fred, dem Fischhändler, dem für seinen endlich erfüllten Traum vom eigenen Fischrestaurant kein besserer Name als »A côté de chez Fred« einfallen mochte: Hier zeigt sich la Rochelle als eine Mischung aus Kleinbürgern und Bohème, kennt jeder jeden und tauscht den neuesten Klatsch aus. Welch ein Kontrast zum nahen Gabut, einem Neubauviertel, das gleichermaßen Assoziationen an ein Einkaufszentrum und eine skandinavische Hafenzeile weckt. La Rochelle hat viele Gesichter.

Die Hugenotten von La Rochelle *Die reichen Reeder und Kaufleute, die seit dem Mittelalter in La Rochelle das städtische Treiben bestimmten, hatten mit Paris und dem König nicht viel im Sinn. So war es nur folgerichtig, daß die städtische Elite sich im 16. Jahrhundert der Reformation anschloß, zumal der Calvinismus Bürgerfleiß und Wohlstand als besonders gottgefällig interpretierte. Nur in den ersten Jahren lebten alte und neue Konfession friedlich nebeneinander und teilten sich die Kirchen. Bald suchte die (katholische) Krone, die Selbstverwaltung der (protestantischen) Bürgerschaft einzuschränken. Der politische Konflikt verband sich mit den religiösen Gegensätzen, und 1565 wurden die ersten Kirchen der Katholiken geplündert und ihre Priester ermordet.*
Bald führte der Herzog von Anjou, der spätere Heinrich III., ein gewaltiges Heer nach La Rochelle, um die Hochburg der Calvinisten zur Botmäßigkeit zu zwingen. Bei der sechs Monate dauernden Belagerung verloren 20000 katholische Soldaten ihr Leben, ohne daß die

Hotels

Das richtige Luxushotel fehlt, doch bietet die Hafenstadt Nachtquartiere in allen Preislagen, und auch Reisende mit nur einem schmalen Geldbeutel können sich hier den Meerblick leisten.

Les Brises
Chemin Digue Richelieu
Av. Philippe Vincent
Tel. 46 43 89 37, Fax 46 43 27 97
46 Zimmer
1./2. Kategorie
Ruhige Lage beim Casino, 30 Min. vom Stadtzentrum, mit Blick auf die Hafenbucht, Neubau, edel möbliert, kein Restaurant

Champlain et France-Angleterre
20, rue Rambaud
Tel. 46 41 23 99. Fax 46 43 27 97
32 Zimmer
2. Kategorie

Teilrenovierter Altbau, zentrale Lage, Stilmöbel, schöner Garten, Garage vorhanden. Auch Helmut Kohl ist hier schon abgestiegen.

La Marine
30, quai Duperré
Tel. 46 50 51 63
12 Zimmer
3. Kategorie
Einfaches Haus direkt an der Hafenpromenade, die Zimmer von unterschiedlicher Qualität.

Jugendherberge
Auberge de Jeunesse
Av. des Minimes
Tel. 46 44 43 11
Bus 10
Mit 230 Betten (durchweg Zwei-, Vier- oder Sechsbett-Zimmer) eine der größten Herbergen Frankreichs; 2 km außerhalb am Yachthafen, auch Fahrradverleih

Stadt genommen werden konnte; was den Stolz, um nicht zu sagen den Hochmut, der Rochelais noch steigerte. 1627 standen die Königlichen erneut vor der Stadt, diesmal geführt vom Kardinal und ersten Minister Richelieu. Szenen dieser Belagerung, der seinerzeit ganz Europa symbolische Bedeutung beimaß, sind in zahlreichen Stichen und auf übergroßen Leinwänden festgehalten, die in den Museen La Rochelles zu sehen sind. Mit einem zwölf Kilometer langen, aufgeschütteten Damm schnürte Richelieu die Stadt vom Meer und der englischen Flotte ab. Erst als nach über einem Jahr die Wachen auf den Stadtwällen vor Hunger tot umfielen und es zu ersten Fällen von Kannibalismus kam, gab der fanatische Bürgermeister Guiton auf. Von 28 000 Rochelais waren noch gerade 5000 am Leben. In einem »Gnadenfrieden« erlaubte der energische Kardinal den Calvinisten zwar weiterhin die Ausübung ihrer Religion, doch wer noch vermögend genug war, wanderte nach den Niederlanden oder in die Neue Welt aus.

Sehenswertes

Cathédrale St-Louis

Der massige Bau im Stil Ludwig XVI. erhebt sich an der Stelle, wo bis zur Zerstörung La Rochelles durch Richelieu die kleine Kirche St. Bartholomäus stand. Die damit geweckten Assoziationen an die Bartholomäusnacht sind gewiß ebensowenig Zufall wie die Wahl des Heiligen Ludwig, des Namensvetters der Könige, zum Kirchenpatron. Vielmehr will das schwerfällige, sich dem Wind entgegenstellende Gotteshaus die geballte Macht der Staatsgewalt und den Sieg der Gegenreformation über die Hugenotten demonstrieren.

Rue de l'Escale

Die stille Straße gehört zu dem klassizistischen Ensemble im Westen der Altstadt, das mit dem Geld der am Sklavenhandel reich gewordenen Reeder und Kaufleute gebaut wurde. Die Unterschiede zu den Häusern ihrer Konkurrenten in Nantes sind augenfällig: In La Rochelle gibt man sich bescheidener und läßt dem eigenen Geschmack mehr Raum. An der Ecke zur Rue de l'Abreuvoir verraten an einer Fassade die steinernen Köpfe von Galen, Hippokrates und Avicenna den Beruf des Bauherrn: Nicolas Venette war der Stadtmedicus.

Grosse Horloge
Tel. 46 51 51 51
Juli / Aug. tgl. 15 – 19 Uhr, sonst nach tel. Absprache

Im ursprünglich gotischen, aber im 18. Jh. völlig umgestalteten Stadttor ist eine Ausstellung zur Stadtarchäologie speziell für

La Rochelle ist mit seinem Alten Hafen und den arkadengesäumten Straßen eine Besonderheit an der Küste

unversehens in einem toskanischen Renaissancehof mit niedrigen Arkaden. Die Fensterfront des Obergeschosses gliedern paarweise angeordnete Halbsäulen, dazwischen Statuen, die die vier Kardinaltugenden symbolisieren. Maria de Medici, die aus Florenz stammende Gattin Heinrich IV., dürfte sich hier wie zu Hause gefühlt haben.

Quartier les 400
Villeneuve les Salines
Bus 2 ab Quai Valin
Das Viertel entstand wie die meisten Neubauquartiere in den 70er Jahren: schnell hochgezogene, kalte und menschenfeindliche Wohnmaschinen. Eine Bürgerinitiative fand Abhilfe. Heute sind die Straßen, Plätze und Fassaden am Lac de Tasdon ein einzigartiges Gesamtkunstwerk in Format und Farbe.

Tour de la Chaîne
Mai–Sept. Di–So 9.30–12.30, 14–18.30 Uhr
Eintritt 15 F
An einem Modell des alten La Rochelle werden mit Ton- und Lichteffekten die beiden Belagerungen nachgestellt. Vor dem Turm ist die gewaltige Kette zu sehen, die sich bis ins letzte Jahrhundert nachts hinüber zu St-Nicolas spannte, um in Kriegszeiten die Hafeneinfahrt zu sperren.

Tour de la Lanterne
Juni–Aug. tgl. 9.30–19 Uhr, April, Mai, Sept. Mi–Mo 9.30 bis 12.30, 14–18.30 Uhr, Sa/So

Blinde eingerichtet. Alle Objekte sind zum Anfassen, die Beschriftungen in Braille.

Hôtel de Ville
Tel. 46 41 90 44
Ostern–Sept. Mo–Fr 9.30–11, 14.30–17 Uhr, Sa/So 10 bis 12.30, 15–17.30 Uhr
Eintritt 14 FF
Eine glatte, nur von zwei gotischen Portalen aufgelockerte und zinnenbewehrte Mauer liegt vor dem zwischen 1544 und 1600 entstandenen Rathaus, dem bedeutendsten Bauwerk La Rochelles. Symbolisch trennt es das ordnende, verwaltende und regierende Hirn von seinem Körper, der Stadt. Wer eintritt, steht

10–12.30, 15–17.30 Uhr,
sonst Mi–Mo 9.30–12.30,
14–17 Uhr
Eintritt 18 FF
Er diente gleichermaßen als
Leuchtturm, Wachtturm und
Gefängnis. Hier gipfelten die ersten gewalttätigen Auseinandersetzungen zwischen Katholiken
und Protestanten, nachdem der
protestantische Bürgermeister
Pontard 1565 zur Plünderung
der Kirchen aufgerufen hatte
und 22 katholische Priester im
Turm einkerkern, erwürgen und
ihre Leichname ins Wasser wer-
fen ließ. 1822 waren im Turm
nach ihrer mißglückten Ver-
schwörung gegen die Restauration die »Quatre Sergents« eingesperrt worden, bevor sie nach
Paris überführt und dort hinge-
richtet wurden. Sie und viele andere Häftlinge haben ihre Namen in die 6 m starken Kerker-
mauern eingeritzt.

Tour St-Nicolas
Tel. 46 41 74 13
Juni/Aug. tgl. 9.30–19 Uhr,
April, Mai, Sept. Mi–Mo 9.30
bis 12.30, 14–18.30 Uhr, Sa/So
10–12.30, 15–17.30 Uhr,
sonst Mi–Mo 9.30–12.30,
14–17 Uhr
Eintritt 18 FF
Zusammen mit seinem Zwilling
auf der anderen Seite der Hafeneinfahrt, der Tour de la Chaîne,
ist die 42 m hohe Tour St-Nicolas das fotogene Wahrzeichen
La Rochelles. Im Turm wird
eine Ausstellung über die Entwicklung des Hafens gezeigt.

Museen und Galerien

La Rochelle hat eine lebendige
Kunstszene, und mancher eta-
blierte Maler, am bekanntesten
vielleicht der in Paris gefeierte
Jean-Claude Chauray, verbringt
hier den Sommer. Junge Talente,
die etwas werden wollen, müssen sich ihren Platz freilich in
der Hauptstadt erkämpfen. Die
vielen Museen der Stadt sind
überwiegend historisch orientiert. Mit dem städtischen Museumspaß (35 FF) können die
Kunstsammlung, das Musée du
Nouveau Monde, die Natur-
kundliche Sammlung, das Musée Orbigny-Bernon und das
Musée Océanographique be-
sucht werden.

Galerie-Atelier Eric Taleb
4, rue St-Claude
Tel. 46 50 56 63
Ob gegenständlich oder ab-
strakt, in jedem Fall liebt der
Künstler kräftige Farben.

Musée des Beaux-Arts
Rue Gargoulleau
Tel. 46 41 64 65
Mi–Mo 14–17 Uhr, 15. Juni
bis 15. Sept. 14–18 Uhr
Eintritt 12 FF
Ein Schwerpunkt des im ehemaligen Bischofspalast unterge-
brachten Kunstmuseums sind
die verschiedenen Stadtansichten, die zahlreiche Künstler auf
Leinwand festgehalten haben.
Von manchen zweitklassigen
Werken heben sich Eugène Fro-
mentins Afrika-Impressionen
und die Landschaftsmalereien
von Corot ab.

Musée du Flacon à Parfum
33, rue du Temple
Tel. 46 41 32 40
Di–Sa 10–12, 14.30–17 Uhr,
Juli/Aug. auch So 15–18 Uhr
Eintritt 20 FF
»Der Flacon ist das Abendkleid des Parfüms«, meint Jean Saris, der seit einem Vierteljahrhundert Verpackungen feiner Gerüche sammelt: über 10 000 Flacons, dazu einschlägige Etiketten, Schächtelchen und Puderdosen. Ein Stück Kulturgeschichte, das in der Ausstellung mit einem Eau-de-Toilette-Fläschchen Marke »Colgate« (1869) beginnt und dessen Ende noch nicht abzusehen ist – Jean Saris und Gattin Anne sammeln fleißig weiter.

Musée Grévin
38, cours des Dames
Tel. 46 41 08 71
Juni–Sept. tgl. 9–22 Uhr,
sonst tgl. 9–19 Uhr
Eintritt 25 FF
Von Herzogin Eleonore bis zu dem von den Nazis ermordeten Bürgermeister Léonce Viljeu läßt das Wachsmuseum in 15 Modellen die Höhen und Tiefpunkte der Stadtgeschichte samt ihren Akteuren Revue passieren.

Musée Maritime
Av. Marillac, La Ville-en-Bois
Tel. 46 50 58 88
Tgl. 10–18.30 Uhr
Eintritt 36 FF
Auf dem 76 m langen ausgedienten Wetterschiff »France I« darf jede Landratte ihren Traum verwirklichen, einmal auch außerhalb der Badewanne Kapitän zu

sein. Es gibt eine Multimedia-Show mit Videos, Computer und Dias, dazu Dauerausstellung zu Themen wie Wetter oder dem Leben an Bord. Für die nächsten Jahre sind Zug um Zug umfangreiche Erweiterungen geplant. Mit der »Manuel Joël« wurde ein noch aus Holz gefertigter Fischerkahn erworben, auf dem Trawler »L'Angoumois« wird die Hochseefischerei thematisiert. Auch ein Schlepper wird zu besichtigen sein.

Musée d'Orbigny-Bernon
2, rue St-Côme
Tel. 46 41 18 83
Mo–Sa 10–12, 14–18,
So 13.30–18 Uhr
Eintritt 12 FF
Den Kern der Sammlung bilden Exponate zur Stadtgeschichte (u.a. zu sehen sind die Kultgegenstände, mit denen Richelieu die erste Messe nach der Eroberung zelebrierte) sowie die Erzeugnisse der örtlichen Porzellanmanufaktur; daneben werden Kunstobjekte aus dem Fernen Osten gezeigt.

Essen und Trinken

Besondere Kreativität hat die regionale Küche in der Zubereitung von Muscheln entwickelt. Als *mouclade* werden sie in Wein gekocht und in einer Sauce aus Muschelsud, Sahne, Eigelb, gelegentlich mit Curry serviert. Die *moules l'éclade*, über einem Feuer aus Kiefernnadeln gebratene Miesmuscheln, nehmen den harzig-rauchigen Geschmack der Pinienwälder an. Die *chaudrée* ist die lokale Variante der an allen Küsten unterschiedlich zubereiteten Fischsuppe, und wer Austern ganz anders essen will, bestellt sie als *huîtres à la charentaise:* mit Würstchen. Aus den Flüssen kommt der Aal als *bouilliture d'anguilles* (grüne Aalsuppe) auf den Tisch.

»1a-Lage« für Restaurants und Cafés sind der Alte Hafen und die von dort landeinwärts führende Rue St-Jean-du-Pérot und Rue du Port. Auch um die Markthalle herum läßt sich für viele Geschmäcker etwas Eßbares finden.

André 🅼
5, rue St-Jean-du-Pérot
Tel. 46 41 28 24
2. Kategorie
Ob auf der Hafenpromenade oder bei schlechtem Wetter in den rustikalen, einem Schiff nachempfundenen rückwärtigen Speiseräumen: Hier ist das *plateau de fruits de mer*, jener dekorative Turm aus Meeresfrüchten, wirklich frisch und von erster Qualität.

Les Quatre Sergents
48, rue St-Jean-du-Pérot
Tel. 46 41 35 80 (Reservierung empfohlen)
So abend, Mo geschl.
2./3. Kategorie
Viel Grün und ein kleiner Wasserfall geben diesem beliebten Lokal seine Atmosphäre zwischen südländischem Tropenwald und Gewächshaus.

La Rena Blanche
11, rue Verdières
3. Kategorie
Wer Plastikmöbel in Kauf zu nehmen bereit ist, findet hier klassische französische Küche. Immense Portionen zu erstaunlich günstigen Preisen!

Richard Coutanceau
Plage de la Concurrence
Tel. 46 41 48 19
So, Mo geschl.
1. Kategorie
Vom Publikum über das Interieur und den Ausblick, nicht zu vergessen die Küche, ist bei diesen Sternen am Michelin-Himmel alles vom Feinsten.

> Der gute Tip 🅼:
> **André**
> In der Gasse hinter dem Lokal verlesen fleißige Helfer die Muscheln und zerlegen exotische Schalentiere.

Teatro Bettini
3, rue Thiers
Tel. 46 41 07 03
So–Mo mittag geschl.
3. Kategorie
Pizzas und andere italienische Standards in einem Lokal im Stil der Jahrhundertwende, gleich hinter dem Markt

Einkaufen

Vornehmste Einkaufsstraße der Stadt ist die Grande Rue des Merciers, aber auch in der Rue du Temple (Fußgängerzone) lohnt sich ein Blick in die Auslagen.

Ausländische Zeitungen:
Le Longchamp
Grosse Horloge
La Maison de la Presse
16, rue St-Sauveur

Der gute Tip 🅼:
Compagnie des Mascareignes
Die handgearbeiteten Modell-
schiffe sind garantiert
schwimmtauglich, für die
Badewanne aber zu kostbar.

Compagnie des Mascareignes 🅼
9, rue Dupaty
Tel. 46 50 51 59
Traumschiffe en miniature. Ein
Dutzend Handwerker schnit-
zen, sägen, bohren und kleben
Holzmodelle. Von klassischen
Seglern über moderne Sport-
boote ist die Auswahl groß. Das
Prunkstück, ein stolzer Drei-
mast-Segler – Geschenk eines
Staatsgastes an Präsident Mitterrand –, steht heute im Elysée-Pa-
last. Die meisten der in geduldi-
ger Handarbeit detailgetreu
nachgebauten Schiffe kommen
inzwischen allerdings aus Mau-
ritius. Dort sind die Löhne nied-
rig. Auch Auftragsarbeiten werden angenommen, doch dauert
die Ausführung ihre Zeit.
Markt
Pl. du Marché
Mo–Sa bis 13 Uhr
In und vor der Markthalle Obst,
Gemüse und Fisch

Am Abend

Nachtschwärmern seien außer
der Hafenpromenade die Rue St-
Nicolas (»La Tipola« und
»Café Bettini«) oder Rue des
Templiers (»Mayflower«) emp-
fohlen.
Casino de La Rochelle
Allée du Mail
Tel. 46 34 12 75
Roulette, Karten und einarmige
Banditen
La Coursive
Scène Nationale La Rochelle
4, rue St-Jean-du-Pérot
Tel. 46 51 54 02, Programmaus-
kunft Kino Tel. 46 51 54 04
Kulturzentrum mit Wechsel-
ausstellungen, Veranstaltungen
und anspruchsvollem Pro-
grammkino
L'Oxford
Plage de la Concurrence
Tel. 46 41 47 99
In dieser Disko arbeitet der
Geldadel seine bei Richard Cou-
tanceau (im oberen Stockwerk
gelegen) angesetzten Kalorien
wieder ab. Nobel, nicht mehr
ganz junges Publikum.
Le Paradis de la Bière
Rue des Templiers
Die fröhliche Bierkneipe serviert
17 Sorten vom Faß. Wenn Sie
alle Flaschenbiere durchtesten
wollen, hilft auch keine noch so
gute Kondition. Sogar geübte
Trinker wären wenigstens eine
Woche im Dauerrausch.

Kinder

Aquarium
Port des Minimes
Tel. 46 44 00 00
Tgl. 10–19 Uhr, Juli/Aug. bis
23 Uhr,

Im Musée des Automates bewegen sich die Puppen wie von Geisterhand

16. Sept. – 31. Mai tgl. 10 – 12, 14 – 18 Uhr
Eintritt 37 FF

Mit Abteilungen für die verschiedenen Ozeane erlaubt das didaktisch gut aufgebaute Aquarium einen Blick in die geheimnisvolle Unterwasserwelt. Hinter dicken Glasscheiben schwimmen Haie. Streckenweise wandert der Besucher wie in einem Tunnel unter der maritimen Wunderwelt hindurch – eines der größten Aquarien Frankreichs.

Musée des Automates M
Rue de la Désirée, La Ville-en-Bois
Tel. 46 41 68 08
Juni – Aug. tgl. 9.30 – 18.30 Uhr, sonst tgl. 10 – 12, 14 – 18 Uhr
Jan. geschl.
Eintritt 30 FF (zusammen mit Musée des Modèles Réduits 50 FF), Kinder die Hälfte

Ob mit Druckluft, Wasserkraft oder elektrisch betrieben, über 300 teilweise lebensgroße menschliche Figuren bewegen sich mehr oder minder natürlich. Mit der Figur des gerade an

> Der gute Tip M:
> **Musée des Automates**
> Die hohe Kunst der Mechanik bringt die Welt dieses Museums in Bewegung.

einer Ente bastelnden Jacques Vaucanson, des großen Meisters der Automatenbauer, macht die Zunft sich selbst zum Gegenstand ihrer Kunst. An der großen Menagerie und anderen Automaten mit Tieren (»die mit dem Knopf im Ohr«) haben nicht nur Kinder ihre Freude. Begleitet wird das Spektakel von den Klängen eines mechanischen Klaviers, das besser spielt als mancher Pianist.

Musée des Modèles Réduits
Rue de la Désirée, La Ville-en-Bois
Tel. 46 41 64 51
Juni – 15. Sept. tgl. 9.30 bis 18.30 Uhr,
sonst 10 – 12, 14 – 18 Uhr
Eintritt 30 FF, mit Automatenmuseum 50 FF
Schiffsmodelle und Fahrzeuge aller Art en miniature. Über 200 Schienenmeter gleitet geräuschlos eine echte »Märklin«-Eisenbahn, und technischer Höhepunkt ist eine computergesteuerte Seeschlacht.

Musée Océanographique
Bassin du Lazaret, Port des Minimes
Tel. 46 45 17 87
Mai – Sept. 10.30 – 12.30, 14.30 – 18 Uhr, Juli/Aug. bis 19 Uhr,
Okt. – April 10 – 12, 14 bis 17.30 Uhr,
Di, So vormittag geschl.
Eintritt 12 FF
Große Attraktion sind die in Freiluftbecken gehaltenen Robben. Ansonsten ist das den Weltmeeren gewidmete Museum eine eher trockene Ergänzung des Aquariums.

Allgemeine Informationen

Auskunft
Office de Tourisme
Quartier du Gabut

Pl. Petite Sirène
17000 La Rochelle
Tel. 00 33/46 41 14 68,
Fax 46 41 99 85
Juni – Sept. Mo – Sa 9 – 19 Uhr (Juli/Aug. bis 20 Uhr),
So 11 – 17 Uhr, sonst Mo – Sa 9 – 12.30, 14 – 18 Uhr
Juli/Aug. werden Stadtrundfahrten mit Bus, Velo oder Kutsche veranstaltet.

Bahn
Auskunft:
Tel. 46 41 15 98
Vom Bahnhof mit dem TGV in 3 Std. nach Paris; herkömmliche Züge nach Nantes und Bordeaux

Busse, Fähren
Mittelpunkt des Busnetzes ist die Gare Routière an der Place de Verdun. Einfache Fahrscheine für den Stadtverkehr kosten 6,50 FF, die Tageskarte 22 FF. Personenfähre »Bus de Mer« vom Alten Hafen zum Yachthafen Minimes von (Mai – Sept. letzte Fahrt 19 Uhr, Juli/Aug. bis 23 Uhr). Vom gleichen Anleger mit dem »Passeur Autoplus« hinüber nach La Ville-en-Bois. Auf der anderen Seite der Tour de la Chaîne bietet »Inter Iles« von Mai bis Sept. Ausflugsfahrten zu den gegenüberliegenden Inseln an.
Kiosk der städt. Verkehrsbetriebe (STCR):
Boutique Autoplus
5, rue du Moulin Vondomme
Le Gabut
Tel. 46 34 02 22

Busse in die Umgebung:
Océcars
14, cours des Dames
Tel. 46 41 20 40
Ausflugsfahrten zu den Inseln:
Agence Inter Iles
Esplanade St-Jean-d'Acre
Tel. 46 50 51 88

Medizinische Hilfe
SAMU (Notarzt)
Tel. 46 27 15 15
*Auskunft über dienstbereite
Ärzte und Apotheken:*
Tel. 46 67 33 33
Centre Hospitalier
Rue du Docteur Schweitzer
Tel. 46 27 33 33

Notruf
Tel. 17

Polizei
Hôtel de Police
2, pl. de Verdun
Tel. 46 51 36 36

Post
Pl. de l'Hôtel de Ville
Mo – Fr 8.30 – 18.30, Sa 8.30
bis 12 Uhr
Hauptpost mit poste restante:
Av. Mulhouse (beim Bahnhof)
Mo – Fr 8 – 19, Sa 8 – 12 Uhr

Taxi
Tel. 46 41 55 55

Orte in der Umgebung

D5 **Aulnay** 🅼
St-Pierre in Aulnay (um 1170)
war eines der Etappenziele der
Jakobspilger zwischen Poitiers
und Bordeaux – und zeigt sich
uns heute gegenüber ihrer Ent-
stehungszeit kaum verändert.
Wie bei allen romanischen Kirchen der Saintonge, ja ganz Südfrankreichs, achteten die Bau-
meister peinlich darauf, daß das
Mittelschiff sich nicht zu weit
über die schmalen Seitenschiffe
erhebt. Noch widersetzte sich
die Provinz der Pariser Zentrale
und schuf einen Gegenentwurf
zum basilikalen Bautyp, zu dem
noch die karolingische Abteikirche St-Philbert zählt und aus
dem die gotischen Kathedralen
erwuchsen. Viel prächtiger als
der eigentliche Baukörper ist
sein Figurenschmuck.
Leitmotiv der Westfassade ist
der Triumph des Guten über das
Böse. Demut und Freigebigkeit
reichen die im Kampf gegen das
Laster errungene Krone weiter
an das Lamm. Elefanten ganz ei-

Der gute Tip 🅼:
Die Kirche in Aulnay
Elefanten mit Pranken und
Schnäbeln, Esel beim Chorge-
sang: Da hat wohl der Teufel
den mittelalterlichen Stein-
metz am Bart gezupft.

gener Vorstellung zeigt das Kapi-
tell am Südwestpfeiler der Vierung. Der Künstler wußte um
das genaue Aussehen der Dick-
häuter wohl nicht Bescheid und
modellierte sie deshalb mit raub-
tierähnlichen Pranken. Unterkie-
fer und Rüssel erinnern eher an
Schnäbel. Das Südportal steht

ganz im Bann der mittelalterlichen Fabulierlust. Im Bogen der Stirnarchivolte werden uns 36 Figuren aus der Märchenwelt Aquitaniens vorgestellt: selbstverständlich dabei Melusine (8. Figur von rechts unten); dann die Prozession der Huftiere (8. bis 10. Figur von links) mit dem harfenspielenden Esel, dem Steinbock und dem Hirsch, auf den ein hinterhältiger Zentaur den Pfeil anlegt. Ein anderer Esel ist in ein Chorhemd gekleidet; ein Artgenosse hält ihm das Gesangbuch. Hier nehmen die Künstler ihren Glauben kräftig auf die Schippe – in Aulnay darf gelacht werden.

Der gute Tip 🅼:
Brouage
In der gewaltigen Festung scheint die Zeit stehengeblieben zu sein, und dem Städtchen ist sein steinernes Gewand längst zu groß geworden.

C5 **Brouage** 🅼

Zwischen den monotonen Poldern südlich von Rochefort stößt man unvermutet auf eine Festung. Und erst beim Passieren der Porte Royale (Graffiti im Durchgang) oder Porte de Marennes wird der Besucher gewahr, daß sich hinter den schweren Mauern ein Dörfchen versteckt, für das all die Kasernen, Rampen, Gräben, Wälle und Bastionen um einige Nummern zu groß geraten sind. Das damals noch direkt am Meer gelegene Brouage wurde 1628 von Richelieu im Zusammenhang mit der Belagerung La Rochelles ausgebaut. 1659 verbannte Mazarin seine Nichte Marie Manchini nach Brouage. Die Geliebte des Kaisers war der Heiratspolitik im Wege, denn Ludwig sollte die spanische Infantin Maria-Theresia ehelichen. Racine hat diese Episode in seiner Tragödie »Bérénice« verarbeitet, und im Sommer ist sie das Thema abendlicher Ton-und-Licht-Shows auf den Rampen von Brouage. Auf dem Friedhof des Nachbardorfes Moëze steht noch ein romanisches »Hosianna-Kreuz«, das den Einzug Jesu in Jerusalem feiert und an dem man am Palmsonntag die geweihten Zweige niederlegte; als wäre der mit einem Kreuz gekrönte Steinkegel nicht schon seltsam genug, hat man ihn irgendwann später mit einem Unterbau in Form eines griechischen Tempels umgeben.

Hotels

Le Brouage
Rue Québec
Tel. 46 85 03 06
12 Zimmer
3. Kategorie
Das »erste Haus am Platz« ist ein sehr einfaches Hotel, die Zimmer teilweise mit Etagenbad.
**Hotel / Restaurant
La Soubise**
62, rue de la République
17780 La Soubise
Tel. 46 84 92 16, Fax 46 99 13 28
22 Zimmer, 1 Appartement

Schauplatz für eine tragische
Liebesgeschichte: die trutzige
Festung von Brouage

Sept.–Juni So abend, Mo geschl.

2./3. Kategorie

Wenige Autominuten von Brouage ein nettes Landhotel mit Zimmern in verschiedener Ausstattung und Preislage. Besonders das Restaurant hat einen guten Ruf und ist einen kleinen Umweg wert.

Allgemeine Informationen
Auskunft:
Bureau de Tourisme
Porte Royale
Rue Québec
17320 Brouage
Tel. 00 33/46 85 19 16

C4 Ile d'Aix

Die 130 h winzige und nur von 170 Menschen bewohnte Insel (gesprochen: »Ai«) wurde als Verbannungsort und wegen ihres Militärgefängnisses Fort Liédot berühmt. Hier waren die eher kleinen Fische oder Prominente interniert, die man nicht den Qualen der Teufelsinseln vor Cayenne aussetzen wollte, andere warteten auf ihre Deportation: Gefangene des Krimkrieges, Rebellen der Pariser Kommune, FLN-Kämpfer wie der spätere algerische Präsident Ahmed Ben Bella. Doch längst hat das Militär die Insel verlassen. Das von einem Privatmann erworbene Fort Liédot dämmert einer ungewissen Zukunft entgegen, derweil die Natur sich ihr Terrain mit Disteln und Gräsern zurückerobert. Die ruhige Insel eignet sich für Tagesausflüge mit Spaziergängen und faulen Stunden am Strand (Westküste).

Hotel
Le Napoléon
Rue Gourgaud
Tel. 46 84 66 02
15 Zimmer
2./3. Kategorie
Okt.–März geschl.
Das liebenswert angestaubte Haus ist neben dem Campingplatz und einem Erholungswerk die einzige Übernachtungsmöglichkeit auf der Insel.

Museen
Musée Napoléonien
Tel. 46 84 66 40
April–Okt. Mi–Mo
10–11.30, 14–17.30 Uhr, sonst nur sonn- u. feiertags
Eintritt 17 FF, So 9 FF
Im Juli 1815 nahm Napoleon in Aix Abschied von französischem Boden und schiffte sich auf die »Bellerophon« ein, die ihn zu seinem endgültigen Exil nach St. Helena bringen sollte. Aix ist seither etwas wie ein Nationalheiligtum für die Verehrer des Korsen. In dem für ihn anläßlich eines früheren Besuches gebauten Gouverneurshaus haben sie ihm eine Gedenkstätte eingerichtet.
Musée Africain
Tel. 46 84 66 40
Do–Di 10–12, 14–18 Uhr
Eintritt 12 FF, So 7 FF
Der gleiche Baron de Gourgaud (einer seiner Vorfahren war Ordonanzoffizier des Kaisers), auf den das Napoleon-Museum zurückgeht, hinterließ auch eine Sammlung afrikanischer Trophäen. Bestes Stück ist das ausgestopfte Dromedar, auf dem Napoleon durch Ägypten ritt.

Allgemeine Informationen
Fähre:
Verbindung von der Landspitze Pointe de la Fumée (dorthin mit Bussen von Rochefort und La Rochelle)
Überfahrt je nach Saison bis alle halbe Stunde
Fährauskunft: Tel. 46 41 76 24
Im Sommer auch Ausflugsboote von La Rochelle und der Ile d'Oléron

Ile d'Oléron   C4/5
Die größte französische Atlantikinsel war als »Ularius« bereits dem römischen Schriftsteller Plinius eine Erwähnung wert. In vieler Hinsicht gleicht sie der vor La Rochelle liegenden Ile de Ré, ist eine beliebte Ferienlandschaft, doch ohne die ganz großen Kultur- oder Naturdenkmäler. Die Sandstrände im Südwesten mit ihren schattigen Pinienhainen mögen eine Spur attraktiver sein als die Badeplätze der Ile de Ré. In Château d'Oléron, der ersten Stadt gleich nach der Brücke, stand einst ein Schloß der Herzogin Eleonore von Aquitanien. Nach Annullierung der Ehe mit dem Franzosenkönig Ludwig VII. landete sie in den offenen Armen des späteren englischen Kö-

nigs Heinrich Plantagenet, der mit der Hochzeit Aquitanien erbte. Damit begann der über 500 Jahre dauernde Streit zwischen England und Frankreich um Aquitanien. Die Oléronais behielten Eleonore in guter Erinnerung. Mit ihren »Rôles d'Oléron«, die Martern wie Steinigung und Ertränken vorsahen, hatte sie drastische Gesetze gegen die Seeräuber erlassen und dazu den Insulanern die als Fluchtburgen angelegten Kirchen von St-Georges und St-Pierre gestiftet.

Hotels
L'Albatros
11, bd. du Docteur Pineau
17370 St-Trojan-les-Bains
Tel. 46 76 04 96
13 Zimmer
Nov.–Febr. geschl.
2. Kategorie
Haus mit angemessenem Preis-Leistungs-Verhältnis, Terrasse mit Meerblick
Grand Large mit Restaurant Amiral
La Remigeasse
17550 Dolus-d'Oléron
Tel. 46 75 37 89, Fax 46 75 49 15
21 Zimmer, 5 Appartements
Okt.–März geschl.
Luxuskategorie
Modernes Haus in einem Park direkt am Strand. Zimmer mit großzügiger Terrasse; zum Hotel gehören Hallenbad und eigene Sportanlagen. Nobel eingerichteter Speisesaal mit Blick auf den Strand. Was auf den Tisch kommt, ist gut und teuer.

Sehenswertes
Eglise St-Pierre
St-Pierre d'Oléron
Von der Plattform des Kirchturmes schöner Blick über die Insel. Auf dem angrenzenden Friedhof steht eine 30 m hohe Totenleuchte aus dem 13. Jh., die auch die Verstorbenen noch des Ewigen Lichtes teilhaftig werden läßt.

Parc Ornithologique du Marais aux Oiseaux
bei Les Grissotières
Juni–Aug. 10–20 Uhr,
April–Mai, Sept. 10–13,
14–19 Uhr,
Okt.–März So 14–18 Uhr
Eintritt 18 FF
In diesem 10 ha großen Vogelschutzgebiet finden besonders die Fischfresser unter den Piepmätzchen ein kleines Paradies – für den Notfall gibt es sogar eine Krankenstation. Rekonvaleszente oder invalide Raubvögel leben in Vogelhäusern. Ein Fußweg führt durch das Gelände.

Museum
Musée Aliénor-d'Aquitaine
23, rue Pierre Loti
St-Pierre-d'Oléron
Tel. 46 47 39 88
Osterferien und 15. Juni bis 15. Sept. Mo–Sa 10–12,
14–18 Uhr,
sonst nach Absprache mit
H. M. Gabaret, Tel. 46 47 18 08
Eintritt 15 FF
Das Heimatmuseum zeigt außer einer Küche von anno dazumal

einige Erinnerungsstücke und Dokumente zum Leben des Schriftstellers Pierre Loti (mit bürgerlichem Namen Julien Viaud; 1850–1923). Als Offizier reiste er in den Nahen und Fernen Osten. Seine an exotischen Schauplätzen angesiedelten Romane (z. B. »Aziyadé«, Inhalt: Meine Affaire mit einer türkischen Haremsdame u. ä.) trafen auf dem Höhepunkt des kolonialen Zeitalters ins Herz des Publikums und erreichten Millionenauflagen – heute ist er, zumindest außerhalb Frankreichs, vergessen. Einige Schritte neben dem Museum hat er auf seinen Wunsch hin im Garten des großelterlichen Hauses (Nr. 13) die letzte Ruhe gefunden.

Kinder
Phare de Chassiron
Okt.–April 14–17 Uhr,
April–Sept. 10–12, 14–18 Uhr,
Juli/Aug. bis 19 Uhr
Der Leuchtturm auf dem Nordkap der Insel kann besichtigt werden. Aber Vorsicht im Gelände. Eine Warntafel weist darauf hin, daß hier jemand einmal einen Schritt zu weit ging.

Allgemeine Informationen
Auskunft:
Office de Tourisme
Pl. Gambetta
17310 St-Pierre-d'Oléron
Tel. 00 33/46 47 11 39
Juli/Aug. Mo–Sa 9–13,
14–19.30 Uhr, So 10–13 Uhr,
sonst Di–Sa 9.30–12.30,
14.30–18 Uhr

Brücke:
Die Brücke zur Insel ist kostenlos; statt dessen werden für den Charente-Übergang bei Rochefort 30 FF verlangt.
Busse:
Von Rochefort (CITRAM) und Saintes (A&S)

Ile de Ré   C4
Seitdem eine Brücke die vorher umständliche Überfahrt erleichtert, ist die etwa 3 x 4 km große Insel im Begriff, die Sommerfrische von La Rochelle zu werden. Die Rochelais lockt der lange Badestrand an der Südküste der Ile de Ré. Die Insulaner allerdings wünschten sich weniger Tagestouristen und vor allem weniger Autoverkehr. Der hohe Brückenzoll ist deshalb nicht unwillkommen. Gern gesehen sind vor allem jene Gäste, die die noch weithin ländliche Insel per Fahrrad erkunden.
Ré ist berühmt für seinen Spargel. Es gibt hier einen Weinberg und dort ein Wäldchen, während in der Bucht von Ars die Austern ihrer Bestimmung entgegenwachsen, bei lebendigem Leibe verspeist zu werden. Die Inselhauptstadt St-Martin profitierte vom Überseehandel des nahen La Rochelle, wurde von den französischen Königen aber auch als Gegenpol zu der hugenottischen und englandfreundlichen Hafenstadt gefördert und befestigt, wozu Ludwig XIV. mit Sébastien de Vauban (1633–1707) den seinerzeit geschickte-

sten Festungsbaumeister Europas nach St-Martin schickte. Wahrzeichen der Stadt ist ihr guterhaltener Festungsgürtel und die bis heute als Kerker genutzte Garnison. Hier saß Mirabeau ein, Dreyfuß mußte in St-Martin auf seine Deportation warten, und im Ersten Weltkrieg waren hier deutsche Kriegsgefangene eingesperrt.

Hotels
Le Galion
Allée de la Guyane
St-Martin-de-Ré
Tel. 46 09 03 19, Fax 46 09 13 26
31 Zimmer
1./2. Kategorie
Neubau mit schöner Aussicht am Hafeneingang, Garage ist vorhanden, ohne Restaurant
Hôtel Le Sully
Rue Jean Jaurès
St-Martin-de-Ré
Tel. 46 09 25 94
15 Zimmer
3. Kategorie
Einfaches Hotel, Zimmer teilweise mit Etagen-WC, ruhige Lage in einer Seitengasse des Hafens

Sehenswertes
Eglise St-Martin
An diesem seit den Bombardements der englisch-holländischen Flotte von 1696 nur notdürftig überdachten »Provisorium« hängen die Bewohner so sehr, daß sie es nach einem Brand 1966 wieder aufrichteten – und dabei die alten Schäden sorgfältig rekonstruierten.

Museum
Musée Naval et Ernest-Cognacq
Hôtel de Clerjotte
St-Martin-de-Ré
Tel. 46 09 20 21
15. Juni–15. Sept. 10–13, 15–18 Uhr, sonst 10–13, 15–18 Uhr
Eintritt 12 FF
Das Hôtel de Clerjotte war Arsenal und Sitz des Königlichen Gouverneurs. Heute hat sich hier das Heimatmuseum mit den üblichen Kacheln, Schiffsmodellen, alten Stichen und Waffen niedergelassen, dazu mit einem Raum für den in St-Martin gebürtigen Ernest Cognacq (1839–1929), der den französischen Samariterbund gründete.

Essen und Trinken
Le Bistrot Bernard
23, rue de l'Eglise
Le-Bois-Plage-en-Ré
Tel. 46 09 12 07
2. Kategorie
Ein Spitzenkoch, der die große Gastronomie aufgibt und sich mit einem kleinen Bistro selbständig macht: versteh's, wer will. Die Gerichte sind jedenfalls vorzüglich, die Preise gehoben, aber angemessen.

Einkaufen
L'Atelier du Pied d'Alouette
Cours de Cinema
St-Martin
Tel. 46 09 68 16
Mai–Sept. tgl. 10–22 Uhr, sonst Sa/So 10–22 Uhr

An der Atlantikküste immer frisch:
Austern für den Gourmet

Seidenmalerei, von Hand be-
malte Lampenschirme und an-
dere Innendekoration
Savonnerie Rebulle
Rue de Sully
St-Martin-de-Ré
Handgefertigte Seifen in allen
Formen und Düften
Alain Vagh
Moulin d'Angibeau, Bel Air
17630 La-Flotte-en-Ré
Farbenfrohe Keramik

Kinder
L'Arche de Noé
17590 St-Clément-des-Baleines
Tel. 46 29 23 23
Eintritt 30 FF
Unregelmäßige Öffnungszeiten
Dieses »Naturama« zeigt viele
ausgestopfte und wenige le-
bende Tiere, Aquarien voller tropischer Fische und schließlich
eine Show aus Klängen, Lichteffekten und Wasserfontänen.
Phare des Baleines
März–Sept 10–12, 14–18 Uhr,
Okt.–April 11–12, 15–17 Uhr
Eintritt gegen Trinkgeld
Der achteckige Leuchtturm an
der Nordspitze der Insel ist ein
beliebtes Ausflugsziel. Er steht
in einem kleinen Park und wird
auch als Sendeturm benutzt. Nebenan ist noch der Vorläufer des
heutigen Turms zu sehen. Er
stammt aus der Zeit Vaubans.
Als Leuchtfeuer diente ein mit
Walfischöl getränkter Baum-
wolldocht.

Allgemeine Informationen
Auskunft:
Office de Tourisme
Hôtel de Clerjotte

Av. Victor Bouthillier
17410 St-Martin-de-Ré
Tel. 00 33/46 09 20 06
Juni–Sept. tgl. 10–19 Uhr,
sonst Mo–Sa 10–12,
15–17 Uhr
Vermittelt u. a. Besuche von Austernfarmen und Salzgärten
Bus:
Busverbindung von La Rochelle, im Sommer auch Tagesausflüge per Schiff

C4/
D4 **Marais Poitevin**
Eine Landschaft, wie man sie sonst nur von Holland kennt und hier am Atlantik niemals vermutet: grüne Wiesen, flach wie ein Zeichenbrett, auf dem Kanäle in geraden Linien die Weiden voneinander trennen. Reiher staken umher, von luftigen Höhen beobachtet ein Raubvogel sein Revier. Und hier und da faulenzt eine kleine Gruppe von weißen Häuschen auf einer Warft.

Besonders pittoresk ist der eher sumpfige, als »Grünes Venedig« gepriesene Ostteil des Marais entlang der Sèvre zwischen Marans bis vor die Tore von Niort. Uralte Bäume stabilisieren hier mit ihren Wurzeln die Dämme und schließen ihre himmelwärts gerichteten Äste zum Gewölbe der grünen Kathedrale, in die das Mittagslicht nur gebrochen dringt. Frösche haben den Part der Orgel übernommen.

Coulans ist sozusagen der touristische Einstieg in das Labyrinth der Kanäle. Hier werden die schwarzen Kähne kaum noch für den Transport von Kuh oder Schaf gebraucht, sondern an Ausflügler vermietet. Die erfüllen sich mit der Kahnpartie, ob in Begleitung eines Führers oder ohne, den Mittsommernachtstraum vom sanften Gleiten durch den lichten Wald, von Elfenreigen, verwunschenen Erlen und glücklichen Kühen. Und zum allergrößten Glück sind die 7 000 schiffbaren Kanalkilometer – weiß Gott warum – auch noch weitgehend frei von Stechmücken.

Hotel
Au Marais
46, quai Louis Tardy
79 510 Coulon
Tel. 49 35 90 43, Fax 49 35 81 98
11 Zimmer
Nov.–März geschl.
2. Kategorie
Älteres Gebäude, die Zimmer aber mit modernen sanitären Anlagen. Das familiäre Hotel liegt direkt am Kanal und hat auch ein empfehlenswertes Restaurant.

Allgemeine Informationen
Auskunft:
Syndicat d'Initiative
Pl. de l'Eglise
79 510 Coulon
Tel. 00 33/49 35 99 29
Juli/Aug. tgl. 10–12.30, 14.30 bis 19 Uhr
April–Juni, Sept./Okt. tgl. 10–12.30, 14–18 Uhr
Bus:
Bahnbus von Niort nach Coulon

Portugiesen und Japaner als Delikatesse Ein Zufall brachte die »portugaise« an die französische Atlantikküste. Als ein portugiesischer Frachter um die Mitte des 19. Jahrhunderts wegen anhaltender Stürme für Tage in der Girondemündung festgehalten wurde, warf er seine verderbliche Fracht schließlich über Bord. Die scheinbar dem Tod im Schlund englischer Gourmets geweihten Austern entwickelten sich im französischen Wasser prächtig, ja verdrängten teilweise sogar die deshalb heute seltene »huître plate« (biologisch: Ostrea), die natürlicherweise auf Sandbänken vorkommt und von den Römern in Becken von Arcachon kultiviert wurde. Die »portugaise«, wie sie irreführend heißt (ihre eigentliche Heimat ist der Indische Ozean), war weniger anspruchsvoll. Sie ließ sich auf den ihr von den Züchtern

C5 Marennes

Hier dreht sich alles um die Auster. Mehr als die Hälfte der französischen »Ernte« kommt aus den Muschelparks an der Seudre-Mündung, und bei den ersten Qualitäten ist der Anteil noch höher. Wer sich nicht für das Schalentier interessiert, kann das Städtchen beruhigt links liegen lassen. Gourmets aber erfahren hier mehr über die mühsame Aufzucht der Delikatesse. Im Frühjahr stößt die erwachsene Muschel (übrigens ein Zwitterwesen) bis zu einer Million Eier aus. Aus denen schlüpfen bald die einen Millimeterbruchteil winzigen Larven. Die fängt der Züchter mit Hilfe kalkbestrichener Ziegel, auf denen sich die jungen Muscheln festsetzen. Nach neun Monaten sind die Tierchen einige Zentimeter groß geworden und werden in den Parcs »ausgesät«; nach weiteren drei Jahren sind sie ausgewachsen und werden in Klärteiche umgefüllt, um sich dann von

Schlamm und Algen zu reinigen. Um die Muscheln daran zu gewöhnen, die Schale fest zu schließen und im Inneren Flüssigkeit zurückzuhalten, läßt der Züchter aus den Becken regelmäßig für einige Zeit das Wasser ab. Dieser Kunstgriff läßt die schließlich »geerntete« Auster den Transport überstehen und bis zum Ende frisch bleiben.

Einkaufen

Austern direkt von den Züchtern am Hafen

Die Tiere werden nach Größe gehandelt: je größer (am besten ist die Klasse 0), desto teurer. Als *huîtres de parc* oder *huîtres creuses* sind die gewöhnlichen Zuchtaustern vom Typ Japonaise oder Gigas deklariert. *Huîtres de claires* werden in Bassins mit einer speziellen Algenart gefüttert und sind deshalb grünlich und von besonderem Geschmack. *Huîtres plates* heißt die delikatere, ursprünglich im Atlantik heimische Flachauster.

untergeschobenen Schieferplatten oder Tonziegeln, auf Jakobsmuscheln oder auf der verrosteten Oberfläche von Konservendosen nieder. Zum Verhängnis wurde ihr schließlich eine Epidemie, die Anfang der siebziger Jahre fast den gesamten Bestand dahinraffte. Seither ziehen die Züchter die für den Laien von der alten Sorte kaum zu unterscheidende »japonaise«, die sich, wenigstens bisher, auch in der Massenhaltung gegenüber Parasiten und Krankheiten robust zeigt. Wie alle Austern bevorzugt sie salzarmes Wasser, weshalb die Zuchtparks alle in Flußmündungen angelegt sind. Dort ernähren sich die Tiere von Plankton und Schwebstoffen, die sie mit ihren Kiemenblättern aus dem Wasser filtern. In der freien Natur werden Austern bis zu 25 Jahre alt, die Züchter »ernten« aber schon die vierjährigen.

Essen und Trinken

Restaurant La France
8, rue de la République
Tel. 46 85 00 37
3. Kategorie
Einfacher Gasthof ohne jeden Schnickschnack. Der Gast bestellt natürlich Austern. Eigentlich sind die in der Hitze leicht verderblichen Muscheln ein Wintergericht; aber hier und anderswo direkt an der Küste kann man sie auch im Sommer bedenkenlos verzehren. Frischer geht's nicht.

Museum

Musée Maritime
La Tremblade
Tel. 46 36 30 11, 46 35 31 05
15. Juni – 15. Sept. tgl. 14.30 – 18.30 Uhr
Eintritt 7 FF
Die kleine Ausstellung auf dem Südufer der Sendre erläutert die Austernzucht, bietet aber kaum mehr, als man bei den Händlern im Hafen von Marennes zu sehen bekommt.

Allgemeine Informationen

Auskunft:
Syndicat d'Initiative
Pl. Chasseloup Laubat
17320 Marennes
Tel. 00 33/46 85 04 36
Juli/Aug. Mo–Sa 9–12.30, 13.30–19 Uhr,
sonst Mo–Sa 15–18 Uhr
Der Verkehrsverein zeigt auch eine Diashow rund um die Auster.
Bus:
Vom Bahnhof Rochefort mit CITRAM

Pons D5

Für manche Pilger war das Hospiz Pons (heute 5500 Einwohner) die letzte Station ihres Jakobsweges. Der Weg führte mitten durch die Vorhalle des großen Pilgerspitals. Auf der Wand hinter den Sitzbänken haben die Wallfahrer ihre Graffiti hinterlassen, oft Hufeisen, die schon im Mittelalter als Glückssymbole galten. Oder war es der

Von dem gewaltigen Donjon in Pons aus hat man einen phantastischen Blick über die Landschaft

dringende Wunsch nach einem Reittier?

Hotel
Hôtel/Restaurant Auberge Pontoise
23, av. Gambetta
Tel. 46 94 00 99, Fax 46 91 33 40
22 Zimmer
Jan., Vorsaison auch So abend, Mo geschl.
2. Kategorie
Gutgeführtes und für sein Niveau überraschend preiswertes Haus. Das Restaurant (große Terrasse) kocht mit den Produkten der Region und serviert auch ausgefallene Gerichte wie etwa Geflügelleber süß-sauer mit Kirschen und Weintrauben.

Museum
Donjon du Château
Tel. 46 96 13 31
15. Mai–15. Sept. tgl. 10–12, 15–17 Uhr
Eintritt 7 FF
Bedeutendes Denkmal des Städtchens ist der um die Jahrhundertwende recht freizügig wiederaufgebaute Donjon der mittelalterlichen Ortsherren, der Sires de Pons, aus dem späten 12. Jh. Hier werden jetzt archäologische Funde der Umgebung ausgestellt.

Allgemeine Informationen
Auskunft:
Syndicat d'Initiative
im Donjon
17800 Pons
Tel. 00 33/46 94 00 04
nur 15. Juni–15. Sept.
Bus von Saintes

C5/ Rochefort

D5 Bis zu Ludwig XIV. war Rochefort (heute 26 000 Einwohner) ein unbedeutendes Fischerdorf. Sein heutiges Gesicht verdankt es wesentlich seinen und den Bemühungen des Marquis Colbert, Frankreich zu einer maritimen Großmacht aufzurüsten. Rochefort wurde neben Toulon zum größten Kriegshafen ausgebaut und mit einem Ring von Festungen (Ile d'Aix, Ile d'Oléron, Fouras) gesichert. Bis zu 2000 Arbeiter, viele davon waren zu Paaren aneinandergekettete Sträflinge, bauten zwischen 1690 und der Revolution über 100 Kriegsschiffe. Obwohl das Arsenal im Jahre 1927 geschlossen wurde, haftet der Stadt mit ihren rechtwinkligen Straßenzügen – zumindest abseits der mit Palmen begrünten Fußgängerzone (Rue de la République) – noch immer etwas Bedrohliches an.

Hotels

La Corderie Royale
Rue Audebert
Tel. 46 99 35 35, Fax 46 99 78 72
50 Zimmer
1. Kategorie
Am Ufer der Charente im historischen Gebäude der früheren Seilerei, mit Pool und Garten
Le Paris (Logis de France)
27, av. La Fayette / Ecke Rue de la République
Tel. 46 99 35 35, Fax 46 99 78 27
73 Zimmer
2. Kategorie
Kürzlich renoviertes Stadthotel; geräumige, teilw. Nichtraucher-Zimmer

Sehenswertes

Centre International de la Mer
Corderie Royale Ⓜ
Tel. 46 87 01 90
Juli/Aug. tgl. 9–20 Uhr,
April–Juni, Sept. tgl. 9–19 Uhr,
sonst tgl. 9–18 Uhr
Eintritt 20 FF, mit Führung
25 FF

> Der gute Tip Ⓜ:
> **Corderie Royale**
> »Ein Gebäude so lang, um die längsten Taue drehen zu können«, hatte der Minister befohlen.

Von den verschiedenen Werkstätten des Arsenal beeindruckt vor allem die nach den Zerstörungen im Weltkrieg wieder aufgebaute Corderie: ein 370 m langer Bau, in dem die langen, bis zu 40 cm dicken Hanftaue gedreht wurden. Die Herstellung wird bei den Führungen entlang der gewaltigen Maschinen fachkundig erläutert. Zusätzlich gibt es Wechselausstellungen.

Museen

Musée de la Marine
Hôtel de Cheusses
Pl. de la Gallissonière
Mi–Mo 10–12, 14–18 Uhr
Tel. 46 99 86 57
Eintritt 20 FF
15. Okt.–15. Nov. geschl.
Galionsfiguren, Modelle von Schiffen, Navigationsinstrumente und andere Zeugnisse er-

zählen die Geschichte des Arsenals und der französischen Kriegsmarine.

Musée Pierre Loti
141, rue Pierre Loti
Tel. 46 99 16 88
Führungen Mi–Sa, Mo 10, 11, 14, 15, 16 Uhr, So 14, 15, 16 Uhr,
Juli–Sept. auch Mi–Mo 17 Uhr
Eintritt 30 FF

Pierre Loti (→ Ile d'Oléron) wurde in Rochefort geboren. Im elterlichen Haus ließ er seinem exzentrischen Geschmack freien Lauf und umgab sich mit »Orient«, bis hin zu einer in Einzelteilen geschmuggelten, original Damaszener Moschee.

Einkaufen

Librairie du Centre International de la Mer
Corderie Royale
Juli/Aug. tgl. 9–20 Uhr,
April–Juni, Sept. tgl. 9–19 Uhr,
sonst tgl. 9–18 Uhr

In dieser Spezialbuchhandlung finden sich Bücher, auch Schöngeistiges, zu den Themen Seefahrt, Ozeanographie.

Librairie Pierre Loti
Rue de la République
Gegenüber dem Theater

Im Sortiment sind alle (französischen) Titel von und über Loti.

Kinder

Métiers de Mercure
12, rue Lesson
Tel. 46 83 91 50
Juli/Aug. tgl. 10–22 Uhr,
sonst Mi–Mo 10–12, 14 bis 19 Uhr

Eintritt 25 FF, Kinder 15 F
Jan. geschl.

Im »Métiers de Mercure« werden Ladeneinrichtungen und Werkstätten aus der Epoche unserer Großeltern gezeigt. Ob »Café Freddy« oder der Kaufladen mit seinen Schubern und Bonbongläsern, schließlich das einem Friseur – nicht Schafscherer – zuzurechnende Atelier mit den archaischen Haarschneidewerkzeugen: Schätze, an denen Enkel und Großeltern gleichermaßen Freude haben.

Allgemeine Informationen
Auskunft:

Office de Tourisme
Av. Sadi Carnot
17300 Rochefort
Tel. 46 99 08 60
15. Juni–15. Sept. tgl. 9 bis 20 Uhr,
sonst 9–12.30, 14–18.30 Uhr

Bus und Bahn:
Bus (Océcars) nach La Rochelle, Royan, Saintes; Zug nach La Rochelle oder Bordeaux (über Saintes)

Saintes   D5

Das römische Erbe ist in Saintes, dem lateinischen »Mediolanum Santonum«, greifbarer als in Bordeaux oder Périgueux, den anderen Zentren Südwestfrankreichs während der ersten Jahrhunderte unserer Zeitrechnung. Außer der gewaltigen Arena steht am Ufer der Charente noch ein römisches Prunktor. Auch das Mittelalter hat, als die Stadt eine wichtige Station auf dem Jakobsweg war, seine Spuren in Gestalt dreier Kirchen hinterlassen. Die Altstadt, aus deren Baugruben immer wieder historische Bodenfunde zutage kommen, liegt in einem leichten Bogen der Charente. Hausboote und Angler unterstreichen die beschauliche, ruhige Provinzatmosphäre.

Hotel
Le Relais du Bois St-Georges
Rue de Royan (D 137)
Tel. 46 93 50 99, Fax 46 93 34 93
30 Zimmer
2. bis Luxuskategorie
Luxus pur in einem Park am Stadtrand mit Wasserfall und kleinem See; Hallenbad, Zimmer verschiedener Ausstattung und Preislage, auch Nichtraucherräume.

Sehenswertes
Arènes Romaines
Rue Bourignon (Bus 2)
Tgl. 9–18 Uhr, April–Sept. bis 19 Uhr
Eintritt frei
Eindrucksvollstes Zeugnis der frühen römischen Kaiserzeit ist das Amphitheater, das mit seinen 20 000 Plätzen zwei Drittel der heutigen Bevölkerung hätte aufnehmen können und an Größe der bekannteren Arena von Nîmes kaum nachsteht. Neuerdings ist die von Grün überwucherte Ruine wieder Bühne für die Hauptveranstaltungen des alljährlichen Folklorefestivals, bei dem die meist jugendlichen Besucher die ansonsten ruhige Stadt auf den Kopf stellen. Eine friedliche Tradition löst die Gladiatorenkämpfe ab.

Abbaye aux Dames
Die Gründung der Abtei geht auf Agnes von Burgund zurück, die 1047 hier ein Kloster der Benediktinerinnen einrichtete. Sie widmete sich der Erziehung adeliger Frauen. Durch diese Schule ging auch die als Mätresse Ludwig XIV. bekannt gewordene Marquise de Montespan. Zudem fanden die Jakobspilger von Norden her kommend hier ihre erste Station. Der Kirchbau selber wurde im 12. Jh. fertiggestellt. Die Fassade der Maria geweihten Klosterkirche entstand unter der Äbtissin Agnes von Barbezieux (1134–74). Sie steht mit dem reichen Skulpturenschmuck ihrer Portale ganz im Zeichen der Saintongaiser Romanik.

Arc de Germanicus
Hätte sich ein früher Denkmalschützer nicht für das Tor eingesetzt – kein Geringerer übrigens als Prosper Mérimée –, wäre es mitsamt der alten Brücke, auf der es stand, 1843 das Opfer der Spitzhacke geworden. So trug man den von einem gewissen Rufus aus Mediolanum Santonum zum Lobe der Kaiser Germanicus, Tiberius und dessen Sohn Drusus gestifteten Torbau Stein für Stein ab und versetzte ihn von der altersschwachen Brücke auf das Westufer.

Cathédrale St-Pierre

Im Einflußbereich von La Rochelle gelegen, schloß sich Saintes im 15. Jh. der Reformation an. »Und als wir in die Saintonge kamen, fanden wir nicht Kreuz, nicht Kirche... alles zerschlagen von den üblen Hugenotten«, beklagt ein Pilgerlied. Als hätte der Bischof bei seinem Umzug nach La Rochelle die Einrichtung mitgenommen, erscheint das Innere der Kathedrale St-Pierre merkwürdig kahl. Tatsächlich hatten die Hugenotten 1568 Feuer an die Bischofskirche gelegt.

Eglise St-Eutrope

Etappenziel der Jakobspilger war die Grabeskirche des Stadtheiligen Eutropius. Der Chor wurde im 15. Jh. angefügt, Teile des Längsschiffes später abgerissen, doch insgesamt trägt die 1096 geweihte Kirche St-Eutrope noch immer die Handschrift der cluniazensischen Bauherrn. Der Heilige ruht in einer für die Wallfahrer großzügig angelegten Krypta mit geduckten, fast in Kopfhöhe angesetzten Gewölben.

Museen
Musée Archéologique
Espl. André Malraux
Tel. 46 74 20 97
Ostern bis Sept. Mi–Mo
10–12, 14–18 Uhr,
sonst Mi–Mo 14–17, So auch
10–12 Uhr
Eintritt frei
Im archäologischen Museum

sind zahlreiche Kleinfunde und Relieffragmente aus der gallorömischen Zeit zu bewundern.

Musée des Beaux-Arts
Rue Victor Hugo
Tel. 46 93 03 94
Ostern bis Sept. Mi–Mo
10–12, 14–18 Uhr,
sonst Mi–Mo 10–12, 14 bis
17 Uhr
Eintritt frei
Im städtischen Kunstmuseum wird vor allem Bernard Palissy (1510–90) gefeiert. Obwohl Calvinist, gestaltete der Töpfer und Erfinder des Emailles unter dem persönlichen Schutz der erzkatholischen Königin Maria de Medici die Renaissancegrotten der Tuilerien.

Musée Dupuy-Mestrau
Rue Monconseil
Tel. 46 93 36 71
Ostern bis Sept. Mi–Mo
14–18 Uhr,
sonst Mi–Mo 14–17 Uhr
Eintritt 18 FF
Das nach dem Sammler benannte Privatmuseum ist in einem eleganten Palais (18. Jh.) untergebracht. Breiten Raum nimmt eine Sammlung und Dokumentation zur Geschichte der Töpferei in der Region ein, im Obergeschoß ist ein Bauernhaus rekonstruiert. Außergewöhnlich ist die Ausstellung historischer Musikinstrumente.

Essen und Trinken
Die Küche der Saintonge ist deutlich vom benachbarten Poitou beeinflußt. Typisch sind etwa die *farci*. Rinderragout

wird als *daube de Charente* in Rotwein gekocht.

Minutiöse Steinmetzarbeit an der Fassade der Abbaye aux Dames

Logis Santon
54, cours Genêt
Tel. 46 74 20 14
So abend, Mo geschl.
2. Kategorie
Gediegen, doch gemütlich eingerichtet, mit Terrasse und Garten, regionale Gerichte.

Einkaufen
Der Pineau ist ein bei uns wenig bekannter, fruchtiger Likör. Er wird aus einem Viertel Cognac und drei Vierteln Traubensaft angesetzt und reift wenigstens zwei Jahre im Faß. Man trinkt ihn als Aperitif.

Logis de Folle-Blanche
Route d'Angoulême (N 141), km 7
17610 Chaniers
Tel. 46 91 51 90

Die kleine Brennerei von Paul Bossnet ist eine gute Gelegenheit, um mehr über die Herstellung des Pineau zu erfahren.

Allgemeine Informationen:
Auskunft:
Office de Tourisme
Villa Musso
62, cours national
17100 Saintes
Tel. 46 74 23 82, Fax 46 92 17 01
Juni–Sept. Mo–Sa 9–19,
So 10–12.30, 15–18 Uhr,
sonst Mo–Sa 9–12.30, 14 bis 18 Uhr
Bus und Bahn:
Zug von La Rochelle, Angoulême und Bordeaux
Reservierung: Tel. 46 92 04 19
Auskunft: Tel. 46 41 50 50

Unterwegs in der Gironde

Das flächenmäßig größte Departement Frankreichs trägt den Namen der Gironde, des langen Mündungstrichters, durch den sich Garonne und Dordogne ins Meer ergießen. Auch die Grenzziehung dieses Departements respektierte keine historischen Landschaften: Aquitanien, oder wie in englischer Zeit Guyenne genannt, umfaßte damals ein weit größeres Gebiet. Das Weinland Bordelais ist nur ein Teil des Verwaltungsbezirks, wenn auch sein wichtigster und bekanntester. Klima und Bodenbeschaffenheit liefern hier ideale Voraussetzungen für die edlen Tropfen, von denen schon die Römer angetan waren. Der nahe Atlantik sorgt für geringe Temperaturschwankungen. Plötzliche Frosteinbrüche, die in anderen Regionen ganze Ernten vernichten, sind hier unbekannt. Die maritimen Vergnügungen stehen den bacchantischen in dieser Region in nichts nach. An der Girondemündung beginnt die Côte d'Argent, ein 230 Kilometer langer und nur von der Bucht von Arcachon unterbrochener Sandstreifen: der Deutschen liebstes Feriengebiet am französischen Atlantik. Eine Besonderheit der »Silberküste« sind ihre *étangs,* Süßwasserseen, die von jenen Seglern und Windsurfern, um nicht zu sagen der überwältigenden Mehrheit der Wassersportler, geschätzt werden, denen das Meer denn doch zu wild ist.

D7 **Bordeaux**

Bordeaux, zusammen mit den Vororten zählt es etwa 700 000 Einwohner, sehnt sich nach dem Glanz vergangener Tage. Für die Hochseeschiffe ist die Garonne nicht mehr passierbar. Nur zwei-, dreimal im Monat begibt es sich, daß ein Kreuzfahrtdampfer vor der Pont St-Pierre vor Anker geht. Sonst aber weiß Bordeaux mit seinem riesigen Uferbereich, den es durch die Verlagerung des Hafens gewonnen hat, offensichtlich nichts anzufangen! Eine leere Asphaltfläche, die allenfalls als Autoabstellplatz gebraucht wird, dazwischen verfallende Hallen. Die sprichwörtliche tabula rasa, nach der jeder Stadtplaner geradezu lechzt – hier bleibt sie ungenutzt, während das jüngste bauliche Vorzeigestück, die futuristische Cité Mondiale du Vin, in die Baulücke eines altehrwürdigen Quartiers gezwängt wird. Versteh's, wer will. Es ist vor allem sein polyglottes Bevölkerungsgemisch, das Bordeaux zu einer Weltstadt macht. Ob abends an den Imbißständen der Rue du Palais Gallien oder morgens auf dem Flohmarkt St-Michel, da werden spanische, portugiesische, türkische und arabische Worte gewechselt, parlieren buntgewandete Afrikanerinnen

Kreolisch. Das Viertel um die Kirche St-Michel ist fest in arabischer Hand, Richtung Porte des Salinières wohnen Spanier und Türken. Bordeaux' Bürgermeister, der gaullistische Ex-Ministerpräsident Chaban-Delmas, hat in den 45 Jahren, die er die Stadt wie einen Erbhof regiert und gestaltet, alles daran gesetzt, Bordeaux neben dem Weinhandel auch ein industrielles Standbein zu verschaffen. Wegen der Ansiedlung von Betrieben der Flugzeug-, Automobil- und Computerindustrie sind viele Bordelesen ihm bis heute dankbar. Umstrittener sind die Ergebnisse seiner etwa im Norden im Quartier du Lac (um einen künstlichen See) oder gleich hinter dem Rathaus im Quartier Mériadeck zu besehenden Baupolitik. Was für die einen ein kühnes Exempel des modernen Urbanismus ist, sehen die anderen als eine Verunstaltung des Stadtbildes durch seelenlose Beton- und mit dem Lineal gezogene Straßenzüge. Sie wünschen sich deshalb, Chaban-Delmas hätte es dem in Brède unweit Bordeaux' geborenen Montesquieu (1689–1755) gleichgetan, der einst das ihm angetragene Bürgermeisteramt ausschlug und sich mit der Rolle eines einfachen Deputierten begnügte.

Hotels

Die Stadt verfügt über eine ausreichende Zahl an Hotelzimmern in allen Preislagen, das Preisniveau ist durchschnittlich.

Burdigala   a4
115, rue Georges Bonnac
Tel. 56 90 16 16, Fax 56 93 15 06
70 Zimmer, 15 Appartements
Luxuskategorie
Ein in seiner Größe noch überschaubares Hotel mit allem Komfort unserer Zeit hinter einer Fassade im Stil des 18. Jh.

Ste-Catherine   d3
27, rue du Parlement,
Ste-Catherine
Tel. 56 81 95 12, Fax 56 44 50 51
83 Zimmer
Luxuskategorie
Ein Haus mit dem Charme der Belle Epoque

Studio   b2
26, rue Huguerie
Tel. 56 81 76 68, Fax 56 81 24 72
12 Zimmer
3. Kategorie
Luxus darf man bei den Preisen auf Jugendherbergsniveau nicht erwarten. Immerhin ist jedes Zimmer mit TV, Dusche und WC ausgerüstet.

Du Théâtre   d3
8–10, rue de la Maison Daurade
Tel. 56 79 05 26, Fax 56 81 15 64
23 Zimmer
2./3. Kategorie
Zentral gelegener Altbau mit gleichwohl modern eingerichteten Zimmern

Sehenswertes

Cathédrale St-André mit Tour b4/e4
Pey Berland
Pl. Pey Berland

Die Kleinbuchstaben-Zahlen-Kombinationen im Text verweisen auf die Planquadrate dieser Karte

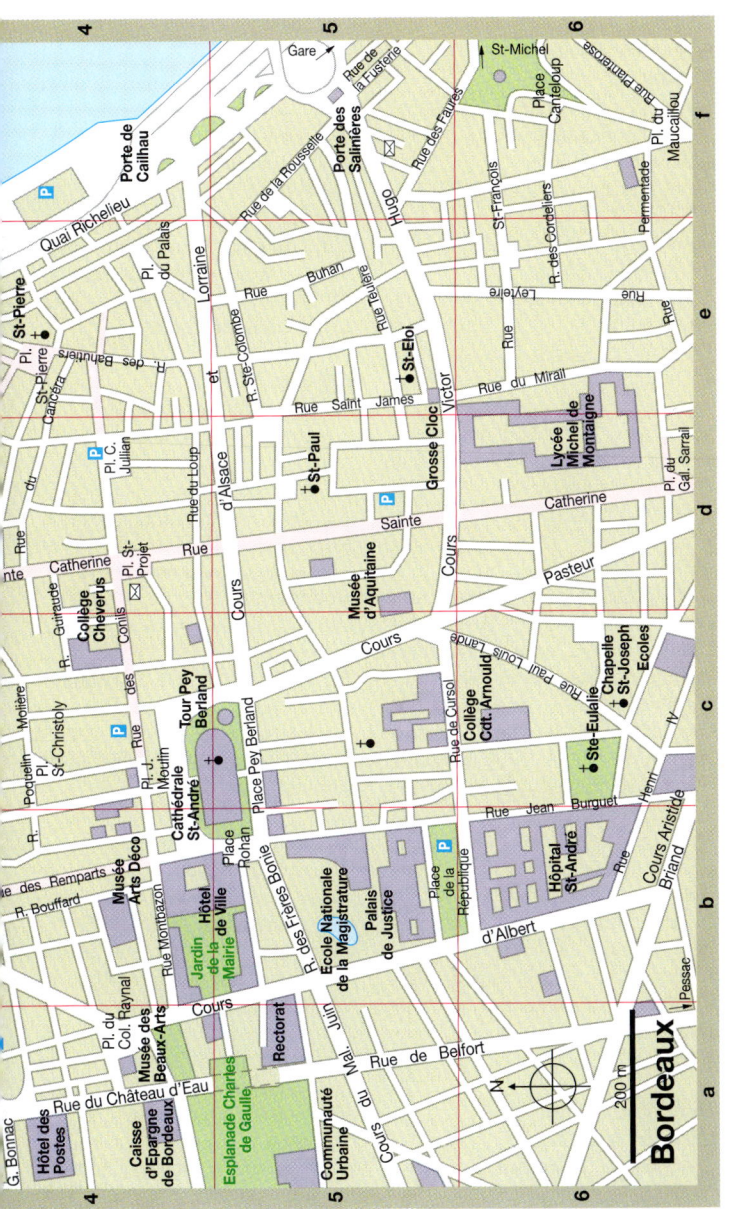

Bordeaux

Kirche:
Mo–Sa 7.30–13.30, 14 bis
18.30 Uhr,
So 8–12.30, 14.30–17.30 Uhr
Tour Pey Berland:
Tel. 56 81 26 25
Juli/Aug. tgl. 10.30–12.30,
14.30–19 Uhr,
sonst Do, Sa, So 10.30–12.30,
14.30–17.30 Uhr
Eine eigenwillige Bischofskirche, jedenfalls nicht nach dem Geschmack derer, die Architektur und Stil »aus einem Guß« bevorzugen. In St-André, so scheint es, hat jede der Generationen von Baumeistern und Bauherren zwischen dem 12. und 16. Jh. sich allein dem Stil ihrer eigenen Zeit verpflichtet gefühlt. Einem schlichten Schiff, dessen Außenmauern noch von einem romanischen Vorgängerbau stammen, wurde ein überhöhter hochgotischer Chor mit Kapellenkranz vorgelegt, der deutlich von der Ile-de-France inspiriert ist. Das Querschiff wird durch jeweils paarweise angeordnete Türme betont.
Von der Spitze des freistehenden, nach einem Bischof Pey Berland genannten Glockenturms, betrachtet die Turmfigur Notre Dame de l'Aquitaine aus luftigen 113 m Höhe tagaus, tagein die Stadt. Wer die 229 Stufen erklimmt, kann es ihr gleichtun.

Cité Mondiale du Vin
Quai des Chartrons
Tgl. geöffnet, Verkauf nur
Mo–Sa

Das »Weltzentrum des Weins« soll neues Leben in das verfallende Quartier Chartrons bringen. Sehenswerte Architektur mit viel Glas, im Eingangsbereich Dauerausstellung über alle Aspekte des Weins: Dia-Show, computergestützte Information (z.B. welcher Wein zu welchem Käse), Weinbuchhandlung, sogar Fortbildungskurse für Winzer werden angeboten.

Eglise St-Michel   f6
So nachmittag geschl.
Auskunft über die unregelmäßigen Öffnungszeiten des Turms:
Tel. 56 79 05 39
An dem spätgotischen Gotteshaus (1350–1475) sind vor allem seine Barockorgel und die modernen Glasfenster von Max Ingrand bemerkenswert. Nicht zu vergessen der 114 m hohe Turm, der nach Art des italienischen Campanile frei neben der Kirche steht und von dessen Plattform man über die Stadt schauen kann.

Esplanade des Quinconces   d2
Realsozialistische Potentaten hätten hier die Massenaufmärsche zum 1. Mai und zum Revolutionstag abgenommen, Frankreich weiß für seine großen innerstädtischen Freiflächen eine andere Zweckbestimmung: Die Esplanade des Quinconces, mit einer Fläche von 1,2 qkm einer der größten Plätze Europas, ist Bordeaux' größter Parkplatz, wenn er nicht gerade für Messen oder im Mai für einen Trö-

Klassizismus in großem Stil
bietet das Grand Théâtre in Bordeaux
von Victor Louis

delmarkt benutzt wird. Bis 1828 stand hier das Château Trompette, in dem zuletzt die Garnison stationiert war. Das 1894–1902 errichtete Monument des Girondins feiert die nach ihrer Herkunft so genannten Girondisten, eine dem Großbürgertum nahestehende Fraktion zur Zeit der Französischen Revolution.

d3 **Grand Théâtre**
Auskunft über die Termine der Führungen gibt das Touristenamt.
Der 1775–80 nach dem Entwurf von Victor Louis errichtete Bau, dessen Foyer und Treppenaufgang später bei der Pariser Oper nachgeahmt wurde, beherrscht mit seiner strengen klassizistischen Formensprache die Place de la Comédie. Louis

wählte den Standort seines Musentempels mit Bedacht: Stadtansichten des 17. Jh. zeigen an seiner Stelle die Ruinen des römischen Forums.

> Der gute Tip 🅼:
> **Grand Théâtre**
> Stolz der Bürger von Bordeaux ist ihr klassizistisches Theater, das als eines der schönsten in Europa gilt.

Grosse Cloche d5
Rue St-James, Ecke cours Victor Hugo
Dieses Stadttor, das seine jetzige Gestalt im 15. Jh. bekam, gilt als Wahrzeichen Bordeaux'. Zu wichtigen Anlässen, wie etwa

dem Beginn der herbstlichen Weinlese, wurde einst die Glocke des Uhrturms geläutet.

b4 **Hôtel de Ville (Palais Rohan)**
Pl. Pey Berland
Tel. 56 79 05 39
Führungen Mi 14.30 Uhr

Das Rathaus wurde 1770 als Bischofspalast für den Prinzen Rohan gebaut und während der Revolution seinem jetzt weltlichen Zweck zugeführt.

a1 **Palais Gallien**
Rue du Palais Gallien

Seine erste Blüte erlebte Bordeaux unter der römischen Herrschaft. Damals hieß es Burdigala und wurde von den Biturigern bewohnt, einem keltischen, doch bald romanisierten Stamm. Der frühe Wohlstand gründete sich auf den Handel mit britischem Zinn und natürlich auf den Wein.

Das Palais Gallien, ein kleiner Teil des römischen Amphitheaters (3. Jh.), ist das einzige Baudenkmal, das aus dieser Zeit erhalten blieb.

e3 **Place de la Bourse**

Unter den klassizistischen Repräsentationsbauten von Bordeaux wendet einzig die Börse ihr Antlitz der Gironde zu: Merkwürdig, wo doch ohne die Wasserstraße und den Hafen der Reichtum des 18. Jh. nicht denkbar gewesen wäre. Zu der von Jacques Gabriel (1698 bis 1782), der uns auch als Hofarchitekt Ludwigs XV. begegnet,

und seinem Sohn gestalteten Platzanlage gehören außer dem Tempel der Finanzwelt auch das Zollamt und ein Block mit verschiedenen Verwaltungen und Büros.

Quartier Chartrons

Das Gelände nördlich des Stadtzentrums ist erst im 16. Jh. trockengelegt worden. Hier siedelten sich die ausländischen Reeder und Weinhändler an – der Korkenadel, wie man in Bordeaux sagt. Nach einer Zeit des Verfalls werden die zweistöckigen Häuser aus gelbem Sandstein mit ihren großen Gewölben heute Stück für Stück renoviert. Heute sind sie beliebtes Wohnquartier. Weinkellereien gibt es hier allerdings nur noch wenige. Die *Cité Mondiale du Vin* versucht, diese Abwanderung aufzuhalten, und bietet den Weinhändlern ein modernes Bürozentrum.

Vieux Bordeaux

Als »altes Bordeaux« wird das Innenstadtdreieck zwischen Börse, Kathedrale und der Porte des Salinières (am Aufgang zur Pont de Pierre) bezeichnet. Herz der Stadt war die Place St-Projet, auf der noch der barocke Stadtbrunnen erhalten ist. Eine sehenswerte Gasse ist etwa die Rue de la Rousselle, in deren Gewölben einst die Händler Wein und andere Waren feilboten. Im schön geputzten Haus Nr. 25 wohnte seinerzeit der Essayist Montaigne.

Museen und Galerien

Bordeaux nennt sich gern Weltstadt und ist unter anderem mit München, Madrid und Los Angeles Städtepartnerschaften eingegangen. Auf kulturellem Gebiet wird die Stadt durchaus diesem Anspruch gerecht. Keine französische Großstadt gibt, prozentual gesehen, mehr Geld für Kunst und Kultur aus. Der »Mai Musical« ist ein Höhepunkt der französischen Konzert- und Opernsaison, und das Museum für Moderne Kunst hält jedem Vergleich stand. Über aktuelle Ausstellungen und kulturelle Ereignisse informieren das von der Touristinformation vierteljährlich herausgegebene Faltblatt »Eurotourist« und die 14tägige Programmzeitschrift »Confetti«.

b4/ **Centre Jean Moulin**
c4 Pl. Jean Moulin / Rue des Trois Conils
Tel. 56 10 15 80
Sept. – Juli Mo – Fr 14 – 18 Uhr
Eintritt frei
Bus 12, 19, 20, 21 »Pey-Berland«

Eine Gedenkstätte für die Résistance, die Widerstandsbewegung gegen die deutsche Besatzung, und die Verschleppten des Zweiten Weltkrieges.

Galerie Ek'ymose
44, rue Lyteire
Tel. 56 92 14 83

In dieser kleinen Galerie stellen die Studierenden und jungen Absolventen der örtlichen Kunsthochschule ihre Arbeiten aus.

Musée d'Aquitaine   c5
20, cours Pasteur
Tel. 56 10 17 58
Mi – Mo 10 – 18 Uhr
Eintritt 15 FF, Mi frei
Bus 3 – 6, 12, 19 – 21 u. a. »Pey Berland«

Hier werden, neben Paris, die wichtigen archäologischen Funde der Region aufbewahrt. Ein Höhepunkt der vorgeschichtlichen Abteilung ist die »Venus von Laussel« (→ Les Eyzies-de-Tayac), ein eiszeitliches Frauenfigürchen, das offensichtlich im Zusammenhang mit einem Fruchtbarkeitskult stand. Stelen, Inschriften und Architekturfragmente repräsentieren die Antike, während das Mittelalter vor allem mit Plastiken vertreten ist. Im Obergeschoß lernt der Besucher die Stadtgeschichte seit 1715 und regionale Gewerbe wie Austernzucht, Harzgewinnung und natürlich den Weinbau kennen. Museumsdidaktisch betrachtet, ist die Präsentation sehr gelungen. Man muß allerdings darüber hinwegsehen, daß manchen Objekten die Beschriftung fehlt.

Musée d'Art Contemporain   d1
(CAPC) mit Centre d'Architecture Arc en Rêve
Rue Foy
Tel. 56 44 16 35
Di, Do – So 11 – 19 Uhr, Mi 11 – 22 Uhr; Führungen Sa, So 16 Uhr
Eintritt 30 FF, 12 – 14 Uhr frei
Bus 1, 7, 8, 24 »Chartrons«

Nur knapp entging das Entrepôt Lainé, ein früheres Woll-

Markttag in Bordeaux: Hier wird alles verkauft, was die französische Landschaft zu bieten hat

und Gewürzlagerhaus, dem Abriß. Seit 1979 beherbergt es das Museum für Moderne Kunst und ist neben dem Pariser Centre Pompidou die wichtigste Institution des zeitgenössischen Kunstgeschehens in Frankreich. Die Präsentation der avantgardistischen Objekte in dem altertümlichen Lagerhaus schafft reizvolle Kontraste. Ein Schwerpunkt sind Wechselausstellungen zur Architektur. Kunstbuchhandlung und Café gibt es auch.

a4 **Musée des Beaux-Arts**
20, cours d'Albret
Tel. 56 10 16 93
Mi–Mo 10–12, 14–18 Uhr
Eintritt 15 FF, Mi frei
Bus 3 bis 8 »Cours d'Albret«

Unter den 3000 im Kunstmuseum ausgestellten Werken von Meistern des 15. bis frühen 20. Jh. sind Gemälde von Veronese, Tizian, Breughel, Tischbein, Delacroix, Corot bis hin zu einem Bild Kokoschkas mit einer Ansicht der Bordelaiser Eglise Notre-Dame. Auch die örtlichen Maler wie Odilon Redon und Albert Marquet nehmen breiten Raum ein.

Musée des Chartrons
41, rue Borie
Tel. 56 44 27 77
Di–Fr 10–12.30, 14–17.30,
Sa 10–17 Uhr
Eintritt 15 FF
Bus 1, 7, 8, 24 »Chartrons«
Patrick Calvet, ein einfacher Weinliebhaber und kein diplomierter Museumspädagoge, hat das Museum um den Weinhandel mit viel Liebe zum Detail per-

sönlich aufgebaut. Seine Ausstellungsstücke bekommt er von den alten Handelshäusern. Zwei Abteilungen sind der Entwicklung von Flaschen (Sammlung Nouvel) und Etiketten (Sammlung Wetterwald) gewidmet.

Essen und Trinken

Als Hauptstadt der Region des »bien manger et de bien vivre«, des guten Essens und Lebens also, hat Bordeaux Speiselokale für nahezu jeden Geschmack und Geldbeutel. Relativ vornehm geht es in der Rue St-James nahe der Grosse Cloche zu. Besonders viele Lokale konzentrieren sich in der Rue des Faussettes und an der Place du Parlement sowie in der Umgebung der Place Général Sarrail. Eine erlesene und teure Vorspeise ist der *caviar Gironde,* die Eier des in der Girondemündung laichenden Störs. Den Hauptgang kocht der Bordelais, versteht sich, gerne mit Rotwein. So wird das Zwischenrippenstück *entrecôte à la Bordelaise,* das beim Garen mit schmelzendem Rindermark bedeckt ist, nicht nur in Rotweinsauce serviert, sondern, so jedenfalls der Bauernbrauch, stilgerecht auf einem Feuer aus alten Rebstöcken zubereitet. Das Neunauge, ein Süßwasserfisch, kommt als *lamproie à la Bordelaise* auf den Tisch. Es wird acht Tage im Kochtopf geschmort, bis die »schwarze Sauce« fertig

ist. Auch die *escargots à la vigneronne,* die Schnecken auf Winzerart, bekommen im Bordelais eine Weinsauce, die kräftig mit Knoblauch und Zwiebeln gewürzt ist. Eine seltene Delikatesse ist das Paulliac-Lamm, ein jung geschlachtetes Milchlamm, das außer Muttermilch noch nichts zu sich genommen hat.

Café des Arts d5
132, cours Victor Hugo / Ecke Rue Ste-Catherine
Tel. 56 91 78 46
3. Kategorie
Einfache Brasserie mit wechselnden Tagesgerichten, herzhafte, schnörkellose Küche. Die Atmosphäre mit Inventar samt den gleichermaßen ergrauten Kellnern hätte Claude Sautet zu seinem Film »Garçon« inspiriert haben können. Küche bis 0.30 Uhr, die Bar schließt später.

Cave Henri e5
21, rue de la Rousselle
Sa abend, So geschl.
3. Kategorie
Ein unauffälliges, uriges Lokal der kleinen Leute, eingerichtet in einer Weinhandlung. Nur jeweils ein wechselndes Tagesgericht, auch Weinverkauf über die Straße.

Les Celliers Bordelais
30, quai de la Monnaie
Tel. 56 31 30 30
Sa, So geschl.
2. Kategorie
Eine mit viel Eichenholz und Spiegeln eingerichtete Weinstube. Kleine, doch feine Auswahl an Speisen.

L'Athénée
44, rue des Trois Conils
Tel. 56 52 18 18
Sa abend und So geschl.
3. Kategorie
Einfaches, familiäres Speiselokal nahe der Kathedrale

b3 **Le Chapon fin**
5, rue Montesquieu
Tel. 56 79 10 10
So, Mo geschl.
1. Kategorie
Zumindest aus dem Leben der betuchten Bordelesen ist dieser Gourmettempel nicht wegzudenken. Exzellente Küche wird in einer Art Wintergarten zwischen Felsen, Springbrunnen und Steingärten serviert. Das hat seinen Preis.

d3 **Le Rouzic**
34, cours Chapeau-Rouge
Tel. 56 44 39 11
Sa mittag, So geschl.
1. Kategorie
Wem Francis Garcias zu extravagant erscheint, muß auf die sternchengekrönte Küche nicht verzichten. Spitzenkoch Michel Gautier hat die Gerichte des Le Rouzic kreiert, das von Mme Gautier geleitet wird.

d3 **Aux Trois Arcades**
10, pl. du Parlement
Tel. 56 81 21 68
So geschl.
2./3. Kategorie
Mittagstreff von Studenten, Büroangestellten und anderen jungen Leuten. Gute Salate, schöne Terrasse. Ein mehrgängiges Menü käme, gemessen an Interieur und Publikum, vielleicht etwas zu teuer.

Einkaufen

Die beliebtesten Flanierstraßen und zugleich Fußgängerzone sind die Rue Ste-Catherine und die Rue Porte Dijeaux, und an Regentagen bleiben die überdachten Galerien Sarget (21, cours de l'Intendance) und Bordelaise (Rue St-Rémi, Ecke Rue Ste-Catherine). Modisch-elegante Kleidung der gehobenen Preisklasse findet sich, ob hinter Schaufenstern oder von Passanten und Passantinnen bereits erworben und nun aus- und vorgeführt, im »goldenen Dreieck« von Cours de l'Intendance, Allée de Tourny und Cours Clemenceau. Doch dürfte kaum jemand nach Bordeaux gekommen sein, um sich mit Haute Couture einzudecken. Auch die Antiquitäten, die etwa in der Rue Notre Dame oder der Rue Faure im Quartier Chartrons angeboten werden, findet man zum etwa gleichen Preis auch zu Hause. Das klassische Mitbringsel ist vielmehr ein Fläschchen (oder eine Kiste?) Wein. Zudem hat Bordeaux auch eine Menge zwar nicht typische, aber höchst originelle Geschäfte, von denen eine Auswahl hier besonders erwähnt sei:

La Fromagerie Baud et Millet Ⓜ b2
19, rue Huguerie
Tel. 56 79 05 77
So geschl.
Von den, glaubt man de Gaulle, 400 französischen Käsesorten sind 80 hier zu haben, dazu zahlreiche ausländische Sorten

(Schwerpunkt Italien); mit Weinverkauf. Das angeschlossene Restaurant (2./3. Kategorie) serviert kultivierte Käsegerichte. »Seinen« Cru wählt der Gast im hauseigenen Weinkeller.

b3/ **Librairie Mollat**
c3 73–91, rue Porte Dijeaux
Tel. 56 56 40 40
Das in weiße Kittel gekleidete Personal verkauft allenfalls geistige Medizin und Drogen – Mollat ist die führende Buchhandlung am Ort.

d3 **Librairie Musicale Lignerolles**
13, rue St-Rémi
Tel. 56 44 81 53
So/Mo geschl.
Noten, Musikbücher

c2 **Maison du Vin**
1, cours du 30 Juillet
Tel. 56 00 22 66
Wenn Sie keine Erfahrung mit Bordeaux-Weinen haben, kehren Sie am besten zunächst in der »Maison du Vin« ein. Hier wird nicht nur über die Herstellung und die Eigenheiten des Weins informiert. Unter Anleitung eines beruflichen »Weinschmeckers« können Sie ganz ungezwungen – es wird kein Wein verkauft! – probieren und schließlich »Ihren« Wein finden. Der Berater nennt dann eine Reihe von Weinen der verschiedenen Preislagen, die Ihrem Geschmack entsprechen und die Sie dann z. B. in der Vinothek nebenan kaufen können.

Märkte
Überaus gelungen schlägt die neue Markthalle an der Place des Grands Hommes den architektonischen Bogen von der Belle Epoque zur Postmoderne – gewöhnliche Händler allerdings können die Standmieten hier nicht mehr bezahlen. Ursprünglicher (und häßlicher) sind der Grand Marché (Cours Victor Hugo) und der Markt an der Place des Capucines (ab 2 Uhr morgens). Flohmarkt ist Montag bis Samstag vor der Kirche St-Michel auf der Place Chanteloup, »biologische« Lebensmittel werden donnerstags auf der Place St-Pierre angeboten.

Oscar Hibou   b2
23, rue Huguerie
Tel. 56 44 31 11
Comics in allen möglichen Sprachen

Tourny's   b2
3, rue Huguerie
Englische und nautische Antiquitäten, vom Steuerrad aus Mahagoni bis zum messingglänzenden Sextanten

Der gute Tip 🅜:
La Fromagerie Baud et Millet
Baud et Millet führt fast alle französischen Käsesorten. Das Restaurant zeigt, was sich daraus für verblüffende Gerichte zaubern lassen.

Vinothèque   c2
8, cours du 30 Juillet
Tel. 56 52 32 05
Mo–Sa 8–19.30 Uhr
Da der Kunde, der sich die Mühe macht, ein bestimmtes Weingut aufzusuchen, meist auch für genau diese Weine tief

in die Tasche zu greifen bereit ist, sind die Preise für geringe Mengen auf den Châteaux, also beim Erzeuger selbst, oft höher als in einer beliebigen Weinhandlung in der Stadt.

b3 **Virgin Megastore**
15–19, pl. Gambetta
Tel. 56 56 05 56
Mo–Sa 10–24 (!) Uhr
Medienkaufhaus mit CDs, Kassetten, Büchern, Comics und einem Café; gelegentlich Rock-Konzerte

Am Abend

Das auffälligste Abendvergnügen der Kids besteht in Auto- oder Motorradrennen durch die Stadt, ohne auf Ampeln oder Vorfahrtsregeln zu achten. Einfach nur so. Roulette Bordelaise, ein örtlicher Brauch, gefährlich, oft schmerzlich, manchmal mit Todesfolge. Bordeaux' Stadtväter tragen den bizarren Gewohnheiten ihrer Jungwähler Rechnung, indem sie nach 20 Uhr auch die Fußgängerzonen für den motorisierten Verkehr öffnen. Autos los – und den Passanten bleibt nicht einmal ein Bürgersteig. Besser fliehen Sie in die Rue St-Rémi, die mit ihren vielen Lokalen ein Zentrum des Bordelaiser Nachtlebens ist. Eine andere Kulisse der Open-air-Gastronomie ist die Place du Parlement. Studenten und Studentinnen trifft man unter der Woche abends in den Kneipen an der Place du Général Sarrail.

La Guinguette Alricq   f2
Quai des Queyries
Tel. 56 86 58 49
Di–Sa ab 20 Uhr, So ab 12 Uhr
In der verfallenen Industriezone auf dem rechten Garonneufer, doch direkt am Wasser mit Blick auf die Stadt. Plastikmöbel, ein »destruierter« Garten, für Winter- und Regentage ein großer Saal, in dem gelegentlich auch Konzerte und Theateraufführungen stattfinden: ein avantgardistisches Ambiente für ein Publikum, das sich als »très très cool« versteht.

Théâtre du Port de la Lune
3, pl. Pierre Renaudel
Tel. 56 91 98 00
Während das Grand Théâtre in erster Linie ein Opernhaus ist, hat hier die Schauspielkunst ihr Zuhause. In der ehemaligen Zuckerraffinerie werden vor allem moderne Stücke gezeigt.

Le Victoria   d5/d6
231, rue Ste-Catherine
Tel. 56 91 73 35
Tgl. 9–2 Uhr
»Jung, schön, schick und reich«; Videobar

Kinder

Jardin Public   b1
5, pl. Bardineau
Mit ihrem Stadtgarten fühlen sich die Bordelesen eher englisch denn französisch der Tradition verpflichtet: Den barocken Hofgarten ließen sie im 19. Jh. nach Art eines englischen Landschaftsparks umgestalten. Die Bordelesen spazieren entlang ge-

pflegter Teiche. Zum Park gehört ein botanischer Lehrgarten, dessen Beete nach Pflanzenfamilien geordnet sind.

b2 **Windy Morning**
24, rue Huguerie
Tel. 56 01 24 10
So, Mo geschl.
Ob Modelldrachen oder Bumerangs, hier wird alles geboten, was ohne Hilfe eines Motors durch die Lüfte gleitet, segelt, schwirrt, und auch noch in den Koffer paßt.

Allgemeine Informationen

Auskunft
c2 **Office de Tourisme**
12, cours du 30 juillet
33000 Bordeaux
Tel. 00 33/56 44 28 41,
Fax 56 81 89 21
Juni–Sept. Mo–Sa 9–20,
So 9–15 Uhr,
sonst Mo–Sa 9–12.30, 13.30
bis 18, So 9.30–12.30 Uhr
Sa 10 Uhr Stadtführungen
(engl./frz.), zwischen 15. Mai
und 15. Okt. tgl. Ausflüge mit
Weingutbesichtigungen

Bahn
Auskunft: Tel. 56 92 50 50
Reservierung: Tel. 56 92 60 60
Von Bahnhof St-Jean nach Paris
(TGV 3,5 Std.), Lyon; Nantes
(4 Std., über La Rochelle), Bayonne (2 Std.), Pau (TGV 2 Std.)

Busse
CGFTE
55, bv. Antoine Gautier
Tel. 56 24 23 23

Busse in die Region:
CITRAM
Gare Routière
14, rue Fondaudège
Tel. 56 42 04 04
Mittelpunkt der Stadtbuslinien sind Quai Richelieu (vor der Porte Cailhau) und, 200 m flußab, die Place Jean Jaurès. Hier und an Kiosken der Verkehrsbetriebe CGFTE sind Netzpläne erhältlich sowie die »Carte Bordeaux Découverte«, Tageskarten für einen oder drei Tage, und Mehrfachkarten für 10 Fahrten. Einzelfahrscheine verkaufen die Busfahrer.

Flughafen
Der 12 km vom Zentrum entfernte Flughafen Mérignac (Tel. 56 34 84 84) wird etwa stündlich von Zubringerbussen – Start am Bahnhof, Halt am Touristenamt – (32 FF) angefahren.
Air Inter
44, allée de Tourny
Tel. 56 13 10 10
Air France
29, rue Esprit des Lois
Tel. 56 00 03 03
Air Littoral
Aéroport Mérignac
Tel. 56 34 50 55

Medizinische Hilfe
SAMU (Ambulanz):
Tel. 56 96 70 70
Auskunft über dienstbereite Ärzte und Apotheken:
Tel. 56 90 92 75
Hospital St-André
1, rue Jean Burguet
Tel. 56 79 56 79

Polizei
Hôtel de Police
87, rue de l'Abbé de l'Epée
Tel. 56 90 92 75
Notruf Tel. 17

Post
Hauptpost
52, rue Georges Bonnac
Mo−Fr 8−18.30, Sa 8−12 Uhr

Orte in der Umgebung

Arcachon
Wohnten Anfang des 19. Jh. in dem damaligen Fischernest noch gerade 100 Menschen, ist die sich heute über 25 km von Pilat am Atlantik über das eigentliche Arcachon bis nach Le Teich entlang des Südrands der Bucht hinziehende Agglomera-

Der gute Tip Ⓜ:
Sémiramis
Ein nostalgisches Hotel, in dem man schier darauf wartet, Napoleon III. persönlich zu begegnen.

tion auch im Winter von 50 000 Menschen bewohnt − nicht gerechnet die Feriengäste, die Arcachon im Sommer aus allen Nähten platzen lassen. Dabei konzentriert sich der Tourismus auf die westliche Ufermeile, während im Osten, in der Gemeinde Gujan-Mestras, die Austernzucht im Mittelpunkt steht. 1,7 qkm des Bassins von Arcachon sind mit Austernparks belegt.

Die erste Badeanstalt soll 1823 ein Mann namens François Legallais eingerichtet haben.
Die 1841 eröffnete Bahnverbindung nach Bordeaux gab dem Fremdenverkehr weiteren Auftrieb, und ein Urlaub Napoleon III. im Château Deganne, dem heutigen Strandcasino, ließ Arcachon vollends zum Modebad der Hautevolee werden.
Mit 2000 Liegeplätzen ist Arcachon einer der größten Yachthäfen des Landes. Auch der Fischfang (Fischerhafen in Gujan-Mestras) spielt noch eine große Rolle und bietet den Feriengästen frische Fische und pittoreske Fotomotive. Gebadet werden kann an dem trotz seiner 8 km Länge im Sommer arg überfüllten Sandstrand.

Hotels
Auch wenn ausgesprochene Spitzenhotellerie fehlt, sind die insgesamt 30 Hotels von Arcachon überwiegend von gehobenem Komfort und vergleichsweise teuer.
De la Paix
8, av. Lamartine
Tel. 56 83 05 65
25 Zimmer
Nov. bis vor Ostern geschl.
3. Kategorie
Als müsse es sich schämen, versteckt sich das billigste Hotel Arcachons in einer unscheinbaren Seitenstraße der Sommerstadt. Dabei können sich die mit Waschbecken und Bidet ausgestatteten Zimmer zu ihrem Preis durchaus sehen lassen; dürftig

Flug über das Meer? Gleitschirmflieger
auf der »Dune du Pilat«

allerdings die Ausstattung mit nur einem WC und Dusche pro Etage.

Sémiramis
Villa Thérésa
4, allée Rebsomen
Tel. 56 83 25 87, Fax 57 52 22 41
19 Zimmer
1./2. Kategorie

Die Villa strahlt die distinguierte Atmosphäre der Gründerzeit aus. Ihre Zimmer, alle mit Bad, sind geschmackvoll im Stil der Gründerzeit renoviert, besondere Liebe hat man den Fresken zuteil werden lassen. Das Haus mit Park liegt ruhig in Arcachons Bel Etage, der Winterstadt.

Sehenswertes
Dune du Pilat

Geht man am Strand immer weiter nach Süden, erhebt sich unversehens hinter den letzten Häusern von Pyla-sur-Mer ein gewaltiger Sandberg. Der 114 m hohe, gut 2 km lange Rücken ist die größte Düne Europas und gleichzeitig der wohl größte Touristenmagnet an der Côte d'Ar-

> Der gute Tip :
> **Dune du Pilat**
> Europas größte Düne
> gewährt einen grandiosen
> Ausblick auf die Pinienwälder
> und das Becken von
> Arcachon.

gent: Über eine Million Besucher klettern jährlich darauf herum. Der Aufstieg im Sand kostet ganz schön Kraft, doch oben wird man von einer »Sahara mit Meerblick« belohnt. Wer zum Sonnenuntergang kommt, sollte sich vergegenwärtigen, daß auch andere dieser in allen Reisebüchern ausgesprochenen Empfehlung folgen: Zumindest in der Ferienzeit darf mit Einsamkeit nicht gerechnet werden. Doch dem romantischen Ausblick tut das keinen Abbruch.

Und sie bewegt sich doch. Ein um den Sockel herum angelegter Pinienwald soll die Wanderung der Düne aufhalten, doch wie man an den Rändern im Nordosten sieht, ist das Monster nicht gefügig und begräbt einfach die Bäume. Auch die für 1000 Jahre angelegten Weltkriegsbunker auf dem Kamm purzeln wie das Spielzeug eines Riesen und werden über kurz oder lang ins Meer stürzen.

Parc Ornithologique du Teich
Le Teich
Gujan-Mestras
Tel. 56 22 80 93, 56 22 84 89
März–Mai tgl. 10–19 Uhr,
Juni–Sept. tgl. 10–19 Uhr,
sonst Sa/So 10–18 Uhr
Eintritt 23 FF, Kinder 18 FF
In »Le Teich«, wie das Mündungsdelta der Eyre mit einem aus dem Deutschen entlehnten Wort heißt, sind 80 Vogelarten ganzjährig zu Hause; weitere 180 gefiederte Spezies finden als Zugvögel zeitweise Schutz und Nahrung. Seit 1972 steht ein 120 ha großer Teil des Biotops unter Naturschutz. Kormorane, Reiher, Schnepfen, Wildgänse und jede Menge Enten können von Lehrpfaden aus in natura beobachtet werden.

La Serre aux Papillons
Rue du Port
Le Teich
Osterwoche bis 15. Juni,
1.–20. Sept. Mo–Fr 14 bis
18 Uhr, Sa/So 10.30–18 Uhr,
16. Juni–31. Aug. tgl. 10 bis
19 Uhr
Eintritt 25 FF, Kinder 20 FF
Gleich neben dem Pavillon des Naturparks flattern bei tropischen Temperaturen exotische Schmetterlinge durch ein verglastes Schaubiotop mit Bananenstauden, Palmen und Bächlein. Eric Trocellier züchtet seine farbenprächtigen Lieblinge selbst, und das Haus darf sich mit dem vom Kultusministerium verliehenen Prädikat »pädagogisch wertvoll« schmücken.

Museum
Marinoscope
La Hume
Tel. 56 66 58 99
Mai–Sept. tgl. 10–19 Uhr,
sonst tgl. 14–18 Uhr
Eintritt 26 FF, Kinder 15 FF
Modellschiffe vom einfachen Segelboot über Frachter, Autofähren bis zum letzten Schrei der Kreuzfahrtflotten; dazu ein Diorama, das einen imaginären Yachthafen vorstellt.

Das Museum wird von zwei professionellen Modellbauern betrieben, die selbst mit viel Sachkenntnis durch die Ausstellung führen.

Essen und Trinken

Fisch aus dem Meer und Austern aus dem Bassin bestimmen das kulinarische Angebot. Die Preise haben es in sich.

Chez Yvette
59, bd. du Général Leclerq, bei der Post
Tel. 56 83 05 11
Jan. geschl.
2. Kategorie

Hier feiern die edlen Herrschaften des Seebades ihre Geburtstage, Kommunionsfeiern, Verlobungen und ähnliche Anlässe, bei denen man nicht aufs Geld schaut. Gutbürgerliche Küche, Spezialität sind frische Meeresfrüchte und Fisch, z. B. Seezunge mit Steinpilzen. Rustikales, doch ansprechendes Interieur.

La Marée
21, rue de Lattre de Tassigny
Tel. 56 83 24 05
3. Kategorie

Urige Fischkneipe mitten in der Fußgängerzone im ersten Stock über einer Fischhandlung (keine Angst, es stinkt nicht), preiswert

Le Reste à Terre 🅜
Porte de la Teste
Tel. 56 66 30 10
Mo geschl.
2. / 3. Kategorie

Wer sich die Mühe macht, den Wegweisern zu folgen und das am Ufer des Ortsteils Teste gelegene Lokal zu suchen, wird reich belohnt. Austern vom Bassin sozusagen direkt auf den Tisch: frischer geht's nimmer. Monsieur Cameleyre hat sich vom Austernfischer zum Gastronomen gemausert und besticht

unter Verzicht auf gediegenes Ambiente mit einer einfachen, »ehrlichen« Küche – außer Austern gibt es auch andere Meeresfrüchte und natürlich Fische, z. B. Goldbrasse in Safran.

Einkaufen

Village Médiéval
La Hume
Tel. 56 66 16 76
Mitte Juni–Mitte Sept. tgl.
10–19.30 Uhr
Eintritt 40 FF, Kinder 25 FF

In einem nachgebauten mittelalterlichen Dorf sind über 50 Handwerker der verschiedenen Gewerbe zugange. Nur schade, daß die Werkstätten mehr Wert auf den Verkauf ihrer Erzeugnisse als auf die Demonstration ihrer Handwerkskunst legen. Verstehen Sie's als Verkaufsmesse mit originellem Ambiente.

> Der gute Tip 🅜:
> **Le Reste à Terre**
> Austern aus dem Wasser direkt auf den Tisch. Eine einfache, schnörkellose Küche am Bassin d'Arcachon.

Kinder

Im Wald von La Hume, einem östlichen Vorort, bietet ein gewaltiger Freizeitkomplex nicht nur Kindern Abwechslung im Urlaubsalltag.

Aquacity
La Hume
Tel. 56 66 15 60
Juni–Mitte Sept. tgl. 10 bis 19 Uhr

Eintritt 65 FF, Kinder (bis 12) 45 FF

Mit ihrem Gewirr aus Rutschbahnen, Springbrunnen, Wasserfällen, Wellenbädern, Sprudel- und Planschbecken macht die »Wasserstadt« Kinder geradezu süchtig. Also aufpassen!

Parc Animalier La Coccinelle
La Hume
Tel. 56 66 30 41
Ende Mai–Mitte Juni tgl. 14 bis 18 Uhr,
Mitte Juni–Mitte Sept. tgl. 10 bis 19 Uhr
Eintritt 37 FF, Kinder 27 FF

Ein Zoo mit einheimischen Haustieren, buchstäblich »zum Anfassen« – Kinder dürfen über die Umzäunungen steigen und die Tiere streicheln oder sogar den Jungtieren die Flasche geben.

Allgemeine Informationen
Auskunft:
Office de Tourisme
Stadtführungen im Juli und August
Pl. Roosevelt
33120 Arcachon
Tel. 00 33/56 83 01 69
Juli/Aug. tgl. 9–19.30 Uhr, sonst Mo–Sa 9–12.30, 14–18, So 10–12.30 Uhr
Bahn:
Arcachon ist von Bordeaux mit einer knapp einstündigen Bahnfahrt zu erreichen. Im Juli und Aug. Direktverbindungen nach Paris
Bahnhof:
Bd. du Général Leclerq
Tel. 56 83 03 23

Busse:
Stadtbusse (7,50 FF) nach Pyla, La Teste und um die Bucht bis Cap Ferret starten am Bahnhofsvorplatz

St-Emilion   E 7

Ob sein Ortsgründer heute Gefallen an dem 3000 Einwohner zählenden Weinstädtchen fände? Der Charme Aquitaniens, den die alten Mauern und die edlen Gewächse verströmen, war dem hl. Aemilianus fremd, wenn nicht zuwider. Er wollte der Welt entsagen und zog sich in eine aus dem Fels geschabte und geschlagene Höhle zurück. Eine ausgesparte Bank diente ihm als steinerne Schlafstatt, aus einer unterirdischen Quelle löschte er seinen Durst.

Nach seinem Tod (767) wurde die Einsiedelei zu einem Wallfahrtsziel. Benediktiner folgten dem Vorbild des Eremiten und gruben ihrerseits Mönchszellen in den Kalkstein, aus denen im 12. Jh. schließlich die größte Felskirche Frankreichs wurde: eine dreischiffige, 38 x 20 m große Halle, deren 11 m hohe »Decke« von zu Pfeilern behauenen Felsen getragen wird.

Ursprünglich war die *Eglise monolithe* vollständig ausgemalt. Davon ist keine Spur mehr erhalten. Einziger Schmuck sind einige Halbreliefs. Vom Scheitel des vorletzten Jochs blicken zwei Engel, ein dritter musiziert in der Chornische gleich neben dem mit dem Drachen kämpfenden Georg. An höchster Stelle des Städtchens thront der Bergfried des Château du Roi, den vermutlich Heinrich III. aus dem Haus Plantagenet 1237 hatte errichten lassen. Der Turm diente lange als Rathaus, und seit 1948 verkündet von hier aus die Jurade, die feierlich gekleidete Bruderschaft der Winzer, am dritten Sonntag im September den Beginn der Weinlese und im Mai das »Urteil« über die Weine des Vorjahres. Heute ist St-Emilion die Weinstadt schlechthin.

Besichtigung von Felsenkirche, einem kleinen Archäologischen Museum, der Chapelle de la Trinité und der Kollegiatskirche nur im Rahmen von geführten Rundgängen.
Im Sommer tgl. 9–11.30, 14–17 Uhr alle 45 Minuten Treffpunkt Touristenamt

Hotels
Auberge de la Commanderie
Rue des Cordeliers
Tel. 57 24 70 19, Fax 57 74 44 53
17 Zimmer
2. Kategorie
Das preiswerteste Hotel des Städtchens liegt an der Hauptstraße im Westen der Altstadt, ohne Restaurant.
Hostellerie de Plaisance
Pl. Clocher
Tel. 57 24 72 32, Fax 57 74 41 11
10 Zimmer
Jan. geschl.
1. Kategorie
Im Herzen der Stadt neben dem Glockenturm gelegen, leider nicht immer ruhig; mit kleinem Garten und vorzüglichem Restaurant.

Einkaufen
Cloître des Cordeliers
Rue des Cordeliers
Tgl. 10–12.30, 14–18.30 Uhr
In den Gewölben des ehemaligen Franziskanerklosters hat sich eine Sektkellerei etabliert, die Proben ihrer Erzeugnisse im Hof des Kreuzgangs (Cloître des Cordeliers) verabreicht; Eintritt frei.
Maison du Vin
Pl. Pierre Meyrat
Tel. 57 55 50 55
Mo–Sa 9.30–12.30, 14.15 bis 18.30, So 10–12, 14.30 bis 19.30 Uhr
St-Emilion ist der einzige Rotwein, der auch zu Fischgerichten getrunken wird. Die benachbarten, sehr kleinen Anbaugebiete von Fronsac und Pomerol haben erst sehr spät in unserem Jahrhundert den Aufstieg vom einfachen Landwein in die Liga der Spitzenweine geschafft.

Allgemeine Informationen
Auskunft:
Office de Tourisme
Pl. Créneaux
33330 St-Emilion
Tel. 00 33/57 24 72 03,
Fax 57 74 47 15
Tgl. 9.30–12.30, 14–19 Uhr
(Winter bis 18 Uhr)
Bahn und Bus:
Regionalzug von Bordeaux (Bahnhof 2 Kilometer außerhalb), auch Bus CITRAM

Unterwegs in den Landes

Ein Dünenwall am Meer, dahinter Pinien, Pinien und nochmals Pinien. Das dünnbesiedelte Departement ist – bis auf die Landschaft südlich des Adour und des Weinanbaugebietes von Armagnac – ein einziger riesiger Wald. Ehemals war diese Landschaft ein dünnbesiedeltes Gebiet, zum großen Teil Sumpflandschaft und nur schwer zugänglich. Mit Napoleon III. wurde erst 1857 die Aufforstung begonnen. Zur Freude von Wanderern und Mountain-Bikern ist die heutige *pinhada*, wie die Einheimischen den Pinienwald nennen, nahezu ohne Unterholz, nur Farn macht sich breit. Schnurgerade Straßen (Radler weichen vor den geschwindigkeitsbesessenen Automobilisten besser auf Nebenstraßen und Forstwege aus) verbinden die vom Tourismus überraschend wenig berührten Dörfer. Die Touristen konzentrieren sich auf die am Anhängsel »-Plage« erkenntlichen Dependancen unmittelbar am Strand. Für Badeurlauber sind außer dem Meer auch die küstennahen Seen interessant. Ähnlich einem Haff verdanken diese *étangs* ihre Entstehung der Sandbarriere, die das Ablaufen der eigentlich meerwärts gerichteten Flüßchen *(courants)* verhindert und diese aufstaut. Die einzelnen *étangs* sind durch Kanäle miteinander verbunden und entwässern alle in das Becken von Arcachon, wo die Eyre den Durchbruch zum Meer geschafft hat. Die Franzosen pflegen an den fischreichen Seen außer Segeln oder Surfen vorwiegend ihren stillen Nationalsport, das Angeln.

In der Arena Die »Course landaise« hat mit der »Corrida«, dem spanischen Stierkampf, nur die Arena gemein. Das Tier ist kein Stier, sondern eine Kuh, die stets mit dem Leben davonkommt und es auf zehn bis zwölf Jahre Arena-Leben bringen kann, bevor sie auf einer Weide ihren Ruhestand genießt. Statt des Matadors, der im ungleichen Kampf mit dem Stier diesen mit einem Degenstoß in den Nacken tötet, stehen ihr »Sauteurs« (Springer) gegenüber, die sich an eleganten und möglichst waghalsigen Sprüngen über die frontal auf sie zulaufende Kuh versuchen. Eine gestrenge Jury bewertet dabei Schwierigkeitsgrad und Geschicklichkeit der Sprünge. Ähnliche Mutproben besteht der »Ecarteur«, der »Ausweichler«. Er darf nicht springen, sondern muß dem Tier im letzten Moment mit einer Drehung ausweichen. Der ideale Abstand ist ein Haarbreit. Manchmal wird's noch enger, dann landet der »Ecarteur« im Spital, um später seine Narben stolz als Trophäe zu tragen. »Ecart« und »Saut« sind kein Kinderspiel, sondern ein akrobatischer Sport, für den hart trainiert werden muß.

C9 Dax

Dax (20000 Einwohner) ist der bekannteste Thermalkurort im Südwesten Frankreichs und wird in einer Reihe mit Aix-les-Bains und Vichy genannt. Die *curistes*, »Kurgäste«, sind überwiegend im fortgeschrittenen Alter. Über das nötige Einkommen oder Vermögen für den hier nicht billigen Kuraufenthalt muß man allerdings verfügen. Dafür wird das schwefelsaure und leicht radonhaltige Heilwasser auch in einer mit Meersalz versetzten Variante oder gar als Schlammpackung angeboten. Ob wirklich schon Julia, die Tochter des Kaisers Augustus, hier Linderung ihres Rheumas suchte, muß offenbleiben. Jedenfalls waren die badesüchtigen Römer die ersten, die nach Dax – sie nannten es noch Aquae Tarbellicae – zum Kuren kamen. Reste ihrer Thermalanlagen und Tempel wurden in den 70er Jahren unter dem modernen Zentrum entdeckt und sind z.B. in der Rue Cazade zu besichtigen. Gar nicht zum Bild des gediegenen Heilbades will die Begeisterung passen, mit der in Dax dem Stierkampf gehuldigt wird. Die Saison geht von Juni bis September, die an den Wochenenden dargebotenen Spektakel sind oft schon weit im vorhinein ausverkauft (Vorbestellung Tel. 58741398).

Hotels

Hochsaison ist hier im September und Oktober, also nach der Ferienzeit. Dann ist in den besseren Hotels ohne Reservierung

---

Offensichtlich vermag die »Course formelle«, wie die traditionelle »Course landaise« auch heißt, die sensationslüsternen Gemüter besonders der Urlauber nicht mehr zu befriedigen. Die Entwicklung geht deshalb in zwei Richtungen. Auf der einen Seite gibt es die »Course mixte«, eine Art circensischer Freistil mit allerlei Clownerien bis hin zum Fußballspiel mit der wütend durch die Arena rasenden Kuh. Die andere Richtung geht zur »Corrida« auf spanische Art. Die spanischstämmige Kaiserin Eugénie soll sie auf französischem Boden 1853 zuerst in Bayonne veranstaltet haben. Heute ist die »Corrida« nach der Provence auch im Südwesten zu einem bedenklichen Ausdruck okzitanischer Eigenart geworden. Nach dem Gesetz ist die tierquälende Schlächterei nur dort erlaubt, wo eine »ununterbrochene örtliche Tradition besteht«. Doch nimmt man es damit nicht allzu genau. Der Verbreitung der »Corrida« liegt ein seltsamer Männlichkeitswahn zugrunde, der sich mit einem fehlgeleiteten Traditionalismus verbindet (die »Corrida« ist ja gerade keine französische Tradition).

Die Sonne geht unter
über dem Meer bei Mimizan-Plage
an der Côte d'Argent

kaum ein Zimmer zu bekommen.

Du Lac
Lac de Christus
40990 Saint-Paul-lès-Dax
Tel. 58 90 60 00, Fax 58 91 34 88
252 Zimmer
2. Kategorie
Eine große, moderne Ferienanlage am Etang, mit Unterhaltungsprogramm (Animation, Veranstaltungen), Sportangebot und Disko

Splendid
2, cours de Verdun
Tel. 58 56 70 70, Fax 58 74 96 31
172 Zimmer
Dez.–Feb. geschl.
2. Kategorie
Das ältere Kurhotel im Art-déco-Beton liegt zentral am Ufer der Adour. Hübscher Vorgarten mit Palmen und einem aus der Thermalquelle gespeisten Teich, Thermalbad im Haus.

Museum

Musée Municipal de Borda
27, rue Cazade
Tel. 58 74 12 91
Mo–Sa 14.30–18.30 Uhr
Eintritt 10 FF
Das Stadtmuseum ist in einem herrschaftlichen Stadtpalais aus dem frühen 17. Jh. untergebracht. In der archäologischen Abteilung des nach dem Mathematiker und Physiker Jean-Charles de Borda (1733–99) benannten Museums überwiegen prähistorische und antike Funde; die »Dame von Brassempouy«, ein 23 000 Jahre altes

Elfenbeinfigürchen aus einer prähistorischen Fundstätte bei Hagetmau, ist jedoch nur als Kopie vertreten – das Original wurde eines Platzes im Pariser Nationalmuseum für würdig befunden. Die volkskundliche Sammlung informiert zudem über die Geschichte des Stierkampfs und der *courses landaises*. Das Museum verwahrt auch die Schlüssel für die *Crypte Archéologique* auf der anderen Straßenseite, wo unter einem Haus unserer Zeit Fundamente der römischen Siedlung erhalten wurden.

Essen und Trinken

Spezialität der Region sind vor allem Geflügelgerichte. Schnepfe (*bécasse*) und Hähnchen (*poulet*) werden gegrillt, die Ente (*canard*) kommt gefüllt auf den Tisch. Im Herbst befällt die Region das »blaue Fieber«, dann werden die Ringeltauben mit feinmaschigen Netzen gefangen, um als *palombe en salmis* (Taubenragout) im Kochtopf zu landen. *Pastis landais* ist kein Schnaps, sondern ein Hefekuchen mit Rum und Vanille – ohne Anis. Ein bekannter Schnaps aus dem Osten des Departements ist der Armagnac. Reifeprozeß, Verschnitt und das schließliche Verdünnen auf 42 % Alkohol entsprechen der Behandlung des Cognacs. Als Aperitif wird der Floc, ein mit Traubensaft verschnittener Armagnac, gereicht.

Restaurant du Bois de Boulogne
Allée du Bois de Boulogne
Tel. 58 74 32 23
So abend, Mo, Okt. geschl.
2. Kategorie
Schönes Gartenlokal (schattig) nahe der Adour, Grillspezialitäten und regionale Küche

Taverne Karlsbräu
11, av. Clemenceau
Tel. 58 74 19 60
Mo geschl.
2./3. Kategorie
Mal was anderes: elsässische Küche mit deftigen Fleichgerichten, Sauerkraut und bunten Salaten

Allgemeine Informationen

Auskunft
Office de Tourisme
Pl. Thiers
40100 Dax
Tel. 00 33/58 90 20 00,
Fax 58 74 85 69

Bahn
SNCF Tel. 58 74 50 50
Schnellzughalt auf den Strecken Bordeaux–Bayonne und Bordeaux–Pau

Orte in der Umgebung

Eugénie-les-Bains   D9
Einer dieser verblichenen Kurorte der Belle Epoque, den man heute getrost übersehen könnte – hätte sich nicht Meister Guérard hier niedergelassen. Er regiert das Kurhotel, die inmitten eines Parks versteckte frü-

here Villa der Kaiserin Eugénie, und hat in ihr eines der nobelsten Lokale des Landes eingerichtet.

Essen und Trinken

La Ferme aux Grives

Eugénie-les-Bains
Tel. 58 51 19 08
Dez.-Jan., außerhalb der Saison auch Mo abend, Di geschl.
2. Kategorie
Hier darf die weniger betuchte Kundschaft die Kochkunst Michel Guérards genießen.

Pain, Adour et Fantaisie

7, pl. des Tilleuls
40270 Grenade-sur-l'Adour
Tel. 58 45 18 80, Fax 58 45 16 57
außer im Juli/Aug. So abend, Mo geschl.
Luxuskategorie
Der alphabetischen Reihenfolge wegen muß der zweite vor dem ersten, der Schüler vor dem Meister genannt werden. Didier Oudill serviert in einem Flußhäuschen des 17. Jh. raffinierte Kompositionen, die denen seines Lehrmeisters nicht nachstehen, aber im Schnitt nur die Hälfte kosten. Er verzichtet auf Hummer und Kaviar und konzentriert sich auf regionale Produkte. Bei schönem Wetter kann auch auf der Terrasse über dem Fluß getafelt werden. 28 gut ausgestattete Zimmer bieten Möglichkeit zur Übernachtung.

Les-Prés-d'Eugénie

40320 Eugénie-les-Bains
Tel. 58 05 06 07, Fax 58 51 13 59
Dez.–Feb. geschl.
Luxuskategorie

Die Nouvelle Cuisine ist tot, es lebe statt dessen die Cuisine Minceure, die »schlanke Küche«. Kurgäste und Abspecker finden zwei Feinschmeckermenüs mit garantiert nicht mehr als 500 Kalorien. Wer sich um die Speckfalten nicht schert, greift zu Landaiser Spezialitäten wie Tauben mit Blätterteig von Kartoffelmehl oder zum Schmortopf mit Entenkeule, Schweinshaxe und Kuttelwürstchen, den Salat veredelt das beigefügte Fleisch vom Hummer. Schlank wird hier auf jeden Fall die Brieftasche – die Krankenkasse steuert nichts bei. Versteht sich, daß auch die 28 Hotelzimmer des Hauses vom Feinsten sind.

Mont-de-Marsan D8

Am Zusammenfluß von Midou und Douze liegt die Hauptstadt (30 000 Einwohner) der Landes. Über dem Fluß thront der Donjon Lacataye, und in der Rue des Arceaux sind die gegenüberliegenden Häuser im ersten Stock durch Passagen über die Straße hinweg miteinander verbunden. Außerhalb der Zeit des sommerlichen Flamencofestivals hat die Stadt nur eine einzige Sehenswürdigkeit: ein Museum mit Werken der beiden aus Mont-de-Marsan stammenden Bildhauer Charles Despiau (1874–1946) und Robert Wlérick (1882–1944). Ihrer Kunst hat die Stadt mit der Rue Gambetta einen ganzen Straßenzug gewidmet, auf dem auch die

»Geburt der Formen« von Ossip Zadkine (1890–1967) einen Platz gefunden hat.

Bei den vielen Flüßchen und Kanälen findet jedes Anglerherz sein Glück

Hotel
La Renaissance
Route Villeneuve
Tel. 58 51 51 51, Fax 58 75 29 07
28 Zimmer
2. Kategorie

2 km außerhalb, Neubau mit Dichterbüsten, die Zimmer alle nach verschiedenen Literaten benannt, und aus verborgenen Winkeln erklingt klassische Musik. Mit Garten und Schwimmbad.

Museum und Galerie
Musée Despiau-Wlérick
Donjon Lacataye
Pl. Pujolin
Tel. 58 75 00 45
Mo, Mi–Sa 9.30–12, 14–18,
So 14–18 Uhr

Das Museum ist spezialisiert auf Skulpturen der Zwischenkriegszeit. Außer den Werken der Lokalmatadoren Despiau und Wlérick wird ein Querschnitt durch diese Kunst gezeigt. Von Ossip Zadkine, der auch auf der Rue Gambetta vertreten ist, sitzt am Treppenaufgang die »Sitzende Melancholie«. Von Nouailliac stammt das 1937 geschaffene Blechkunstwerk »Die Natur und die Gesetze der Mechanik«. Die Objekte sind gut präsentiert.

Am Abend
Le 10 Bis
10 bis, rue Montluc
So geschl.

Die Pinhada Es fällt schwer, sich das frühere Aussehen der Landschaft vorzustellen. Wo heute gleich hinter dem Sandstrand ein ausgedehnter Pinienwald (Pinhada) Schatten spendet und fast das gesamte
Departement Landes bedeckt, war vor den Aufforstungen eine
karge, hin und wieder von Sümpfen unterbrochene Einöde. Nur wenige Familien fanden hier als Schafzüchter ein Auskommen. Reisende zeigten sich vor allem über die seltsame Art der Fortbewegung
verwundert, die von den Einheimischen in den Landes gepflegt
wurde: Um ihren Herden über Stock und Stein und auch durch den
Morast folgen zu können, gingen die Hirten auf Stelzen.
Die Kolonisation der Landes begann 1788. Der findige Ingenieur
Brémontier ließ etwa 70 Meter vom Ufer eine hölzerne Palisaden-
wand errichten, an der sich der Treibsand auftürmte. Die Bohlen wurden Stück um Stück höher gesetzt, bis die künstliche Düne etwa
10 Meter hoch gewachsen war; dann wurde sie mit Sandrohrsämlin-
gen bepflanzt und sollte so »ruhiggestellt« werden. Der jetzt im
Windschatten gelegene, rückwärtige Dünensaum wurde mit Strand-
kiefern aufgeforstet, die nach einigen Jahren ihrerseits den Wind ab-

Kneipe mit wohl 100 verschiedenen Biersorten, junges Publikum, abends gelegentlich Live-
Musik.

Allgemeine Informationen
Auskunft:
Office de Tourisme
2, pl. Gén. Leclerc
40000 Mont-de-Marsan
Tel. 00 33/58 75 22 23
Bahn und Bus:
Bahnverbindung nach Tarbes
und Bordeaux, Busse nach Dax
Auskunft: Tel. 58 75 11 28

C7/ **Parc Naturel Régional des**
D8 **Landes de Gascogne**
Der 2100 qkm große Nationalpark reicht vom Bassin d'Arcachon entlang den Flüßchen Eyre
und Leyre bis hinunter nach Sabres. Bester Weg zur Erkundung
der urwüchsigen Waldland-
schaft ist eine Kanufahrt. Keine
Angst: Die Eyre und ihr größter
Zufluß, die Leyre, sind keine
Wildwasser, sondern gemütlich,
mit minimalem Gefälle unter
den tiefhängenden Ästen, dahin-
plätschernde Flüßchen. Vom
südlichsten Einstiegspunkt bei
Trensacq sind es 90 km ins Bassin d'Arcachon. Im Abstand
von nicht mehr als 20 km gibt es
längs der Flüsse Etappen, zu denen man sich samt Boot von den
Verleihern transportieren lassen
und die Kahnfahrt beginnen
kann, oder, schon unterwegs,
auf einem einfachen Campingplatz bzw. in einer Hütte übernachten kann. Und vergessen
Sie nicht: Dieses Waldgebiet ist
feuergefährdet, d.h. keine Zigaretten, kein offenes Feuer.

hielten, so daß landeinwärts ein weiterer Kiefernstreifen angelegt werden konnte und so fort. Und da die durstige Pinhada ihrerseits Wasser brauchte und die Sümpfe auf solcherart natürliche Weise trockenlegte, konnte 1867 Napoleon III. das Jahrhundertwerk für abgeschlossen erklären.

Der Wald der Landes ist nicht sich selbst überlassen, sondern eine riesige Plantage. Die militärisch in Reih und Glied dicht gesetzten Bäume werden alle 50 Jahre »geerntet«, so daß die Landschaft abschnittsweise immer wieder ihr Gesicht verändert: von der frisch kahlgeschlagenen Lichtung über den Jungwald hin zu den ausgereiften Stämmen. Zum Ärger der Holzindustriellen und zur Sorge der Forstleute zeigt die forstwirtschaftliche Monokultur inzwischen auch ihre im übertragenen Sinne Schattenseiten: Pilze und Raupen setzen den Bäumen zu – 1989 fraßen die Vielfüßler in einem einzigen Spätsommer ein Zehntel des Waldes kahl. Man weiß sich bisher nicht besser als mit großflächigen Gifteinsätzen zu behelfen, bei denen der von Flugzeugen ausgebrachte Raupentod sich als weißes Pulver denn auch mal auf den Zelten oder gar im Kochtopf der Camper niederschlägt.

Hotel
Auberge des Pins
Route de la Piscine
40630 Sabres
Tel. 58 07 50 47, Fax 58 07 56 74
26 Zimmer
2. Kategorie
Jan. geschl., Restaurant So abend (in der Vorsaison), Mo geschl.
Ein ruhiges Fachwerkhaus gleich am Wald, das Rauschen der Pinien säuselt die Gäste in den Schlaf

Museen
Ecomusée du Marquèze Ⓜ
Tel. 58 07 52 70
Das Museum ist nur mit dem Zug ab Sabres zu erreichen. Abfahrten etwa alle 40 Min.
Mitte März–Okt. Sa 14 bis 17.20 Uhr, So auch 10.30 bis 12.30 Uhr, Juni–Mitte Sept. tgl. 10.30–17.20 Uhr
Eintritt mit Zugfahrt 40 FF

Der gute Tip Ⓜ:
Ecomusée du Marquèze
Die Dampfbahn bringt den Besucher in die vergangene Welt eines Gutshofes der Landes.

Restaurierte Dampfzüge der einst für den Holztransport wichtigen Waldbahn bringen den Besucher von Sabres aus ins Museumsdorf Marquèze. Hier findet der Fremde sich unvermutet ins letzte Jahrhundert zurückversetzt. Auf einer großen Lichtung wurde im Schatten von Eichen und Kastanien ein altes Dorf rekonstruiert – präziser: Alte, sonst dem Abriß geweihte

Häuser, Ställe und Scheunen aus dem gesamten Departement wurden Stein für Stein und Balken für Balken abgebaut und fanden hier eine neue Bleibe. Dazu sind eine Mühle, ein kurzer Waldlehrpfad und kleinere Ausstellungen über Brauchtum, Bienenzucht und Harzgewinnung zu sehen. Das Ecomusée ist außerdem auch Forschungsstätte, die versucht, die Landwirtschaft des 19. Jh. zu rekonstruieren. Getreideanbau, Vieh- und Bienenzucht sowie Harzgewinnung werden auf althergebrachte Weise betrieben.

Die fachkundige Führung dauert zwei Stunden, doch kann das Museumsdorf auch individuell besichtigt werden.

L'Espace Pin des Landes
Atelier des Produits Résineux
Luxey
Tel. 58 08 01 39
Öffnungszeiten und Eintritt wie Marquèze, beide Museen 50 FF

In dieser Werkstatt verarbeiteten bis 1954 drei Arbeiter das in der Umgebung gesammelte Harz. Die Museumswerkstatt zeigt, was man aus Fichten, Kiefern und Harz herstellen kann.

Musée Napoléon III
Solférino (13 km westlich Sabres)
Tel. 58 07 21 08
15. Juni–15. Sept.: tgl. 10–12, 15–18 Uhr

Solférino wurde 1863 bei der Urbanisierung des Landes von Napoleon III. als Musterdorf angelegt: zehn Höfe, 28 Häuschen für Pächter und zehn für Handwerker, eine Schule und eine Kirche. Wer zehn Jahre lang fleißig gearbeitet hatte, bekam sein Stück Land als Eigentum. Inzwischen gibt es Elektrizität in Solférino. Mit der Landwirtschaft ist es nicht mehr so weit her. Ansonsten ist es wie damals.

Das Museum im einstigen Verwalterhaus zeigt neben Möbeln und Kunstgegenständen aus dem Besitz des Kaisers eine Dokumentation der Kolonisierung der Landes.

Allgemeine Informationen
Auskunft:
Maison du Parc
Place de l'Eglise
33830 Belin-Beliet
Tel. 56 88 06 06
Syndicat d'Initiative
Mairie
40630 Sabres
Tel. 00 33 / 58 07 56 39
Bus:
Busse vom Bahnhof Laouheyre
Kanu und Kajak:
Base nautique mit gîte d'étape
Saugnace-et-Muret
Tel. 58 07 73 01
Ostern–Sept.
Bootsverleih, Herberge
Centre de Graoux
Belin-Beliet
Tel. 56 88 04 62
Ostern–Sept.
Bootsverleih, Camping, Herberge
Base de la Touloye
Trensaq (bei Sabres)
Tel. 58 07 04 41
nur Juli / Aug.
Bootsverleih, Camping

Unterwegs in der Loire-Atlantique

In diesem Departement um die Stadt Nantes an der Mündung der Loire überschneiden sich drei historische Landschaften. Noch ganz im Zeichen der Bretagne steht die Halbinsel Guérande mit den Fischerhäfen der Côte d'Amour, der »Liebesküste«, dem Seebad La Baule und der stillen Sumpflandschaft des Naturparkes Grande Brière. Die Loire flußauf machen sich die Einflüsse des Angevin bemerkbar, dessen Schlösser von Nantes aus in bequemen Tagesausflügen zu besuchen sind. Die Côte de Jade, die »Jadeküste« südlich der Loiremündung, und ihr Hinterland Pays de Retz leiten in die Vendée und das Poitou über. Und dann ist da Nantes selbst, die frühere Hauptstadt der Bretagne, die doch ganz und gar unbretonisch ist und ein eigenes, unverwechselbares Gesicht hat, das sich jeder Typisierung verweigert.

C2 Nantes

Mit 250 000 Einwohnern »siebtgrößte Stadt Frankreichs«, so der Fremdenverkehrsprospekt, das signalisiert Großstadtflair. Doch liegt der Reiz eher im Kleinen und historisch Gewachsenen. Vor allem besticht Nantes durch sein schönes Stadtbild mit dem architektonischen Erbe der letzten bretonischen Herzöge und der Sklavenhändler. Nicht zu vergessen die zahlreichen Museen. In erster Hinsicht ist Nantes eine Handels- und Industriestadt, die Muse hat sich zu behaupten. Die Stadt mußte ihre führende Rolle als Frankreichs Tor zum Atlantik an St-Nazaire abtreten. Die 50 km, die die gemächlich durch Nantes strömende Loire noch bis zum Atlantik überwinden muß, sind für die Stadt ein entscheidendes Handicap. Die modernen, immer größeren Schiffe kommen den seichten Fluß nicht mehr hinauf, und so sind die Kais und Werften von Nantes verwaist. Industrien wie Lebensmittelverarbeitung und Möbelherstellung stehen für Mittelmaß, und der Schiffsbaubetrieb ECAN, der sich auf die Ausrüstung atomgetriebener Unterseeboote spezialisiert hat, verzichtet lieber auf Publicity.

Hotels

Wo das große Geld fehlt, ist auch die wirkliche große Hotellerie rar, und in der oberen Mittelklasse dominieren die internationalen Ketten wie Holiday Inn, Ibis und Novotel. Dafür sind die Übernachtungspreise für französische Verhältnisse günstig.

Domaine d'Orvault
Chemin des Marais-du-Cens
44700 Orvault
Tel. 40 76 84 02, Fax 40 76 04 21

»Ebenholz« und Zuckerrohr: Paradoxerweise ermöglichte der absolutistische Zentralstaat die Entwicklung des an der Peripherie gelegenen Loirestädtchens zur reichen Handelsstadt, in der die Bürger schon lange vor der großen Revolution das Sagen hatten. Schon im 15. Jahrhundert machten spanische Händler auf ihren Reisen nach Flandern in Nantes Station. Wein, Salz, Wolle, Eisen, Alaun und die Stoffe aus den flandrischen Webereien wurden im Hafen umgeschlagen. Nach einer Periode des Niedergangs lebte der Hafen infolge der Kolonialpolitik Ludwig XIV. und seines Ratgebers Colbert wieder auf, wobei diesmal nicht die Ausländer, sondern die Nantaiser selbst das Geschäft in die Hand nahmen. 1704 gehörte von den größeren französischen Handelsschiffen jedes vierte einem Reeder aus Nantes, das bis zur Mitte des Jahrhunderts – dann lief ihm Bordeaux den Rang ab – die wichtigste Hafenstadt des Landes war. Mit billigen Manufakturerzeugnissen, Waffen und Schnaps stachen die Nantaiser Segler gen Guinea oder Angola in See, tauschten dort die Ware gegen

30 Zimmer
1. Kategorie
Respektabler Herrensitz in ruhiger Lage mit schönem Garten, Tennisplatz und anderen Sportmöglichkeiten. Die Spezialität des erstklassigen Restaurants sind Langusten an Chutney. Das Haus steht 7 km außerhalb von Nantes.
Duchesse Anne
3–4, rue de la Duchesse Anne
Tel. 40 74 30 29, Fax 40 74 60 20
75 Zimmer
2. Kategorie
Geräumige Zimmer in einem herrschaftlichen Altbau der Jahrhundertwende, auf der bei geöffnetem Fenster lauten Straßenseite mit Blick auf das Schloß; einige Zimmer renoviert und etwas teurer. Dadurch sind sie jedoch nicht unbedingt charmanter geworden. Mit Restaurant.

d'Orléans
12, rue du Marais
Tel. 40 47 69 32
3. Kategorie
Einfaches Stadthotel mit jungem Publikum

Sehenswertes

Château des Ducs de Bretagne
Tel. 40 47 18 15,
Tram 1 und Bus 24, 26, 28, 29
»Duchesse Anne«
Tel. 40 47 30 59
Führungen
Juli / Aug. Mi–Mo 10–19 Uhr,
Sept.–Juni Mi–Mo 10–12,
14–18 Uhr
Führungen: Mi–So 10.30,
14.30, 16 Uhr; um Ostern und
Juli / Aug. tgl.
Eintritt 15 FF (mit Schloßmuseen), mit Führung 20 FF
Die letzte Residenz der bretonischen Herzöge ist ein gutes Bei-

Sklaven, brachten diese auf die Antilleninsel Guadeloupe und nahmen auf dem Rückweg der wenigstens ein halbes Jahr dauernden Reise Zuckerrohr, Kaffee und den Farbstoff Indigo mit. Bis um 1750 wurden mit diesem »Dreieckshandel« ungeheure Summen verdient; erst das Geschäft mit den Sklaven ermöglichte die vielen klassizistischen Bauten, die das Gesicht von Nantes bis heute prägen. Die Revolutionäre (»Freiheit, Gleichheit, Brüderlichkeit«) verboten den Menschenhandel; doch noch 1848 mußte sich ein Nantaiser Kapitän wegen eines Sklaventransportes vor Gericht verantworten.

Allmählich verlor der Überseehandel an Bedeutung für die Loirestadt. Für die immer größeren Schiffe war die Loire zu seicht, sowieso gehörten die Weltmeere den Briten. Statt tropischem Zuckerrohr verarbeiteten die Nantaiser Raffinerien nun heimische Rüben, und 1832 wurde, mehr als nur symbolisch, erstmals ein Fabrikant statt eines Reeders Bürgermeister. Die Schiffahrt verlor langsam ihre Bedeutung für Nantes.

spiel für den Übergang von der mittelalterlichen Festung zum neuzeitlichen Lustschloß. Äußerlich wirkt die 1466 unter Herzog Franz II. begonnene, einst von einem Seitenarm der Loire umflossene Anlage wie eine trutzige und finstere Burg – durchschreitet man die Torbastion, zeigt sie sich als ein leichtes, heiteres Renaissanceensemble. Ausgrabungen im Hof haben an den Tag gebracht, daß der Schloßhügel schon im Mittelalter befestigt war, einzelne Mauerreste wurden sogar als Teil der römischen Stadtbefestigung identifiziert. Nur zweimal war die Burg Bühne der großen Politik: 1499 heiratete in der Schloßkapelle die bretonische Thronerbin Anne den Franzosenkönig Ludwig XII., und am 13. April 1598 unterzeichnete der kriegsmüde Heinrich IV. im Schloß das Edikt von Nantes, das die Hugenottenkriege beenden sollte und den Reformierten in gewissen Grenzen die freie Religionsausübung versprach. Heute sind im Schloß das Volkskundliche Museum und eine Sammlung zur Stadtgeschichte untergebracht. Die übrigen Räume können nur bei den geführten Rundgängen besichtigt werden.

Ile Feydeau

Der Name dieses einst vornehmsten Viertels der Stadt erinnert daran, daß hier früher eine Insel war. Aus der Vogelperspektive mag es sogar ausgeschaut haben wie ein großer, schnittiger Dampfer. In den 30er Jahren, als das Automobil wichtiger geworden war als das Schiff, schütteten die Stadtväter die alten Flußarme zu und legten statt dessen Straßen an. Vom »Venedig des Westens«, wie sich Nantes gern nannte, sind nur vergilbte Fotos geblieben.

Jardin des Plantes
Tram 1 »Gare«

Der 1807 mit kleinen Seen auf dem Besitz eines säkularisierten Klosters angelegte Landschaftsgarten mit seinen Skulpturen ist Anfang April, wenn seine Magnolien in voller Blüte stehen, ein besonderer Genuß.

Der gute Tip 🅜:
Kathedrale St-Pierre et St-Paul
In einem Zuge schwingen sich die hellen, filigranen Kalksteinpfeiler empor – ein Meisterwerk der Spätgotik.

Kathedrale St-Pierre et St-Paul 🅜
Pl. St-Pierre
Tgl. 9–12, 14–19 Uhr

Den Grundstein zum völligen Umbau der älteren romanischen Kathedrale, von der noch die Krypta erhalten ist, hatte 1434 Herzog Jean V. gelegt. Die erst 1893 abgeschlossenen Bauarbeiten lassen sich deutlich in drei Phasen teilen: begonnen wurde mit den Längsschiffen, der nie vollendeten Eingangsfassade und den Türmen. Um die Wende zum 17. Jh. entstanden das südliche Seitenschiff und die Orgelempore mit »italienischem« Treppenhaus; im 19. Jh. rissen die Dombaumeister schließlich die romanische Vierung samt dem auf alten Stichen noch zu sehenden Türmchen ein und fügten das südliche Querschiff und den Chor an. Als Meisterwerk der Renaissance gilt das von Michel Colombe geschaffene Grab Herzog Franz II. und seiner Gattin Margarete de Foix, das sich im rechten Querschiff befindet.

Maison des Apothicaires
Pl. du Change

Im Mittelalter hatten hier, im Schnittpunkt der Handelsrouten von Rennes, Angers und Vannes, die Geldwechsler ihre Geschäfte. Mehr als der Name ist aus dieser Epoche nicht geblieben; selbst die Maison des Apothicaires (16. Jh.), eines der wenigen Fachwerkhäuser von Nantes, hat diese Zeit nicht mehr erlebt. Nach 1680 ließen die Stadtväter nur noch Stein als Baumaterial zu, denn Holz brannte schnell und wurde außerdem für den aufblühenden Schiffbau benötigt.

Maison Radieuse
Rezé
Bus 31

Hinter der Kirche von Rezé steht ein 1952 von Le Corbusier entworfenes Hochhaus – seinerzeit als Avantgarde gefeiert, gilt die gigantische Wohnmaschine mit mehreren hundert Wohnungen heute manchem Betrachter als ein Irrweg der Architektur. Von der Dachterrasse (mit Kindergarte) schöner Blick. Wer eine Wohnung besichtigen will, muß sich vorher mit der Stadtverwaltung absprechen.

Mairie (Stadtverwaltung):
Tel. 40 75 04 24

Parc du Grand Blottereau
Bd. Peneau
Tram 1 »Mairie de Doulon«,
Bus 22 »Blottereau«
Mi, So 9–12, 14–17 Uhr,
Sa 14–17 Uhr

Ein kleiner Schloßpark mit altertümlichen Gewächshäusern, in denen eine Sammlung tropischer Nutzpflanzen gezeigt wird.

Place Maréchal Foch
Das Ensemble um die Place Maréchal Foch und die Prunkallee zwischen Erdre und Burg wurden seit 1766 als östliche Stadterweiterung nach einem Plan des Architekten Ceineray angelegt. Zuvor hatte man hier an der Porte St-Pierre, die später in den Bischofspalast einbezogen wurde, die Stadt in Richtung Paris verlassen. Das 1790 entworfene Denkmal inmitten des Platzes sollte Ludwig XVI. und die konstitutionelle Monarchie feiern.

Quartier Graslin
Heute würde man Josef-Louis Graslin einen Investor oder gar Bauhai nennen. Er erwarb Ende des 18. Jh. das Gelände des Viertels, ließ es überdachen und verkaufte die erschlossenen Parzellen schließlich mit hohem Gewinn. Hauptachse dieser klassizistischen Stadterweiterung ist die Rue Crébillion, die heute vornehmste Einkaufsstraße von Nantes, Eckpunkte sind die

Börse, das Theater (an der Place Grasli) und die Kirche St-Nicolas. Graslins Architekt, der von der klaren und strengen Formensprache der Antike begeisterte Stadtbaumeister Crucy, hätte gerne nicht nur der Place Graslin und der Place Royale, sondern auch der verbindenden Rue Crébillion völlig einheitliche Fassaden verpaßt, konnte sich damit aber nicht durchsetzen. Eine Vorstellung von seinen Idealen vermittelt dagegen die pilastergeschmückte Fassade des Cours de Cambronne (1791 bis ca. 1830). Die neo-gotische St-Nicolas-Kirche (1840) steht für die romantische Wende im Zeitgeschmack. Sie war als Gegenentwurf zur, wie es hieß, »heidnischen« Klassik gedacht, die in der etwa gleichzeitig entstandenen Kirche St-Louis (Place Sanitat) eine letzte eklektizistische Blüte trieb.

Museen und Galerien

Mit dem an den Kassen für 30 FF erhältlichen Museumspaß können die Museen im Schloß, die Naturkundliche Sammlung, das Museum der Schönen Künste und das Museum Jules Verne besucht werden.

Musée d'Art Populaire Régional
Im Schloß
Tel. 40 41 56 56
Tram 1 und Bus 24, 26, 28, 29
»Duchesse Anne«
Juli/Aug. Mi–Mo 10–19 Uhr,
Sept.–Juni Mi–Mo 10–12,
14–18 Uhr

Eintritt 15 FF (mit Musée Salorges)

Ein Volkskundemuseum mit Bauernstuben aus der Vendée und der Bretagne, dem Werkzeug eines Holzschuhmachers, alten Möbeln und Trachten, gußeisernen Ofenplatten und anderen Zeugnissen aus der Alltagswelt vergangener Zeiten.

Musée des Beaux-Arts
10, rue Georges Clemenceau
Tel. 40 41 65 65
Bus 11, 12, 21, 23 »Trébuchet«
Mi–Sa, Mo 10–12, 13–18,
So 11–17 Uhr
Eintritt 5 FF, Sonntag frei

Europäische Malerei seit der Renaissance mit einigen Glanzlichtern wie z. B. Werken von Rubens, Delacroix, Ingres, Monet, Picasso, Max Ernst und einem ganzen Saal Kandinsky. Auch zeitgenössische Kunst kommt nicht zu kurz. Der Schwerpunkt liegt auf moderner Grafik.

Der gute Tip **M**:
Musée d'Histoire Naturelle
Das alte Museum verrät viel über das Naturverständnis des 19. Jahrhunderts.

Musée d'Histoire Naturelle M
12, rue Voltaire
Tel. 40 73 30 03
Bus 11 »Jean V«, Bus 21 bis 24 »Delorme«
Mo–Sa 10–12, 14–18 Uhr
Eintritt 10 FF

Die Forscher des 19. Jh. bemächtigten sich der Natur, indem sie sammelten, klassifizierten, gruppierten, benannten und ihre Trophäen schließlich präsentierten: ungezählte Skelette, Tausende präparierte Vögel, ausgestopfte Säuger (Elefant und Giraffe aus Platzgründen als Jungtiere), Fische, eine ägyptische Mumie, eine gegerbte Menschenhaut, doppelköpfige Katzen, achtfüßige Lämmer und ein zweibeiniges Kalb.

Musée de l'Imprimerie
24, quai de la Fosse
Tel. 40 73 26 55
Tram 1 »Mediathèque«
Di–Sa 14–18 Uhr, Führungen beginnen um 14.30 Uhr;
Mi, Sa auch 10–12 Uhr
Eintritt 15 FF

Ob hölzerner Druckstock oder die Bleisatzmaschine »Mergenthaler«, alle Exponate aus der Technikgeschichte des Drucks sind voll funktionsfähig, wie bei den Führungen demonstriert wird. Für Schreiber, Setzer, Drucker und andere Medienschaffende ein Muß – desgleichen für Leser, die neugierig darauf sind, wie vor dem Computerzeitalter Bücher und Zeitungen hergestellt wurden.

Musée de la Poste
10, bd. Auguste Pageot
Tel. 40 29 93 07
Bus 52, 56, 62 »Equipement«
Mo–Fr 10–12, 14–18 Uhr
Eintritt 10 FF

Im Gebäude der regionalen Postdirektion wird die Geschichte der Post und Telekommunikation seit dem 19. Jh. dargestellt.

Musée Salorges
Im Schloß
Tel. 40 41 56 56

Blick in das gotische Innere von
St-Pierre et St-Paul in Nantes

Tram 1 und Bus 24, 26, 28, 29
»Duchesse Anne«
Juli/Aug. Mi–Mo 10–19 Uhr,
Sept.–Juni Mi–Mo 10–12,
14–18 Uhr
Eintritt 15 FF (mit Musée d'Art
Populaire Régional)
Sammlung zur Wirtschafts- und
Sozialgeschichte der Stadt seit
dem 18. Jh., schwerpunktmäßig
Schiffe und Seefahrt. Im Erdge-
schoß wechselnde Ausstellung
zur Stadtgeschichte.

**Palais Thomas Dobrée mit
Musée Archéologique**
Rue Voltaire (Eingang)
Tel. 40 69 76 08
Bus 11 »Jean V«
Mi–Mo 10–12, 14–18 Uhr
Eintritt 10 FF
Vor allem romanische und gotische Skulpturen und Holzschnit-
zereien, Kupferstiche und Bilder
alter Meister trug der steinrei-
che Reeder Thomas Dobrée in
seinem exzentrischen Palast zusammen. Höhepunkte sind ein
zierlicher Wasserspender aus
Bronze und ein goldenes Reli-
quiar mit dem Herzen der Prin-
zessin Anne. Uns gefielen vor allem die fein gezeichneten Bilder,
die der auch im Teehandel enga-
gierte Dobrée von einer China-
reise mitbrachte. Im Seitenge-
bäude, dem *Manoir de la Tou-
che*, illustrieren Briefe, alte Waffen und Stiche die Erhebung in
der Vendée gegen die Französische Revolution sowie den von
der Herzogin von Berry geführten Widerstand gegen den Bürgerkönig Louis Philippe. Stilgerecht in einer unterirdischen
Passage sind außerdem archäo-

logische Funde von der Steinzeit bis zu den Merowingern ausgestellt.

Essen und Trinken

Die Stadt kann in kulinarischer Hinsicht ihre Wurzeln nicht verleugnen. Die bekannteste Spezialität sind Crêpes, hauchdünne Pfannkuchen, die mit Marmelade, Kompott, aber auch Eiern, Schinken, Käse gefüllt werden. Als *pavé nantais* kommen sie mit Fleisch und Gemüse gefüllt auf den Tisch.

Nur mit »salziger« Füllung werden die *galettes* serviert, eine dunkle Art Crêpe aus Buchweizenmehl. Süßmäuler kosten in Nantes den *far*, einen Puddingkuchen mit eingebackenen Pflaumen.

Der gute Tip 🅼:
Brasserie La Cigale
Das mit Spiegeln, Stuck und Blattgold überquellende Interieur von 1895 wurde seit anno dazumal kaum verändert.

Die Schafe von den Salzweiden der Küste werden wegen ihres besonders würzigen Fleisches geschätzt. Traditionell wird die Lammkeule auf bretonische Art mit weißen Bohnen serviert. Fischfreunde vergessen ihre Gelüste auf Meeresgetier und halten sich in Nantes besser an Süßwasserfische aus der Loire und ihren Zuflüssen: Spezialitäten sind Glasaal (*civelle*) und Hecht (*brochet*), letzterer in einer But-

tersauce (*beurre blanc*) mit Essig und Zwiebeln, die zuzubereiten Koch oder Köchin einiges Geschick abverlangt.

An typischen Getränken hat man die Wahl zwischen dem Apfelwein Cidre oder dem trockenen und fruchtigen Weißwein Muscadet, dessen Reben an den Hängen des Sèvre-Tales gezogen werden.

Restaurants aller Preisstufen reihen sich in Nantes entlang der Rue Kervégan. Auch die Rue des Petites Ecuries ist eine echte »Freßgasse« – hier dominieren allerdings die einfachen, volkstümlichen Lokale.

L'Arbre de Vie (»Der Lebensbaum«)
8, allée des Tanneurs
Tel. 40 08 06 10
3. Kategorie
Vegetarische Küche der makrobiotischen Richtung, Zutaten aus kontrolliertem Anbau

La Cigale (»Die Grille«) 🅼
4, pl. Graslin
Tel. 40 69 76 41
Tgl. ab 7 Uhr
2. / 3. Kategorie
Das Publikum wechselt mit der Tageszeit. Zu Mittag speisen die Geschäftsleute und Angestellten ihre Kalbskeule mit Gratin Dauphinois, dann kommen die Damen zum Tee, zum Diner verlustieren sich Touristen an gegrilltem Zander mit Karottenpüree, und noch später schauen Schauspieler und Theatergänger auf ein Bier oder ein Glas Wein herein. Die »Grille« hat für jeden etwas bereit.

Crêperie Jaune
1, rue des Echevins
So geschl.
3. Kategorie
Gemütliches Studentenlokal, Spezialität des Hauses ist *pavé nantais*, ein mit Gemüse und Fleisch gefüllter Crêpe.

L'Océanide
2, rue Paul Bellamy (Ecke Quai de Versailles)
Tel. 40 20 32 28
Mo mittag geschl.
2. Kategorie
Auch unter der neuen Leitung von Jean-Pierre Raballand ist das frühere Marignan Treffpunkt der Freunde von klassischen, teilweise originellen Fischgerichten und Zubereitungen von Meeresfrüchten.

Einkaufen

Gut und teuer kaufen Sie in der Rue Crébillon, zwischen den Places Graslin und Royale. Wer sich mit Laura Ashley, Stefanel, Bally, Burberry und ähnlichen Marken ausstatten will, ist hier richtig. Ansonsten findet man auch in den Kaufhäusern entlang der Rue de Calvaire eine reichhaltige Auswahl.

L'Atalante
Rue des Vieilles Douves
Bilder, Bücher, Poster und was es noch alles an Gedrucktem rund um den Kinofilm gibt

Cave du Château
1, rue Prémion (hinter dem Schloß)
Marc verkauft nicht einfach Wein. Vielmehr weiht er die Kunden in seine bacchantischen Geheimnisse ein und gibt schließlich, voller Zögern und fast widerwillig, einen kleinen Teil seiner aus ganz Frankreich zusammengesuchten Schätze an den Kunden ab.

Devineau
6, place Ste-Croix
Honig, Wachs, Kerzen, Pollen, Met und andere Bienenprodukte

Librairie Beaufreton
Passage Pommeraye
Di–Sa 9–12.30, 14–19 Uhr
Buchhandlung, gute Auswahl an Regionalliteratur

Märkte
Bis ins 16. Jh. läßt sich der Markt an der Place de Bouffay zurückverfolgen, Flohmarkt (*marché aux puces*) wird jeden Samstag an der Place Viarme, in der nördlichen Altstadt, abgehalten, ein großer Fischmarkt am gleichen Tag auf der Ile Gloriette.

Passage Pommeraye
In Stufen führt diese mit Glas überdachte Ladenpassage zur Börse hinunter. Kannelierte Säulen, Putten, schmiedeeiserne Gitter und ein knarrender Holzboden prägen die Atmosphäre des bereits 1843 errichteten Shoppingcenters, das damit wohl die älteste derartige Einkaufsmeile in Europa ist. Besonders interessant die folgenden Geschäfte:

Bellanger
Das Antiquariat ist besonders für Jules-Verne-Sammler eine Fundgrube.

Byblos
Ausgefallener Schmuck und Kunsthandwerk aus Zentralasien und China
Kayenta
Alles aus der Welt der Indianer

Am Abend

Mittelpunkt des Nachtlebens ist das Gebiet nördlich der Rue Crébillon, etwa die Rue Scribe mit ihren zahlreichen Bars und Cafés. An warmen Tagen trifft man sich auch in den Straßencafés an der Place du Commerce. Eine komplette Liste mit Diskotheken und Nachtbars gibt es bei der Touristeninformation; ebenso monatliche Kulturprogramme samt Eintrittskarten für die meisten Veranstaltungen (Billetterie Tel. 40476177).
Cinéma UGC
29, rue Racine
Tel. 40698888
Cinéma Gaumont
12, pl. du Commerce
Tel. 40482995
Filialen von zwei großen französischen Kinoketten; in sieben bzw. sechs Sälen werden überwiegend die aktuellen Kassenreißer gezeigt.
Opéra-Théâtre Graslin
1, rue Molière
Tel. 40419289
Das prächtige Haus an der Place Graslin wurde 1788 eröffnet, brannte innen aber schon acht Jahre später völlig aus. Zum Repertoire des Ensembles gehören Klassiker wie »Faust« und »Tosca«, auch die Operette

kommt nicht zu kurz. Etwa einmal im Monat veranstaltet das Tourismusbüro Führungen hinter die Bühne.
Théâtre de Poche Graslin
5, rue Lekain
Tel. 40473444
Ein Zimmertheater, auch Kabarettvorstellungen
Tie Break Club
1, rue des Petites Ecuries
Mo–Sa 22–3.30 Uhr
Jazz-Lokal mit Live-Auftritten

Kinder

Babysitting
Association des Etudiants en Médecine de Nantes (AEMN)
1, rue Gaston Veil
Tel. 40891333
Stunde je nach Tageszeit
25–35 FF
Ein Studentenschnelldienst mit erprobten Babysittern und -sitterinnen
Le Cinématographe
12 bis, rue des Carmélites
Tel. 40479480
Kinderkino
Musée de la Poupée et des Jouets Anciens
39, bd. St-Aignan
Tram 1 »Duchaffault«,
Bus 21
St-Aignan
15. Okt.–15. April Mi–So
14.30–17.30 Uhr,
16. April bis 15. Sept. Mi–Sa
14.30–17.30 Uhr
Eintritt 16 FF, Kinder 8 F
Als das Bürgertum die Kindheit entdeckte... Puppen und Kinderspielzeug zwischen 1830

Bühne großer historischer Ereignisse:
die Festung von Nantes, letzte Residenz
der bretonischen Herzöge

und 1930. Da geraten nicht nur Kinder ins Träumen. Das Museum ist leider nur zum Anschauen, nicht zum Spielen gedacht.

Musée Jules Verne
3, rue de l'Ermitage
Bus 21 »Garennes«
Mo, Mi–Sa 10–12, 14–17,
So 14–17 Uhr
Eintritt 5 FF, Sonntag frei

Hier feiert Nantes den wohl bekanntesten Sohn der Stadt. In einem alten Bürgerhaus mit schönem Blick über den Hafen lassen Zeichnungen, Entwurfsskizzen, Modelle, Fotos und vor allem Bücher und nochmals Bücher die Welt des Kapitäns Nemo und anderer Akteure aus dem Werk des Vaters der Science-fiction-Literatur lebendig werden. Das Museum eignet sich außer für ältere Kinder, die gern lesen oder Jules Verne aus den einschlägigen Filmen kennen, natürlich auch für Erwachsene.

Théâtre de Marionnettes
14, rue Colbert
Salle Francine Vasse
Tel. 40 73 25 92
Spielstätte auch in:
Rue de Mayence
Espace CIO, champ de mars
Tel. 40 69 55 66
Vorstellungsbeginn 15 Uhr

Ein etabliertes Marionettentheater mit je nach Spielzeit wechselnden Stücken für Kinder ab 6 Jahren. Das aktuelle Programm und die Spieltage erfahren Sie telefonisch, aus der Tagespresse oder von der Touristeninformation.

Allgemeine Informationen

Auskunft
Office de Tourisme
Pl. du Commerce
44000 Nantes
Tel. 00 33/40 47 04 51,
Fax 40 89 11 99
Mo–Fr 8–19, Sa 10–18 Uhr,
1. Juni bis 15. Sept. auch:
Place Marc Elder (am Eingang
zum Schloß)

Bahn
Bahnhof SNCF
27, bd Stalingrad
Auskunft: Tel. 40 08 50 50
Reservierung: Tel. 40 08 60 60
Vom Bahnhof mit dem TGV
etwa stündlich nach Paris
(Fahrzeit 2 Std.), herkömmliche
Schnellzüge nach Bordeaux
(4 Std.), Les Sables-d'Olonne
(1,5 Std.)

Busse und Tram
Für die Zukunft des innerstädtischen Personentransports setzen die Stadtväter von Nantes
auf ein Verkehrsmittel, das sie
vor noch nicht allzu langer Zeit
beinahe abgeschafft hätten: die
Straßenbahn. Als altbewährtes
Verkehrsmittel wird die beste-
hende Linie, die im Zentrum die
Hauptlast des Ost-West-Ver-
kehrs trägt, um einen Nord-Süd-
Schienenstrang ergänzt. Zentra-
ler Bahnhof der Stadtbusse ist
der Cours Franklin Roosevelt
vor der Place du Commerce. Die
Busfahrer verkaufen Einzelfahr-
karten, Kärtchen mit 10 Fahrten gibt es an den Automaten
oder bei den Verkaufskiosken
der städtischen Verkehrsbetriebe TAN.
Gare Routière
Allée Baco
Tel. 40 47 62 70
Bahnhof der Überlandbusse

Flüge
Der 10 km außerhalb liegende
Flughafen Bourgenais ist vom
Bahnhof (Nordeingang) und
der Place du Commerce etwa
stündlich mit Zubringerbussen
(»TAN-Air«) zu erreichen.
Air Inter
6, pl. Royale
Tel. 40 84 80 00
TAT
Aéroport Nantes Atlantique
Tel. 40 84 82 82

Medizinische Hilfe
SAMU (Notarzt)
Tel. 40 08 37 77
*Auskunft über dienstbereite
Ärzte und Apotheken:*
Tel. 40 37 21 21

Notruf
Tel. 17

Polizei
Hôtel de Police
Pl. Waldeck-Rousseau
Tel. 40 37 21 21

Post
P. T. T.
Pl. de Bretagne
Mo–Fr 9–19, Sa 10–18 Uhr

Taxi
Tel. 40 69 22 22, 40 63 66 66

Orte in der Umgebung

B2 **La Baule**

Eine Freizeitmaschine der Superlative, zu deren 15 000 ständigen Einwohnern sich im Sommer die zehnfache Menge an Feriengästen gesellt. Vor gut 150 Jahren fing alles an: Damals befestigten die durch Wanderdünen wiederholt aus ihren Häusern vertriebenen Dörfler von Escoublac den langen Sandstreifen mit Kiefern. Als 30 Jahre später die Eisenbahn nach Le Croisic gelegt wurde, erkannten Tourismuspioniere den Freizeitwert der jetzt mit einem stattlichen Wald begrünten Sandküste, die so lieblich schien, daß sie als Côte d'Amour (»Liebesküste«) bald in aller Munde war. Im Schlafwagen war das neue Seebad von Paris aus bequem über Nacht zu erreichen: seither kommen die Urlauber en masse.

Allgemeine Informationen
Auskunft:
Office de Tourisme
Pl. de la Victoire
44500 La Baule
Tel. 00 33 / 40 24 34 44,
Fax 40 11 08 10
Mo–Sa 9–12.30, 14.15 bis
18.30 Uhr
Juli / Aug. tgl. 9–19 Uhr
Bahnhof Escoublac
Reservierung: Tel. 40 08 60 60
Auskunft: Tel. 40 66 50 50
Bus- und Bahnverbindungen nach Le Croisic, Guérande, St-Nazaire. TGV nach Le Croisic und Paris (3 Std.) über Nantes

**Der gute Tip 🅼:
Clisson**
Eine verträumte Weinstadt mit ganz unerwartetem mediterranem Flair versteckt sich in einem Flußtal. Überragt wird sie von einer romantischen Burgruine. Die tragische Geschichte dazu fehlt nicht. Auf jeden Fall einen Tagesausflug wert.

Clisson 🅼   C3

Das Städtchen liegt am Zusammenfluß von Sèvre und Moine. Die für diese Region so fremdartige rote Dachlandschaft und die backsteingefaßten Fensteröffnungen verraten, daß Clisson nach der totalen Verwüstung während des Vendée-Aufstandes von italienbegeisterten Architekten und Künstlern neu angelegt wurde. Vormittags eine Paddeltour auf der Sèvre, anschließend ein Essen (vielleicht: Lachs in Salzkruste mit Weinsauce) im Gourmet-Tempel von Maître Poiron, nachmittags Geistesübungen im Musée Abelards, dann ein Spaziergang durch den »italienischen Park« Lemot und am Abend schließlich das Historienspiel auf der Burg Clisson: ein ausgefüllter Urlaubstag.

Sehenswertes
Château Clisson
Die Burg, an der seit dem 13. Jh. immer wieder gebaut wurde, spielte in der Geschichte nie eine größere Rolle. Während des Vendée-Krieges wurde sie bis

auf die Ruine zerstört. An diese grausige Begebenheit wird im Sommer mit einem Historienspiel erinnert.

Tel. 40 54 02 33
Mi–Mo 9.30–12, 14–18 Uhr
Eintritt 13 FF
Juni–Aug. Fr/Sa Historienspiel
Domaine Garenne Lemot
Tel. 40 03 96 79
Di–So 10–13, 14–18 Uhr
(Ausstellung »Clisson ou le Retour d'Italie«)
Wechselausstellungen Mi–So
14–18 Uhr

Die Villa im italienischen Stil mit ihrem schönen Park liegt auf dem anderen Flußufer schräg gegenüber der Burg. Neben einer Dauerausstellung zur Architektur und dem italienischen Erbe der Stadt wird zeitweise auch moderne Kunst aus der Region präsentiert.

Essen und Trinken
La Bonne Auberge
1, rue Olivier de Clisson
Tel. 40 54 01 90
So abend, Mo und im Aug.
geschl.
1./2. Kategorie
Ein Haus von ausgezeichnetem Ruf, ein Michelin-Stern

Allgemeine Informationen
Auskunft:
Office de Tourisme
Place d'Eglise Trinité
44190 Clisson
Tel. 00 33/40 54 02 95
Bus und Bahn:
Von Nantes mit Bus 4 oder dem Regionalzug

Le Croisic B2

Ob wie einst um Piraterie und Strandraub oder wie jetzt um den Fischfang, auf jeden Fall dreht sich das Leben der 5000 Croisicais ums Meer. Die Welt, an deren Ende sich die windgebeutelt fröstelnde Landratte in Le Croisic fühlt, fängt hier für Freizeit- und Berufskapitäne erst richtig an. Selbst in der spätgotischen Kirche Notre-Dame-de-Pitié steht das Thema Schiff im Mittelpunkt: Zwei Modelle hängen über dem Altar, und der Baukörper selbst besteht, ganz ungewöhnlich, aus vier statt drei Längsschiffen. Hauptereignis von Le Croisic sind die Versteigerungen der frisch gefangenen Meerestiere. Allerdings ist das nur etwas für Frühaufsteher.

Hotel
L'Estacade
4, quai Lénigo (am Hafen)
Tel. 40 23 03 77, Fax 40 23 24 32
13 Zimmer
2. Kategorie
Das gemütliche Familienhotel liegt zentral am Hafen gegenüber der neuen Fischhalle.

Essen und Trinken
La Bouillabaisse
12, quai de la Petite Chambre
Tel. 40 23 06 74
Mo geschl.
2. Kategorie
Gute Meeresküche, für Fleischesser auch einige Grillgerichte. Probieren Sie die bretonische Fischsuppe mit geriebenem Käse.

Ein besonderes Vergnügen für
den Naturfreund ist es, mit den *blins*
durch die Grande Brière zu fahren

Museen
Musée des Marais Salantes
29, rue Pasteur
44740 Batz-sur-Mer
Tel. 40 23 82 79
Juni–Sept. u. Schulferien tgl.
10–12, 15–19 Uhr,
sonst nur Sa, So 15–19 Uhr
Eintritt 14 FF
Eine etwas angestaubte Ausstellung über das Salz und die Salzbauern, im Sommer auch geführte Touren durch die Salinen
Musée Naval
Hôtel d'Aiguillon
Pl. Lepré
Tel. 40 23 15 36
Mi–Mo 10–12, 15–19 Uhr
Okt. bis Ostern geschl.
Eintritt 15 FF

Das repräsentative Rathaus (Ende 17. Jh.) demonstriert, wie üppig die Crosicais damals vom Strandraub und der Piraterie lebten. Neben der Stadtverwaltung ist hier auch ein Schiffsmuseum untergebracht, in dem alte Stiche, Waffen, Modellschiffe und Navigationsinstrumente ausgestellt sind. Eine Diashow zeigt die Arbeit in Salzgärten.

Kinder
Aquarium
6, quai du Port-Ciquet
Tel. 40 23 02 44
Sept.–Juni tgl. 10–12, 14 bis 19 Uhr,
Juli/Aug. tgl. 10–22 Uhr
Eintritt 28 FF
Fische, Muscheln und was noch alles in den Weltmeeren lebt und gedeiht, sind hier zu betrachten. Im Touch-Pool (»Berührbecken«) entfaltet die Dendrophyllia auf einen Stups hin ihre gelborangene Pracht, und aus den dunklen Tiefen glotzt dumpf ein präparierter Quastenflosser. Stilgerecht ist das Personal der Cafeteria als Pinguine verkleidet. Nicht nur für Kinder ein Vergnügen.

Allgemeine Informationen
Auskunft:
Office de Tourisme
Pl. 18 Juin 1940
44490 Le Croisic
Tel. 00 33/40 23 00 70,
Fax 40 62 96 60
Juli/Aug. Mo–Sa 9–19 Uhr,
sonst Mo–Sa 9–12, 14.30 bis 17.30 Uhr

Bahnhof:
Auskunft: Tel. 40 66 50 50
Reservierung: Tel. 40 08 60 60
Züge (TGV) über Nantes nach
Paris
Bus:
Bus 54 über La Baule nach
St-Nazaire
Abfahrt und Billetverkauf:
Café Frammery
Pl. Dinan
Tel. 40 62 92 26

B2 **Grande Brière**

Das etwa 22 000 ha umfassende
Pays Noir (»Schwarzes Land«)
ist eine amphibische Landschaft
voller Melancholie. Noch immer haben die Bewohner der
das Sumpfland umgebenden
Weiler das althergebrachte
Recht auf gemeinschaftliche
Nutzung dieser Allmende: Sie
dürfen, auch wenn sie nur noch
selten davon Gebrauch machen,
ihre Tiere auf den Trockenin-
seln weiden, Fische und Blutegel
fangen, Schilf für die letzten
Rieddächer und Flechtarbeiten
schneiden und vor allem Torf
stechen. 1922, als die Männer
der Brière schon überwiegend
nach St-Nazaire pendelten und
sich dort auf den Werften ver-
dingten, hat Alphonse de Châ-
teaubriant in seinem Heimatroman »La Brière« die Erinnerung
an das harte und entbehrungsrei-
che Leben der Fischer und Jäger
festgehalten.
Seit 1970 ist die Brière als Natur-
park ausgewiesen. Doch ganz
ohne menschliche Eingriffe
kommt die Landschaft nicht
aus. Das rasche Wachstum der
Schilfflächen, die nicht mehr
wie einst von den Bauern geschnitten werden, macht den
Naturschützern Sorgen. Touristische Attraktionen sind neben
der Fahrt mit den *blins,* den für
die Grande Brière typischen
flachbodigen Kähnen, ein Lehrpfad zu Flora und Fauna des Na-
tionalparks, dazu die riedgedeckten Häuschen im Museumsdorf Kerhinet und auf der Ile de
Fédrun.

Hotel
**Auberge de Kerhinet (Logis de
France)**
Kerhinet
44410 St-Lyphard
Tel. 40 61 91 46
7 Zimmer
2. Kategorie
Dez./Jan. geschl.; Restaurant
Di/Mi geschl. (ausgenommen
Juli/Aug.).
In einem alten Bauernhaus des
Museumdorfes, die Zimmer
neu ausgebaut mit Zentralhei-
zung und modernem Sanitär-
komfort.

Sehenswertes
Chaumière Briéronne
308, Ile de Fédrun
Juni–Sept. tgl. 10–12.30,
15–19 Uhr
Eintritt 5 FF
In diesem für die Brière typischen riedgedeckten Bauernhaus werden die früheren Le-
bensverhältnisse der Menschen
dokumentiert.

Maison de l'Eclusier mit Parc Animalier

Rozé, St-Malo-de-Guersac
Juni– bis Sept. (Freigelände bis Okt.) tgl. 10–12.30, 15 bis 19 Uhr
Eintritt 12 FF

Im winzigen »Haus des Schleusenwärters«, direkt über der Schleuse des Kanals, geben Dias und Dokumente einen Einblick in die Geschichte der Landschaft. Am Ufer vertäut liegt der dickbauchige Torffrachter Théotiste. Mit den wie Krakenarme herausragenden Hebevorrichtungen wurde der Torf geladen. Auf der anderen Kanalseite ist ein etwa 1 km langer botanischer Lehrpfad angelegt, von dem aus auch die Vogelwelt der Brière beobachtet werden kann.

Maison de la Mariée

130, Ile de Fédrun
Tel. 40 88 42 04
März–Mai tgl. 9–12.30, 13.30–19.30 Uhr,
Juni–Sept. tgl. 9–19.30 Uhr
Eintritt frei

Im »Haus der Braut« ist das einzige »Industrieprodukt« der Brière ausgestellt, das früher in zwei Manufakturen entstand: aus Wachs gefertigte Orangenblüten, die um die Jahrhundertwende in ganz Frankreich als Brautschmuck und Hochzeitsgeschenk geschätzt waren.

Maison du Sabotier

44410 La Chapelle-des-Marais
Juni–Sept. tgl. 10–12.30,
15–19 Uhr, sonst nur Mi ab 14 Uhr
Eintritt frei

Im »Haus des Holzschuhmachers« wird der Besucher mit einem nahezu ausgestorbenen Handwerk bekannt gemacht. Der letzte seiner Zunft starb 1979 und vermachte das Haus der Gemeinde.

Essen und Trinken

Auberge du Parc

162, Ile de Fédrun
Tel. 40 88 53 01, Fax 40 91 67 44
Juli/Aug. tgl., sonst So abend und Mo geschl.; Dez.–März geschl.
2. Kategorie

Ein gemütliches Kaminfeuer wärmt die draußen vom Wind durchgefrorenen Gäste. Restaurant und drei Fremdenzimmer sind in einem renovierten Bauernhaus untergebracht. Kulinarische Spezialität ist Aalfrikassee an Weinsauce, und als Dessert koste man gratinierte Himbeeren mit Aprikosencreme.

Allgemeine Informationen

Auskunft:

Office de Tourisme

Maison du Sabotier
44410 La Chapelle-des-Marais
Tel. 00 33/40 66 85 01
Juli/Aug. tgl. 10–12, 14 bis 19 Uhr
Ostern–Juni und Sept. nur Sa, So

Busverbindung:

Zu den Dörfern am Westrand der Grande Brière mit Bus 6 von St-Nazaire

*Die Salzgärten So wie sich heute die Salinen von Guérande darbie-
ten, muß früher fast die gesamte französische Atlantikküste ausgese-
hen haben. Im Mittelalter war das Salz ein wichtiger Exportartikel
und wurde in großen Mengen zum Konservieren von Fisch und Pökel-
fleisch sowie beim Gerben von Fellen und Häuten gebraucht. Heute
sind die nördlichsten Salzgärten Europas südlichen Gefilden gegenüber nicht mehr konkurrenzfähig. Dort strahlt die Sonne einfach stär-
ker, das Wasser verdunstet schneller, und das Sommerwetter ist be-
ständiger. Denn jeder Regen löst ja die fragilen »Meeresfrüchte« wieder zu Wasser. Viele Salzfelder wurden aufgegeben, versumpften oder
fielen ohne Pflege einfach trocken, da der Meeresspiegel immer weiter gesunken ist.
In einer etwa 17 Quadratkilometer großen Bucht südwestlich von
Guérande kann man im Sommer den Salzbauern (»paludiers«) noch*

B2 Guérande

Ein mächtiger Stadtwall mit
sechs starken Türmen und
schweren Torbastionen: Da
muß im Mittelalter mehr zu
schützen gewesen sein als nur
das nackte Leben der Unterta-
nen. Das Salz des »Weißen Landes« (Pays Blanc) bescherte den
Guérandaisern erklecklichen
Wohlstand, der in den Mauern
und Gäßlein des nicht ohne
Grund mit dem fränkischen Din-
kelsbühl verschwisterten Städtchens (10 000 Einwohner) zu einer Atmosphäre biederer Behäbigkeit geronn. Zu typischem
Kleinstadtmilieu eben, in dem
die einen sich ihr Leben lang ge-
borgen fühlen, die anderen aber,
kaum daß sie auf eigenen Füßen
stehen, nur eins im Sinn haben:
nichts wie weg.
Doch an den Seelenleiden der
Provinzler nimmt der Tourist
nur selten teil. Er kommt auf einen Tagesausflug, wenn nicht

kürzer, umrundet erst die Stadt,
dringt dann, noch immer hinter
dem Steuer sitzend, durch die
Porte St-Michel ins Zentrum
vor. Dort von Treppenstufen jäh
gehindert, muß man sich die
Stiftskirche St-Aubin mit dem
Sarkophag der Merowinger zu
Fuß erobern.

Hotels

Les Remparts
Bd. du Nord
Tel. 40 24 90 69
8 Zimmer
2. Kategorie
Direkt an der Ringstraße entlang dem Stadtwall, auch eine
gute Restaurantadresse

Roc Maria
1, rue des Halles
Tel. 40 24 90 51, Fax 40 62 13 03
10 Zimmer
2. Kategorie
Nov./Dez. geschl.
Mit seinem soliden Naturstein-
mauerwerk hat das historische

bei der Arbeit zuschauen. Unter Ausnutzung der Gezeiten wird das Meerwasser durch ein ausgeklügeltes System immer flacher, aus Ton geformter Becken, Rinnen und wieder Becken geleitet. Wenn das Wasser unter tatkräftiger Mithilfe der Sonnenwärme verdunstet, kann der »paludier« mit seinem Rechen (»las«) an einem guten Sommertag bis 50 Kilogramm reines, auskristalliertes Salz auf der Oberfläche eines Beckens zusammenraffen. Insgesamt werden auf diese Art in der Südbretagne jedes Jahr etwa 10000 Tonnen Salz gewonnen. In den letzten, nur noch gerade zwei Zentimeter flachen Becken ist die Salzkonzentration und damit Qualität am höchsten. Das hier gewonnene, leicht graue »sel gris« wird von Feinschmeckern (Meisterkoch Troisgros: »Das beste Salz«) und Gesundheitsbewußten besonders geschätzt. Sie sind bereit, für das handgeerntete Salz etwas mehr zu bezahlen als für die »Fabrikware« aus dem Mittelmeer.

Bürgerhaus gut 500 Jahre ohne jede Spur von Altersschwäche überstanden. Kürzlich wurde es renoviert und ein kleines, fast intimes Hotel eingerichtet.

Museum
Musée Régional (Heimatmuseum)
Porte St-Michel
Tel. 40 42 96 52
Tgl. 9.30–12.30, 14–19 Uhr
1. Okt.–Ostern geschl.
Eintritt 14 FF
Beim Volk heißt das trutzige, von zwei Türmen flankierte Stadttor einfach »Château«. In die Wachstube und die darüberliegende Gouverneurswohnung ist heute das Heimatmuseum eingezogen. Besonderheit ist das Modell eines Salzgartens.

Allgemeine Informationen
Auskunft:
Office de Tourisme
1, pl. du Marché aux Bois

44350 Guérande
Tel. 00 33/40 24 96 71,
Fax 40 62 05 38
Sept.–Mai Mo–Fr 9.30–12,
14–17 Uhr,
Juni–Aug. tgl. 9.30–18 Uhr,
Juli und August tgl. 15.30 Uhr Stadtführungen
Bus:
51, 52 vom Bahnhof La Baule-Escoublac

Lac de Grand-Lieu   C3
Nur noch am Weihnachtsabend, so heißt es, sind auf der Mitte des Sees die Glocken von Herbauge zu hören. Wegen der lockeren Sitten der Bewohner überschwemmte der Herrgott den ganzen Ort mit dem Lac de Grand-Lieu. Oder war es, weil die Menschen die Abtei St-Philbert zerfallen ließen? Noch im 4. Jh. fuhren Schiffe die Loire aufwärts bis zum »Grand Port« bei St-Lumine-Coutais.

Fruchtbare Gärten Frankreichs ganz besonderer Art leuchten hier in der Abendsonne: die Salzgärten von Guérande

Heute trennt ein 2 km breiter Gürtel von Schilfrohr die Stadt Passay vom See, dessen Oberfläche durch den Wildwuchs der Pflanzen immer kleiner wird – im Sommer mißt er noch 40 km, im Winter das Doppelte. In einem »Guide Michelin« der Wasservögel, so möchte man vermuten, hätte der fischreiche Lac de Grand-Lieu fünf Sterne. Mehr als die Hälfte aller französischen Vogelarten ist vertreten, dazu gesellen sich verschiedene andere Arten während des Vogelfluges. Nur hier brüten noch Silber- und Nachtreiher. Im Naturkundemuseum neben der Abtei von St-Philbert ist die Fauna des Sees ausgestopft und mit Begleitkommentar von der Kassette zu bewundern; anschaulicher von einem befestigten Pfad aus, der am »Hafen« von Passay beginnt.

Hotel
La Riviera
St-Philbert-de-Grand-Lieu
Tel. 40 78 70 32
18 Zimmer
3. Kategorie
Einfaches und bodenständiges Landhotel, nicht alle Zimmer mit Bad. Mit Restaurant

Sehenswertes
Abbatiale St-Philbert
St-Philbert-de-Grand-Lieu
Das unter Ludwig dem Frommen, einem Sohn Karls des Großen, auf dem Landgut der Bischöfe von Poitiers errichtete Gotteshaus, in dessen Krypta der Heilige (→ Ile de Noirmou-

tier) nur wenige Jahre ruhte, ist eines der wenigen noch erhaltenen Beispiele vorromanischer Sakralarchitektur.

Museum
Maison du Pêcheur
16, rue Brisson
44 310 La Chevrolière
Tel. 40 31 36 46
Tgl. 10–12, 15–18 Uhr
Eintritt 12 FF

Gleich am »Hafen« von Passay liegt dieses kleine Museum zu Flora und Fauna des Naturschutzgebietes, das auch vom Alltag der Fischer erzählt. Das angrenzende »Observatorium« (gleiche Öffnungszeiten) ist der besten Punkt für die Vogelbeobachtung.

Allgemeine Informationen
Auskunft:
Office de Tourisme mit Musée Avifaune
Pl. de l'Abbatiale
44 310 St-Philbert-de-Grand-Lieu
Tel. 00 33/40 78 73 88
Nov.–Ostern Di–So 10–12, 14–17 Uhr,
Ostern–Okt. Di–So 10–12, 14–18.30 Uhr
Mit Diashow und kleiner Sammlung ausgestopfter Wasservögel
Busverbindung:
Von Nantes mit Bus 11, 12 oder (nur St-Philbert) 170
Fahrradverleih:
Cycles Blanchard
6, rue Ste-Barbe
St-Philbert-de-Grand-Lieu
Tel. 40 78 78 19, 40 78 94 47

Pornic   B3

Das Städtchen mit seinem Yachthafen ist der Mittelpunkt des Badelebens an der nördlichen Vendée-Küste, die hier auch »Côte de Jade« genannt wird. In Pornic trifft sich vor allem die mittlere und ältere Generation; Familien mit Kindern bevorzugen, der flacheren Strände wegen, die Nachbarorte Tharon-Plage und Port Giraud.

Das im 19. Jh. gründlich umgestaltete Stadtschloß von Pornic war eines der vielen Besitztümer des Gilles de Retz. Der geheimnisumwitterte Adlige sammelte als Mitstreiter der Jeanne d'Arc Ruhm und Ehre. Er wurde der Ketzerei angeklagt und 1440 in Nantes verbrannt.

Hotel
Beau Soleil
Pl. du Petit Nice
Tel. 40 82 34 58
15 Zimmer
2. Kategorie
Kleines, doch feines Stadthotel direkt an der Uferpromenade

Allgemeine Informationen
Auskunft:
Office de Tourisme
Quai du Cdt L'Herminier
44 210 Pornic
Tel. 00 33/40 82 04 40
Bus- und Bahnverbindung:
Von Nantes mit Bus 3 oder Regionalzug
Fahrradverleih:
Cycles Becquet
24, rue de la Marine
Tel. 40 82 26 80

St-Nazaire

Unter Festbeleuchtung passiert die »Majesty of the Seas«, das bislang größte Kreuzfahrtschiff der Welt, langsam den Kai von St-Nazaire und nimmt Kurs auf die Karibik. Wieder ist ein Schiff auf den »Chantiers de l'Atlantique« vom Stapel gelaufen, und die Nazairiens begehen das Ereignis mit einem Feuerwerk und Volksfest. »Penhoët«, wie die Werft im Volksmund heißt, ist noch immer der wichtigste Arbeitgeber in der 70 000 Einwohner zählenden Hafenstadt, deren Gedeih und Verderb am Schiffbau hängt. Aufträge für zwei weitere Kreuzfahrer sind unter Dach und Fach. Doch dann…?

Ein schöner Sandstrand erstreckt sich bei La Baule

Sehenswertes

Hafen

Seit dem 19. Jh. war er ein Hafen der Superlative. Das große Bassin de St-Nazaire (1856) mißt 9 ha; das Bassin de Penhoët (1881) ist mit 22 ha bis heute eines der weltweit größten künstlichen Hafenbecken (Führungen vermittelt das Touristenamt).

Museum

Ecomusée (mit Boot »Espadon«)

Rue du Bac-de-Mindin
Tel. 40 22 35 33
Juni–Sept. tgl. 9.30–19 Uhr,
Okt.–Mai Mi–Mo 10–12,
14–18 Uhr
Eintritt 40 FF
Über Glanz und Elend einer Stadt, deren Name Synonym für Flugzeug- und Schiffbau war, informiert uns das Ecomusée. Vielleicht gerade weil das im Zweiten Weltkrieg völlig zerstörte und bis 1960 wieder aufgebaute St-Nazaire so wenig ansprechend ist, hat es auf dieses Museum besondere Mühe verwandt. In der Schleuse zum alten U-Boot-Bunker, die nie in Betrieb war, liegt mit der »Espadon« ein U-Boot vor Anker, das unter fachkundiger Führung besichtigt werden kann.

Allgemeine Informationen

Auskunft:
Office de Tourisme
Pl. F.-Blancho
Tel. 00 33/40 22 40 65
Mo–Sa 9–12, 14–17 Uhr

Unterwegs im Pays basque (Baskenland)

Das Land der Basken ist heute zwischen Spanien und Frankreich geteilt. Etwa 80 000 Euskaldunak (»die, die baskisch sprechen«), also baskische Muttersprachler, haben einen französischen Paß. Auch wenn die Autonomie, anders als in Spanien, diesseits der Pyrenäen kein Thema ist, ärgert es viele doch, daß sie mit dem flächenmäßig größeren Béarn in einem Departement zusammengefaßt sind. Einen eigenen Bezirk, wie ihn François Mitterrand im Präsidentschaftswahlkampf 1981 versprach, will der Nationalstaat seiner Minderheit nicht zugestehen.

Der Küstenabschnitt zwischen Bayonne, der heimlichen Hauptstadt der französischen Basken, und der spanischen Grenze ist das am dichtesten besiedelte Gebiet der französischen Atlantikküste und des Südwestens. In Biarritz treffen neureiche Pensionäre und junge Wellenreiter aufeinander. Der Fischerhafen St-Jean-de-Luz besticht mit seiner lebendigen Altstadt. Im hügeligen Hinterland der Küstenprovinz Labourd findet man die Bilderbuchdörfer mit ihren strahlend weißen Fachwerkhäusern, und in der Provinz Basse Navarre lockt das mittelalterliche Ensemble von St-Jean-Pied-de-Port. In die Soule, das Armenhaus der französischen Basken, wo die milde atlantische Landschaft in die rauhe Bergwelt der Pyrenäen übergeht, verirrt sich dann aber kaum noch ein Reisender.

C9 Biarritz

Aus der letzten ihr hier noch verbliebenen Festung, dem Hôtel du Palais, blickt die Aristokratie, die Biarritz zu seinem Reichtum und seiner Legende verhalf, hinaus auf eine Stadt, die nicht mehr die ihre ist. Parks sind zu Parkplätzen geworden, einst mondäne Villen weichen dem Allerweltsbeton, und die Säle des alten Casinos sind in Ferienappartements zerstückelt und vermietet worden, während das Casino Municipal von der salzigen Meerluft zerfressen wird. In Biarritz hat das Volk gesiegt und sich den einst der feinen Gesellschaft vorbehaltenen Badeort angeeignet. Im übrigen ist dies eine Stadt der Zweitwohnungen und Altersruhesitze – jeder dritte Bewohner ist im *troisième âge*, dem »dritten Alter«, wie die Franzosen das Rentnerdasein höflich umschreiben.

Warum kommt man außerdem noch nach Biarritz? Vom Leuchtturm auf der Pointe St-Martin aus betrachtet, kann sich die Küste hier, wo der endlose Sandstreifen der Côte d'Argent in die kleinräumige Felsküste des Pyrenäenabbruchs übergeht, durchaus sehen lassen. Die wie von der Hand eines spielenden Riesenkindes im Wasser verteilten

Felsinselchen trotzen stoisch der Brandung, auf der Wellenreiter ihr Können vorführen. Trotz guter Überwachung sind die Strände zum Sonnenbaden (wenn sie denn scheint) und Sehen-und-Gesehen-werden, doch leider kaum zum Baden geeignet – das Meer ist hier wilder als irgendwo sonst zwischen Spanien und Gironde.

Biarritz, das auch einer gewachsenen Altstadt entbehrt, behilft sich mit einem Unterhaltungsangebot aus allen nur denkbaren Sportarten, mit Kinos, Diskos, Schwimmbädern und Thalassozentren, mit nahezu die ganze Saison abdeckenden Festivitäten. Auf der Habenseite schlägt auch die Felsküste mit ihren Buchten und kleinen Inselchen zu Buche, dazu die »Grande Plage« im Herzen der Stadt.

Hotels

Die Möglichkeiten, für eine Übernachtung viel Geld auszugeben, sind in Biarritz nach oben hin kaum begrenzt. Das Palais berechnet für ein gutes Zimmer mit Meerblick umgerechnet 900 DM die Nacht, über die Preise in Suiten wahrt man Diskretion. Auch die anderen Hotels, von denen es reichlich gibt, sind ein gutes Stück teurer als andernorts. Trotzdem ist in der Ferienzeit überall frühzeitige Reservierung angeraten.

Argi-Eder
13, rue Peyroloubilh
Tel. 59 24 22 53, Fax 59 24 89 10

19 Zimmer
2. Kategorie
Älteres Haus mit renovierten Zimmern in einer ruhigen Seitenstraße 200 m vom Zentrum. Der Chef des Hauses weiß als engagierter Kommunalpolitiker viel Hintergründiges über seine Stadt zu erzählen.

Villa Clara
149, bd. des Plages
Anglet-Chiberta
Tel. 59 63 83 68, Fax 59 63 57 82
27 Zimmer
1. Kategorie
Eine geräumige, helle Villa, die ein kubanischer Pflanzer in den 20er Jahren inmitten eines schönen Gartens errichten ließ. Mit Schwimmbad, etwa 200 m von der Plage du Chevalier (Badeverbot wegen Wasserverschmutzung).

Hôtel du Palais
1, av. de l'Impératrice
Tel. 59 24 09 40, Fax 59 24 36 84
134 Zimmer
Febr. geschl.
Luxuskategorie
Der klassische Hotelpalast, 1903 anstelle der abgebrannten Villa Napoleon III. errichtet und heute im Besitz der Stadt Biarritz. Durch die exorbitanten Preise sind alter und neuer Geldadel nach wie vor unter sich, wenn sie auf der Terrasse ihren Champagner schlürfen oder sich im angeheizten Meerwasser des Pools tummeln.

Jugendherberge
Auberge de Jeunesse
19, route des Vignes

Anglet-Chiberta
Tel. 59 63 86 49
96 Betten
ganzjährig, Rezeption 8–10,
18–22 Uhr
Unweit vom Strand eine der modernsten Jugendherbergen des Landes. Ohne Sperrstunde, viele Sportanlagen (Pelota!), auch Camping möglich. Vom Rathaus Biarritz zu erreichen mit Bus 6 (»La Barre«).

Sehenswertes

Phare de la Pointe St-Martin
Tel. 59 24 01 29
Ostern–Sept. tgl. 10–12,
14–18 Uhr
Auf der Felsspitze, die im Norden der Stadt die Bucht mit der Grande Plage und der Plage Miramar begrenzt, steht der 73 m hohe Leuchtturm, von dem man bei guter Sicht die Pyrenäengipfel erkennen kann.

Rocher de la Vierge
Ein Brückchen führt über den schwindelerregenden Abgrund hinüber auf den Felsen mit der Statue der Mutter Gottes und einer guten Aussicht auf die Stadt.

Museum

Musée du Vieux Biarritz
Rue Broquedis
Tel. 59 24 86 28
Mo–Mi, Fr, Sa 15–18.30 Uhr
Eintritt 15 FF
In der früheren anglikanischen Stadtkirche, wo einst die Gestapo die an der Grenze gestellten Flüchtlinge quälte, ist die kleine Privatsammlung zur Stadtgeschichte weitgehend der Belle Epoque gewidmet. Napoleons Luxuszug ist im Modell vertreten, Gemälde und Fotografien zeigen die Berühmtheiten, die sich in Biarritz ihr Stelldichein gaben.

Essen und Trinken

Die Küche des Baskenlandes steht schon deutlich unter dem Einfluß der Iberischen Halbinsel. Eine eingekochte Mischung aus reichlich Olivenöl, Knoblauch, Zwiebeln, Paprika, Tomaten und vor allem Peperoni gibt vielen baskischen Gerichten ihren typischen Geschmack. Als *piperade* wird sie mit untergerührtem Ei und eventuell noch Schinken serviert. Ein anderes Beispiel ist das *poulet basquais*, das baskische Hähnchen, geschmort mit Tomaten, Paprika, Peperoni, Knoblauch, Zwiebeln und Schinken und in einer Weißweinsauce gereicht. Als *poulet au pot* wird es mit Gemüsefüllung gekocht. Deftige Zubereitungen sind *axoa*, Kalbfleischwürfel mit Peperoni und Zwiebeln, und *tripotxa*, eine Blut- oder Paprikawurst aus Innereien vom Schaf oder Kalb. In Biriatou (bei Hendaye) wird sie mit Apfelmus gegessen. Schließlich die *salmis de palombes*, ein Wildtaubenragout mit Zwiebeln, Pilzen und zerlassenem Speck in Rotwein.

Komfort nur vom Feinsten bietet
das Hôtel du Palais in Biarritz, das
1903 errichtet wurde

Chez Albert
Port des Pêcheurs
Tel. 59 24 43 84
Mi geschl.
2. Kategorie
Gefragtes Fischlokal mit viel At-
mosphäre und schöner Terrasse
am Fischerhafen, von der aus
man den Fischern bei der Arbeit
zuschauen kann.
Le Dahu
6, rue Jean Bart
Tel. 59 24 36 38
3. Kategorie
Einfaches, preiswertes Lokal
Les Platanes
32, av. Beau-Soleil
Tel. 59 23 13 68
Mo, Di mittag und Jan. geschl.
1. Kategorie

Exzellente, bodenständige Küche, deren Gerichte Chef Ar-
naud Daguin je nach Marktan-
gebot und Laune beinahe täglich wechselt.

Einkaufen

Ein atmosphärisches und reich-
haltiges Einkaufserlebnis, auch
für landestypische Produkte, bietet die Altstadt des benachbarten Bayonne.
Arrastia
2, rue Jean Bart
Tel. 59 22 21 31
Baskische Kuchen aus eigener
Herstellung, ohne Konservie-
rungsmittel
Librairie Barberousse
6, pl. Georges Clemenceau
Tel. 59 24 00 61
Deutsche Zeitungen, gutes Sortiment an Kunstbüchern

Am Abend

Das rege und oft lautstarke Nachtleben erfreut die jungen Urlauber. Den betuchten Pensionären, die Biarritz zu ihrem Alterssitz erkoren haben, ist es allerdings oft ein Ärgernis. So startete die Gemeinde jüngst eine Kampagne gegen den Lärm... Bislang ohne hörbaren Erfolg.

Casino Bellevue
Pl. Bellevue
Tel. 59 24 11 22
So wünscht der ruhebedürftige Bürger das Nightlife: teppichgedämpft, distinguiert, diskret und gleichzeitig mit hohem Umsatz. Spieler können dem Roulette, Black Jack, Baccara und anderen Risiken frönen.

Brasilia Copacabana
24, av. Edouard VII
Tel. 59 24 65 39
Ein Musiklokal der gehobenen Art, in dem zu vorwiegend südamerikanischen Rhythmen das Tanzbein geschwungen werden kann.

Kinder

Musée de la Mer ▥
Esplanade de la Vierge
Plateau de l'Atalaye
Tel. 59 24 02 59
15. Sept.–15. Juni tgl. 9–12, 14–18 Uhr,
15. Juni–15. Sept. tgl. 9–12, 14–19 Uhr,
Juli/Aug. durchgehend
Robbenfütterung tgl. 10.30, 17 Uhr

Eintritt 22 FF, Kinder (unter 16) 12 FF
Der schöne Bau im Art-déco-Stil wurde einer Totalrenovierung unterzogen und innen völlig neu eingerichtet. In den Aquarien im Untergeschoß schwimmen heimische Fische, dazwischen ein furchteinflößender Rochen. Höhepunkt sind aber die Robben, deren eleganten Schwimmstil man durch den Glasboden auch von unten bewundern kann.

Allgemeine Informationen

Auskunft
Office de Tourisme
Javalquinto
Square d'Ixelles
64200 Biarritz
Tel. 00 33/59 24 20 24,
Fax 59 24 14 19
15. Juni–31. Aug. tgl. 8 bis 20 Uhr,
sonst Mo–Fr 9–12.15, 14–18, Sa 10–12.30, 15–18 Uhr

> Der gute Tip ▥:
> **Musée de la Mer**
> Elegant ziehen die Robben ihre Kreise im Bassin. Bei der Fütterung demonstrieren sie ihre Sprungkünste.

Baden
Die Wellenreiter an der Grande Plage versuchen mit ihrem (manchmal nicht ganz so perfekten) Können, die Beachgirls zu beeindrucken. Echte Badestrände sind dagegen im Süden

(Bus 9) die Plages Marbella und Milady, die Plage Miramar beim Hôtel du Palais. Die Plage du Port-Vieux, wo sich im letzten Jahrhundert die ersten Badegäste von Biarritz ins Wasser wagten, hat eine sehr schöne Bucht mit relativ ruhigem Wasser. Leider ist sie gewöhnlich recht voll. Am langen Strand von Anglet gilt zeitweise Badeverbot wegen Wasserverschmutzung.

Bahn
Büro SNCF
13, av. Foch
Tel. 59 24 00 94
Mo–Sa 9–12, 14–18 Uhr
Auskunft: Tel. 59 55 50 50
Reservierung: Tel. 59 55 11 88
Der neue Bahnhof La Négresse liegt 3 km außerhalb des Zentrums und ist mit der Buslinie 2 zu erreichen. Fahrscheine werden auch im Stadtbüro der SNCF verkauft.

Bus
STAB-Kiosk
Rue Louis Bartou
Tel. 59 24 26 53
Die Stadtbuslinien 1, 2, 9 und der »BAB-Express« verbinden Biarritz mit Bayonne. Einzelfahrscheine beim Fahrer, 10er-Karten am Kiosk der Verkehrsbetriebe. Zu den Stränden im Norden mit Bus 6 oder, im Sommer, den blauen »Navettes des Plages«.
Gare Routière
Pl. Ixelles
Tel. 59 24 36 72

Überlandbusse der Gesellschaft ATCRB fahren tagsüber etwa stündlich in Richtung Hendaye. In den Sommermonaten werden auch touristische Exkursionen angeboten.

Medizinische Hilfe
SAMU (Ambulanz)
Tel. 59 63 33 33
Auskunft über dienstbereite Ärzte und Apotheken:
Tel. 59 24 01 01
Centre Hospitalier
Av. Jacques Loeb
St-Léon
Tel. 59 44 35 36
Polyclinique d'Aguiléra
21, rue de l'Estagnas
Tel. 59 24 48 48

Polizei
Hôtel de Police
Rue Louis Barthou (beim Touristenamt)
Tel. 59 24 68 24
Notruf: Tel. 17

Post
Rue de la Poste
Mo–Fr 8.30–19, Sa 8.30 bis 12 Uhr

Taxi
Tel. 59 24 16 13, 59 23 62 62

Orte in der Umgebung

Bayonne   C9
Der Autofahrer aus »BAB« steht zwar oft im Stau, haust aber keineswegs auf einer Bundesautobahn. BAB steht im ab-

kürzungsfreudigen Frankreich für die baskische Agglomeration Bayonne–Anglet–Biarritz (100 000 Einwohner), die es schafft, scheinbar unverträgliche Branchen wie Schwerindustrie und Nobeltourismus (Biarritz) unter einen Hut zu bringen. Adour und Nive trennen die heimliche Hauptstadt des französischen Baskenlandes in die drei Stadtteile Petit Bayonne, Grand Bayonne und St-Esprit auf dem nördlichen Adour-Ufer, das um die gleichnamige Kirche und das Hospital der Jakobspilger wuchs und wo später das Ghetto der aus Spanien vertriebenen Juden (Ladinos) war.

Als Baiona wird die Stadt erstmals im 12. Jh. erwähnt, was wiederum auf das baskische »Ibaï on«, nämlich Vereinigung zweier Flüsse, zurückgeht. Mit dem Adour, dem größeren von beiden, hatten die Menschen lange ihre liebe Not. Mehrmals wechselte er seinen Lauf, und erst seit 1578 fließt er in seinem jetzigen Bett durch die Stadt in den Biskaya-Golf.

Durch die Heirat der Herzogin Eleonore mit dem späteren König Heinrich II. wurde Bayonne wie der größte Teil Aquitaniens englischer Besitz. Und wenn es überhaupt ein »Goldenes Zeitalter« in der Stadtgeschichte gab, war es diese Epoche, in der die (zollfreie) Ausfuhr von Wein und Wolle nach England blühte. Nach der »Wiedervereinigung« (1453) und dem Staatsbankrott Frankreichs und Spaniens (1457), die sich gegenseitig in den Ruin gerüstet hatten, setzte auch in Bayonne der Niedergang ein.

Um die guterhaltene Altstadt herum drückt die Militärarchitektur dem Stadtbild ihren Stempel auf. Zwar sind die von Vauban entworfenen Wallanlagen längst als willkommener Grüngürtel ihrem ursprünglichen Zweck entfremdet, doch sind Château Vieux und Zitadelle noch immer mit Soldaten belegt und thront das zwar leere, aber dennoch bedrohlich wirkende Château Neuf düster über Petit Bayonne.

Hotels
Die Übernachtungspreise sind hier deutlich günstiger als in Biarritz.
Loustau
1, pl. de la République
Tel. 59 55 16 74, Fax 59 55 69 36
42 Zimmer
2. Kategorie
Am Bahnhofsplatz gelegen, gutbürgerlich und behindertengerecht eingerichtet, frisch renoviert, mit Restaurant und Blick über die Adour
Paris-Madrid
Place de la République
St-Esprit
Tel. 59 55 13 98
28 Zimmer
3. Kategorie
Einfaches Haus am Bahnhof, eigener Parkplatz, Zimmer teilweise renoviert. Handgemalte Blümchen an den Türen und im Bad

Sehenswertes

Château Neuf

Die Burg wurde im 15. Jh. nach der Vereinigung mit Frankreich begonnen und diente auch dazu, die aufsässigen Bayonnais in Schach zu halten.

Château Vieux

Auf diesem Hügel stand vor 2 000 Jahren das römische Militärlager Lapurdum und sicherte den einzigen auch im Winter passierbaren Übergang zwischen Gallien und der Iberischen Halbinsel. Die Burg geht im Kern bis ins 12. Jh. zurück und war Sitz der englischen und später französischen Gouverneure, die die Befestigungsanlagen Zug um Zug ausbauten.

Grand Bayonne

Schmale, drei bis vier Etagen hohe Gebäude des 18. Jh. mit schmiedeeisernen Balkonen und Arkaden bestimmen das Stadtbild im Geschäftszentrum auf dem Westufer von Adour und Nive, das von neuzeitlichen Bausünden weitgehend verschont blieb. Mehr als 100 Kellergewölbe sind noch aus der Zeit erhalten, da Bayonne eine führende Rolle im Weinhandel hatte.

Cathédrale Ste-Marie

Glockenturm offen Juni–Sept. 10–12, 14.30–18.30 Uhr

Schon von ferne grüßt den Besucher das bedeutendste Bauwerk der Stadt. Die Kathedrale wurde im späten 13. Jh. nach einem Plan von Jean Deschamps begonnen, der an den Bauhütten der Ile-de-France gelernt hatte und den Stil dieser nordfranzösischen Kathedralgotik später in den Süden verpflanzte. Künstlerische Höhepunkte sind die bunten Glasfenster (16. Jh.) und der repräsentative, großzügig proportionierte Kreuzgang.

Petit Bayonne

Hier sind die ältesten, bis ins 12. Jh. zurückreichenden Häuser der Stadt zu finden. Läge es in Deutschland, wäre Petit Bayonne längst als Modeviertel neureicher Singles und Yuppies entdeckt worden. So aber ist, den Graffiti nach zu urteilen, das verkommene Altstadtviertel die Hochburg der nationalbewußten Basken. Die Häuser der Rue Neuf und Rue des Tonneliers ruhen auf tief im Boden gegründeten Eichenpfählen und sind im Erdgeschoß zur Straße hin offen. Hätte Petit Bayonne hier und anderswo seine Kanäle nicht vor vielen Jahren zugeschüttet, wäre es um eine Attraktion reicher.

Place de la Liberté

Dieses Ensemble um das Rathaus, die Place de Gaulle sowie die angrenzende Rue Thiers ist eine verkleinerte und weniger glanzvolle Replik der klassizistischen Repräsentationsbauten von Bordeaux. Die Balkone des vom Hofarchitekten Meissonnier entworfenen Hôtel Bret-

In der Bar du Théâtre kann man in
Ruhe seinen Café und das Treiben in
Bayonne genießen

hous am Eingang zur Rue Victor Hugo sind ein Beispiel für die Kunst der Eisenschmiede des 17. Jh.

Le Trinquet

Petit Bayonnes Rue Trinquet ist fast jedem Basken ein Begriff. Aus Nr. 8 dringt das rhythmische Klack-Klack des Pelota-Spiels. Schon Heinrich IV. soll hier das Jeu de Paume gespielt haben. Von den Holzgalerien beobachten die durchweg männlichen Fans, andächtiger als in mancher Messe, das Geschehen auf dem Canche und äußern lautstark Beifall oder Unmut.

Museum
Musée Bonnat
5, rue Jacques Lafitte
Petit Bayonne
Tel. 59 59 08 52

15. Juni – 10. Sept. tgl. 10–12, 15–19, Fr bis 21 Uhr, sonst Mo, Mi, Sa, So 15–19, Sa/So auch 10–12, Fr 15 bis 21 Uhr
Eintritt 15 FF

Eine kostbare Sammlung alter Gemälde und Skulpturen, die der Maler Léon Bonnat (1833 bis 1922) seiner Heimatstadt vermachte. Ausgestellt sind beispielsweise Bilder von El Greco, Rubens, van Dyck, Rembrandt, Goya, Delacroix und natürlich von Bonnat selbst. Religiöse Kunst des 14. und 15. Jh. im zweiten Stock. Im Untergeschoß ist die Antike mit griechisch-römischen Statuen und ägyptischen Grabfigürchen vertreten.

Essen und Trinken

Die Stadt hat keine ausgesprochenen Gourmettempel, sondern eher gutbürgerliche Lokale. Mit dem ausgeprägten Regionalismus vieler Basken haben sich auf den Speisekarten der Restaurants auch viele traditionelle Gerichte gehalten.

Bar du Marché
33, rue des Basques
Grand Bayonne
Tel. 59 59 22 66
So geschl.
3. Kategorie
Ein Platz, um dem Volk aufs Maul zu schauen – wenn man es denn verstünde. Denn in der Marktbar (ab 5 Uhr früh geöffnet!) wird mehr baskisch als französisch parliert.

Cheval Blanc
68, rue Bourgneuf
Petit Bayonne
Tel. 59 59 01 33
Jan., So abend, Mo geschl.
1./2. Kategorie
Regionale Küche mit Niveau, verabreicht in modernem Am-

Der gute Tip 🅼:
Fabrique de Makilas
In dieser Werkstatt werden die baskischen Wanderstöcke in alter Tradition von Hand gearbeitet.

---

biente. Spezialitäten sind beispielsweise Milchlamm oder Huhn gefüllt mit Gänseleber und Steinpilzen in baskischer Sauce. Die stilfremden Blumenkübel aus Plastik übersehe man höflich.

Einkaufen

In Bayonne finden Sie, was vielen Städten fehlt: eine Palette origineller und zugleich landestypischer Produkte, die es wirklich nur hier so gibt. Wichtigste Einkaufsstraße ist die Fußgängerzone Rue Pont Neuf.

Charcuterie Montauzier
17, rue de la Salie
Tel. 59 59 07 68
Obwohl ursprünglich aus Orthez, wird der *jambon de Bayonne* als roher oder gekochter Schinken längst auch in Bayonne verkauft. Ibaiona ist die bekannteste Marke und fast schon ein Synonym für den Schinken selbst. Die Metzgerei führt auch *confit* aus eigener Herstellung.

Destillerie Izzara
9, quai Bergeret
St-Esprit
Tel. 59 55 09 45
Führungen:
Juli/Aug. Mo–Sa 9–11.30, 14–18 Uhr,
sonst Mo–Fr 9–11.30, 14–16.30 (Fr 15.30) Uhr
Hier wird nach alten Rezepturen der baskische Kräuterschnaps zusammengemixt. Im Anschluß an die Betriebsbesichtigung werden die Besucher zur Probe geladen.

Fabrique de Makilas 🅼
37, rue de la Vieille Boucherie
Grand Bayonne
Tel. 59 59 18 20
Wie zu Großvaters Zeiten stellt Gérard Leoncini baskische Wanderstöcke *(makilas)* her. Mit ihrem unter dem Griff verborgenen Vierzack werden sie auch

als Waffe gegen bissige Hunde eingesetzt – die Bayonnais haben ja schon im 16. Jh. das »Bajonett« erfunden. Doch es gibt auch friedliche Modelle, und die Auswahl reicht vom einfachen Stock aus Mispelholz bis zur silberbeschlagenen Luxusausführung.

Librairie Zabal
52, rue de Pannecau
Petit Bayonne
Tel. 59 25 43 90

Eine Buchhandlung mit großer Auswahl an Literatur über das Baskenland, auch Kassetten und CDs mit baskischer Musik

Pâtisserie Laborde
66, rue d'Espagne
Grand Bayonne

Die von Karl V. aus Spanien vertriebenen Juden (Ladinos) von Bayonne sollen die ersten gewesen sein, die in Frankreich Schokolade zubereiteten. Ein Grund, sie hier zu probieren – auch als heißes Getränk. Dazu verkauft die Konditorei die für Bayonne typische Marzipanzubereitung Touron; eine Spezialität des Hauses sind die in Form einer Kastanie mit Mandeln gefüllten Pralinen.

Am Abend
Xan Xan Gori
9, rue des Cordeliers
Petit Bayonne
Tel. 59 25 61 49
Tgl. 16–2 Uhr
3. Kategorie

Eine Bodega mit jungem Publikum. Abends gelegentlich Live-Musik, und die Küche bereitet bis gegen Mitternacht Deftiges in großen Portionen.

Allgemeine Informationen
Auskunft:
Office de Tourisme
Rathaus
Pl. de la Liberté
64100 Bayonne
Tel. 00 33/59 46 01 46,
Fax 59 59 37 55
Mo–Sa 9.30–12.30, 13.30 bis 19, Sa bis 18 Uhr

Bahn:
Auskunft: Tel. 59 55 50 50
Reservierung: Tel. 59 55 11 88
Vom Bahnhof an der Place de la République Züge nach Bordeaux–Paris, Spanien, St-Jean-Pied-de-Port

Busse:
STAB-Kiosk
Place du Réduit
Tel. 59 59 04 61
Wichtigster Haltepunkt der Stadtbusse (STAB) ist die Place du Réduit. Busse in die Region fahren vom Bahnhofsvorplatz ab.

Medizinische Hilfe:
SAMU (Ambulanz)
Tel. 59 63 33 33
Centre Hospitalier
Av. Jacques Loeb
St-Léon
Tel. 59 44 35 36

Polizei:
Rue Jacques Lafitte
Petit Bayonne
Tel. 59 25 77 00
Notruf Tel. 17

Post:
Rue Jules Labat
Grand Bayonne
Mo–Fr 8–18.30, Sa 8–12 Uhr

Der gute Tip M:
L'Hôpital-St-Blaise
Kirche, in der christliche Romanik mit der Architektur der spanischen Mauren zu einem harmonischen Ganzen verbunden ist.

D9 L'Hôpital-St-Blaise M

Mit den Bilderbuchdörfern des Labourd kann sich die alte Pilgerstation am Jakobsweg nicht messen. Sie zeigt hier am äußersten Rand des Baskenlandes das Leben auf dem Lande eher hart als idyllisch. In dem gemütlichen Gasthof läßt sich trefflich über ein Europa der Regionen und die Schlechtigkeiten der Agrarpolitik diskutieren. Dabei hat der Gast die dem hl. Blasius, dem Patron der Weidetiere, geweihte Kuppelkirche (12. Jh.) im Blick, deren Gewölbe, Dachtrommel und Fensterwerke weder französisch noch baskisch inspiriert sind, sondern die Handschrift spanischer Mauren tragen – eine Seltenheit diesseits der Pyrenäen.

Hotel
Des Touristes
64130 L'Hôpital-St-Blaise
Tel. 59 66 53 04
Feb. geschl.
3. Kategorie
Ein einfacher, solider Landgasthof mit durchgelegenen, knarrenden Betten und Blümchentapete. Das Wecken übernimmt der Hahn, und draußen duftet alles nach frischem Heu.

St-Jean-de-Luz · B9

Das mit dem Nachbarort Cibourne zusammengewachsene Städtchen liegt vor dem Hintergrund der Pyrenäenhügel an der Mündung des Nivelle. Nach Meinung nicht nur des Autors ist St-Jean-de-Luz (mit Cibourne 20 000 Einwohner) der schönste Badeort des Südwestens. Seine Stärken sind eine teilweise autofreie Uferpromenade, auf der im Sommer bis weit nach Mitternacht lebendiges Treiben herrscht. Vor allem aber besticht die Altstadt mit ihren für das Baskenland typischen weiß-roten Fachwerkhäusern.

Die Luziens waren schon seit dem 10. Jh. als Walfänger bekannt. Mit ihren Booten drangen sie bis vor die Küsten Neufundlands vor. Als später Engländer und Holländer den Walfang monopolisierten, wichen sie, wenn nicht auf die Seeräuberei, so auf den Sardinen- und Thunfischfang aus. Heute hat St-Jean-de-Luz die größte Thunfischfangflotte des Landes. Frühaufsteher können im Fischerhafen dem Entladen des Fangs zuschauen.

Hotels
Chantaco
Route d'Ascain
Tel. 59 26 14 76, Fax 59 26 35 97
24 Zimmer
Nov.–April geschl.
Luxuskategorie
Elegant eingerichtete Villa in einem spanisch anmutenden Gar-

ten, mit Restaurant und Pool, nahe dem Golfplatz

Madison
25, bd. Thiers
Tel. 59 26 35 02, Fax 59 51 14 76
25 Zimmer
2. Kategorie

Älteres, renoviertes Haus in Strandnähe am Rande der Altstadt, mit Sauna und Fitneßraum, ohne Restaurant

Sehenswertes

Eglise St-Jean-Baptiste
Über Mittag geschl.

Die äußerlich ganz unscheinbare Stadtkirche Johannes des Täufers bekam anläßlich der königlichen Hochzeit im Jahre 1660 ihr prächtiges, barockes Interieur. Die vergoldete Altarwand verrät spanischen Geschmack, während die Gestaltung des Kirchenschiffs mit seinem Tonnengewölbe und den drei hölzernen Galerien typisch baskisch ist. Anders als in Deutschland oder etwa in Synagogen sind die Galerien hier den Männern vorbehalten, die von oben her auf die Frauen im Schiff blicken. Gesang- und Gebetsbücher sind zweisprachig – die Kirche anerkennt Baskisch als Liturgiesprache.

Maison Louis XIV
Pl. Louis XIV
Tel. 59 26 01 56
Juni – Mitte Sept. Mo–Sa 10.30 bis 12, 15–18.30 Uhr
Eintritt 15 FF

Größtes Ereignis der Stadtgeschichte war die Hochzeit des Sonnenkönigs mit der spani-

schen Infantin Maria-Theresia am 9. Juni 1660. Daran erinnert die Maison Louis XIV, nämlich das Palais (1643) des Reeders Lohobiague, in dem Ludwig mit seinem Gefolge residierte. Auch das Haus des Reeders Harander, in dem damals die Infantin wohnte, steht noch am Quai de l'Infante.

Essen und Trinken

Das bekannteste baskische Gericht ist die Fischsuppe *ttoro*; traditionell wird sie mit geriebenem Käse und gerösteten Brotwürfeln serviert. Die *merluza salsa verde* ist ein gekochter Stockfisch mit Erbsen und Spargel, und *marmitaku* ist das Einheitsessen der Fischer auf hoher See: Thunfischragout. Zum Verdauen hilft der Kräuterschnaps *Izzara*.

Bistro Chez Pablo
5, rue Mademoiselle Etcheto
Tel. 59 26 37 81
Sa abend, So geschl.

Populäres Fischlokal hinter dem Markt

Restaurant La Tourasse
25, rue Tourasse
Tel. 59 51 14 25
2. Kategorie

Nach Einschätzung der Einheimischen die beste Küche der Stadt

Einkaufen

Maison de l'Infante
nur Verkauf

Jean Viers hat die traditionelle Leinenweberei wiederbelebt und verkauft außer Stoffen in den sie-

ben Landesfarben auch Fertig-
artikel wie Tischdecken, Ta-
schen u.ä.

Pâtisserie Maison Adam
6, pl. Louis XIV
Die Konditorei ist für ihre köstlichen Makronen (*macarons*) bekannt, die ein Vorfahre des Kon-
ditors nach dem gleichen Re-
zept schon für die Hochzeit Ludwig XIV. gebacken hat.

Allgemeine Informationen
Auskunft:
Office de Tourisme
Pl. Maréchal Foch
64500 St-Jean-de-Luz
Tel. 0033/59 26 03 16,
Fax 59 26 21 47
Juli–Aug. Mo–Sa 9–12.30,
14–19.30, So 10–12.30 Uhr,
sonst Mo–Sa l9–12.30, 14.30
bis 18 Uhr
Bahn und Bus:
Von Biarritz Schnellzug und Bus
ATCRB

C10 **St-Jean-Pied-de-Port**
Niemand erwarte hier die Einsamkeit und Stille der Bergwelt.
Das Städtchen (1800 Einwohner) ist in den Sommermonaten
ein Touristentreffpunkt ersten
Ranges und zieht an Spitzenta-
gen mehrere tausend Tagesaus-
flügler an.
Im Mittelalter war St-Jean-Pied-
de-Port die letzte Station der Jakobspilger vor dem Paß von
Roncevaux, dem Übergang
nach Spanien – daher der Name
»Sankt Johann zu Füßen des Pas-
ses«. Man betritt die Altstadt

heute gewöhnlich von unten
über die Nive-Brücke (schönes
Fotomotiv; im Fluß Forellen)
und die Porte de Navarra,
kommt also von der Seite, auf
der die Jakobspilger die Stadt
wieder verließen. Vorbei an der
hochgotischen Stadtkirche Not-
re-Dame-du-Pont steigt die Rue
de la Citadelle langsam den
Berg hinauf. Die meisten Häuser sind aus dem in vielerlei
Schattierungen von rosa bis vio-
lett vorkommenden Buntsand-
stein vom Hausberg Arradoy.
Einzelne Fachwerkhäuser sind
durch in die Türstütze eingemei-
ßelte Jahreszahlen als die älteren zu erkennen. Rot und Weiß,
nur von wenig Grün der Zier-
pflanzen aufgelockert, sind die
typischen Farben der Städte und
Dörfer Navarras – ganz anders
als das Grau-Braun des Haut-
Béarn, also der Pyrenäentäler
weiter im Osten. Von der Porte
St-Jacques, am oberen Ende der
Rue de la Citadelle, bietet sich
ein schöner Ausblick; ebenso
vom Vorplatz der Zitadelle, die
im Inneren eine Schule beherbergt und nicht besichtigt werden kann.

Hotels
Pyrénées
19, pl. Charles de Gaulle
Tel. 59 37 01 01, Fax 59 37 18 97
20 Zimmer
20. Nov.–22. Dez., 6.–31. Jan.
geschl.,
Feb.–Juni, Okt./Nov. Di
geschl.
Luxuskategorie

Schickes Haus mit weit über die Region hinaus bekannter Küche; Bescheidenheit ist die Tugend dieses Publikums nicht – die echten Gourmets sind in der Minderzahl.

Hotel/Restaurant Ramuntcho (Logis de France)
1, rue de France
Tel. 59 37 03 91, Fax 59 37 35 17
17 Zimmer
20. Nov.–20. Dez. geschl.
2. Kategorie
Das Altstadthaus mit seinen modern ausgestatteten Zimmern liegt ruhig in der Oberstadt.

Museum
Prison des Evêques
Rue de la Citadelle
Eintritt 7 FF
Es ist umstritten, ob dieses Haus am Aufstieg zur Zitadelle ein Kerker für die enttarnten Schnorrer war, die, als vorgebliche Jakobspilger, im Spätmittelalter die Mildtätigkeit der Frommen ausnutzten. Jedenfalls war es im 19. Jh. Gefängnis, als es freilich in St-Jean schon lange keinen Bischof mehr gab. Die französisch-baskische Provinz Basse Navarre, die in der St-Jean mit St-Palais um den Rang der Hauptstadt stritt, war nie ein eigenes Bistum. Nur während des Schismas wohnte ein Konkurrent der Oberhirten von Bayonne hier. Im Kellerraum hängen die schweren Sträflingsketten noch von den Wänden, oben beherbergt es eine kleine Ausstellung über die Pilger und die Taubenjagd.

Einkaufen
Cadrans Solaires
23, rue de la Citadelle
Ein ungewöhnliches Geschäft, das sich auf Sonnenuhren spezialisiert hat. Für Reisende gibt es ein Modell, das in der Hosentasche oder als Fingerring getragen werden kann. Mit ihrer Justiervorrichtung ist die Uhr für alle Breitengrade tauglich – vorausgesetzt, die Sonne scheint.

Markt
Der Wochenmarkt wird den ganzen Montag über auf der Hauptstraße abgehalten. Nur bis morgens gegen 10 Uhr wechseln an der Place des Remparts Rösser, Rinder und Kleinvieh den Besitzer.

Allgemeine Informationen
Auskunft:
Office de Tourisme
14, pl. Charles de Gaulle
64220 St-Jean-Pied-de-Port
Tel. 00 33/59 37 03 57
Juni–Sept. Mo–Fr 9–12, 14–19, Sa bis 18 Uhr,
sonst Mo–Fr 9–12, 14–17.30, Sa 10–12 Uhr
Bahn:
Regionalzug von Bayonne
Bahnhof SNCF: Tel. 59 37 02 00
Bergwetterprognose:
Météo Iraty
Tel. 59 28 70 70
Fahrradverleih:
Steunou
12, pl. Charles de Gaulle
Tel. 59 37 25 45
Wandern:
Wer vom Trubel genug hat, kann sich, drei Fußstunden die

Das Städtchen St-Jean-de-Luz gehört zu den schönsten Orten des Südwestens, mit typisch baskischer Altstadt und pittoreskem Hafen

Nive bachaufwärts, nach Estérençuby oder gar weitere einein- halb Stunden bergauf nach Béhé- robie zurückziehen. Beide Wei- ler sind ideale Ausgangspunkte für Wanderungen in die Berg- welt der Pyrenäen, die hier im Col Urculu oder dem bereits auf spanischer Seite liegenden Mendi-Chipi schon 1500 m über den Meeresspiegel ragen. Hier schlugen übrigens im Jahre 778 die Basken – und nicht die muslimischen Sarazenen, wie es im Rolandslied heißt – die von Roland geführte Nachhut des karolingischen Heeres und räch- ten sich damit für die Zerstö- rung Pamplonas.

Auf dem Pyrenäenhöhenweg GR 10 wird von Estérençuby in einer Tagesetappe das Hochpla- teau von Iraty (1350 m) er- reicht. Die wenigen noch bewirt- schafteten Almen erzeugen den *brébis* (bask.: *ardigasna*), einen aromatischen Schafskäse. An die Hochfläche grenzt die Forêt d'Iraty, ein ausgedehnter Bu- chen-Tannen-Mischwald, aus dem früher das Holz für die bas- kischen Werften geschlagen und von den Flößern unter Einsatz ihres Lebens zu Tal gebracht wurde. 20 % des insgesamt 170 qkm großen Waldes gehören be- reits zu Spanien.

Auf französischer Seite wacht ein traditionsreiches Gremium der Gemeinde Larrau über die Waldnutzung und bestimmt all- jährlich die Saison der Ringel- taubenjagd.

Unterwegs im Périgord

Der Amtsschimmel nennt das Departement Dordogne, doch die Péri-
gourdins halten davon nicht viel. Sie teilen ihr Land malerisch nach
seinen Farben ein: das »Weiße Périgord« auf dem hellen Kalksteinpla-
teau um die Hauptstadt Périgueux, das »Schwarze Périgord« mit seinen dunkelgrauen Felsen um Sarlat, das nach seinen üppig grünen
Flußläufen und Wäldern so genannte »Grüne Périgord« um Brantôme. Schließlich das »Purpurrote Périgord« um Bergerac, das zuge-
geben eine neuere Erfindung der Marketingstrategen ist, die sich
dazu vom Rotwein haben inspirieren lassen.
Es sind vor allem französische Touristen und Briten, die hier im Périgord ihre Ferien verleben. Sie wissen warum. In den Höhlen an der
Vézère begegnen ihnen in den bis 20 000 Jahre alten Tierzeichnungen
die Anfänge der menschlichen Kultur, und im Tal der Dordogne pad-
deln sie an romantischen Burgen und schmucken Bastiden vorbei,
auf denen ihre Vorfahren um die Herrschaft in Aquitanien kämpften.
Und wenn Gott wirklich in Frankreich zu Tisch sitzt, dann im Périgord, wo er sich Gans, Ente, Trüffel und Walnüsse munden läßt.

F6 Périgueux

Wer auf der N 89, einer Hauptreiseroute an die südliche Atlantikküste, von Osten her nach Périgueux einfährt, möchte zweifeln, ob die Stadt einen Besuch wert ist. Erst von der Brücke über die Isle bietet sich mit der Kathedrale St-Front ein erfreulicher Anblick. Die schuppigen Kuppeln und Dachlaternen, die so gar nicht nach Frankreich passen wollen, machen neugierig. Um so mehr erstaunt, wer erfährt, daß diese größte Kuppelkirche Frankreichs lange Zeit St-Etienne-de-la-Cité den Vortritt lassen mußte.
Als Vesunna Petricoriorum war Périgueux, oder genauer: das Viertel im Westen der Altstadt um die Kirche St-Etienne, die nach Bordeaux wichtigste Römerstadt in Aquitanien. Erst im frühen Mittelalter wuchs um St-Front, die außerhalb auf einem Hügel angelegte Grabeskirche des Stadtheiligen, ein zweiter Stadtkern. 1240 vereinigten sich Vesunna und Puy St-Front, die bis heute anhand ihres rechtwinkligen römischen bzw. verwinkelten mittelalterlichen Grundrisses leicht zu unterscheidenden Pole der Stadt.
Auch wenn Périgueux 1790 anstelle von Bergerac Hauptstadt des Departements Dordogne wurde, konnte es an seine Bedeutung in der Antike nie mehr anknüpfen. Mit etwa 35 000 Einwohnern ist es heute das behäbige Zentrum einer noch weitgehend kleinbäuerlich strukturierten Region.

Hotels

Die Hotelszene von Périgueux besteht weitgehend aus kleinen, überschaubaren Familienbetrieben, in denen sich Chef und Chefin noch selbst um das Wohlbefinden ihrer Gäste kümmern.

Du Midi et Terminus (Logis de France)
18–20, rue Denis Papin
Tel. 53 53 41 06, Fax 53 54 72 44
25 Zimmer
3. Kategorie
Einfaches Haus gleich beim Bahnhof, mit Restaurant

Périgord (Logis de France)
74, rue Victor Hugo
Tel. 53 53 33 63
20 Zimmer
Rezeption So geschl.
2./3. Kategorie
Trumpf dieses Familienhotels sind seine Frühstücksterrasse und der bezaubernde Blumengarten. Mit Restaurant

Château des Reynats
Av. des Reynats
Tel. 53 03 44 84, Fax 53 03 53 59
32 Zimmer, 4 Appartements
2. Kategorie
Ein restauriertes und mit wertvollen Möbeln eingerichtetes Schloß (19. Jh.) unweit der Isle (Golfplatz, Tennis) und etwa 5 km vom Stadtzentrum

Sehenswertes

Arènes
April–Sept. tgl. 7.30–21,
sonst 7.30–18.30 Uhr
Das im 1. Jh. errichtete Amphitheater konnte sich durchaus mit den Arenen in Nîmes und Saintes messen und faßte etwa 20 000 Zuschauer. In der Zeit der Völkerwanderung, als kriegerische Germanenstämme Périgueux verwüsteten, funktionierten die Bewohner wie vielerorts in den unsicheren Regionen des Römerreiches ihr Theater in eine Burg um. Diesem Zweck diente die Arena bis ins Mittelalter, um dann als Steinbruch geplündert zu werden. Heute ist ein friedlicher Park angelegt.

Cathédrale St-Front
Die Bischofskirche mit ihren fünf Kuppeln über dem ungewöhnlichen Grundriß in Form eines griechischen Kreuzes entstand nach 1120. Ihr Vorbild ist die Markuskirche in Venedig, die sich ihrerseits an byzantinischen Vorbildern orientiert, wenn nicht über die Kreuzfahrer sogar eine direkte Verbindung zwischen Périgueux und dem Orient bestand. Ihr heutiges Gesicht verdankt die in den Religionskriegen stark getroffene und 1667 anstelle von St-Etienne zur Kathedrale erhobenen Kirche einer von Pierre Abadie geleiteten Restaurierung (1852–1900). Die orientalisierenden Dachlaternen wird man sich wegzudenken haben, insgesamt dürfte das äußere Erscheinungsbild etwas weniger überladen gewesen sein. Der heute schmucklose Innenraum war damals teilweise bemalt. Im Kreuzgang sind noch einige merowingische Sarkophage zu sehen.

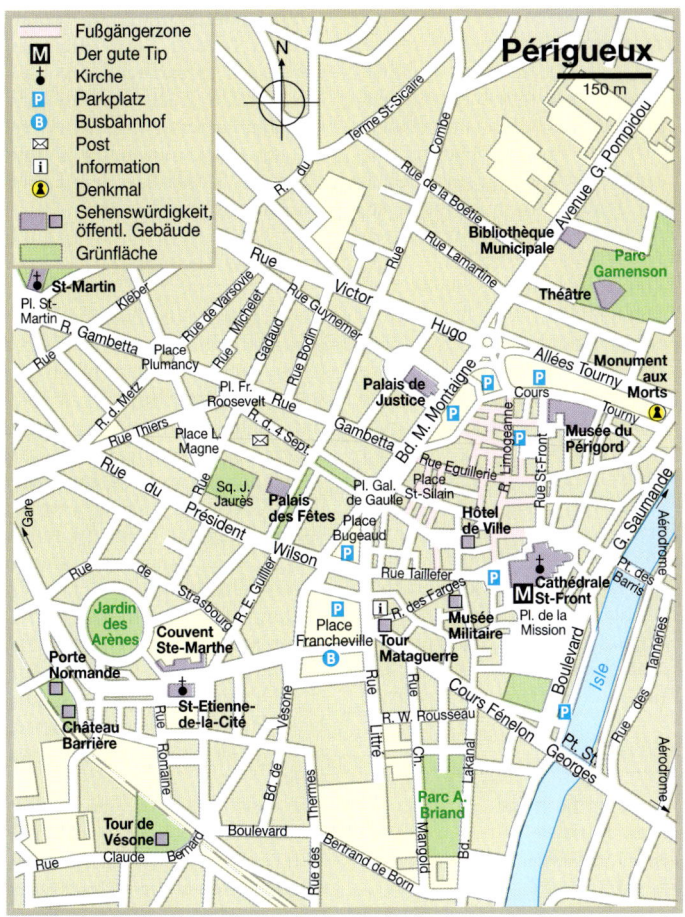

Périgueux

150 m

Legend:
- Fußgängerzone
- **M** Der gute Tip
- Kirche
- **P** Parkplatz
- **B** Busbahnhof
- ✉ Post
- **i** Information
- Denkmal
- Sehenswürdigkeit, öffentl. Gebäude
- Grünfläche

St-Etienne-de-la-Cité

Man setzt den Bau dieser Kirche gegen Ende des 11. Jh. an. St-Etienne ist in ihrem Erscheinungsbild kaum weniger ungewöhnlich als St-Front. In den 20er Jahren durchgeführte Ausgrabungen haben Klarheit über ihr ursprüngliches Aussehen gebracht: Ein durchgehendes Schiff war von drei hintereinander angeordneten Kuppeln überdacht, eine vierte deckte den Chor. Nach dem zerstörerischen Brand der Hugenotten 1577 präsentiert sich das Bauwerk nur noch mit der Hälfte seiner ursprünglichen Dimensionen.

Tour de Vésone

Am Ende der Rue Romaine steht ein halbrundes Gebilde, das auf den ersten Blick wie ein Turm erscheint. In seiner Flanke klafft eine Bresche. Die örtliche Legende schreibt dieses Loch dem Stadtheiligen Frontus zu: Um die Heiden aus ihrer letzten Bastion zu vertreiben, habe Frontus sein Kreuz gegen den Turm gehoben, der darauf zerborsten sei. Eine ganz andere Version erzählt folgendes: Die römischen Besatzer hatten die keltische Lokalgöttin Vesunna in ihr Pantheon aufgenommen und ihr im 2. Jh. einen Rundtempel gebaut, eben den Vésone-Turm, vor dessen Bresche man sich eine Vorhalle mit klassischer Eingangsfassade vorzustellen hat. In unmittelbarer Nachbarschaft des Turms wurden die Fundamente einer römischen Villa samt Thermen freigelegt.

Museum

Musée du Périgord
Cours Tourny
Tel. 53 53 16 42
Mi–Mo 10–12, 14–17 Uhr,
April–Sept. bis 18 Uhr
Eintritt 10 FF, Mi frei

Das in einem ehemaligen Augustinerkonvent untergebrachte Museum zeigt schwerpunktmäßig Exponate zur Geschichte von Stadt und Region. Die prähistorische Sammlung – Glanzstück ist das 1888 aufgefundene Skelett des Chancelade-Menschen – gilt als eine der bedeutendsten des Landes. Die Völkerkundeabteilung zeigt afrikanische und ozeanische Exotika, die Gemäldegalerie Werke alter Meister, darunter ein sehenswertes spätmittelalterliches Diptychon mit Szenen aus dem Leben Marias und der Passion.

Essen und Trinken

Typisch sind vor allem Geflügelgerichte. Der *foie gras* (Stopfleber) wird nicht weniger geschätzt als im Elsaß. Dazu werden Gänse und teilweise auch Enten täglich mit 20 bis 30 kg Maisbrei gemästet – und weil die Tiere verständlicherweise solche Mengen nicht freiwillig essen, wird ihnen das Futter durch einen Trichter in den Schlund gestopft. Durch die Prozedur wächst die Leber krankhaft und erreicht nach 20 Tagen ein Gewicht von etwa 700 g. Das Tier gilt als schlachtreif, wenn es sich nicht mehr rühren kann.

Rar geworden ist eine andere Spezialität des Périgord: Für 1 kg frischer Trüffel (*truffe*) werden inzwischen vierstellige Summen bezahlt. Der mit Schweinen oder speziell abgerichteten Schäferhunden aufzuspürende Edelpilz wächst unter der Erde an den Wurzeln einer bestimmten Eichenart. Alle Versuche, ihn künstlich zu züchten, schlugen bisher fehl.

L'Amandier
12, rue de l'Equillerie
Tel. 53 04 15 51

Klein und fein: Périgueux im Herzen des Périgord bietet Kunst und Kulinarisches für Jedermann

Di abend, So abend geschl.
2./3. Kategorie
Ein gutbürgerliches Lokal mit lokaler Küche, z. B. gegrillte Ente

La Flambée
2, rue Montaigne
Tel. 53 53 23 06
So und drei Wochen im Juli geschl.
2./3. Kategorie
Schöner Speisesaal mit offenem Kamin in einem Haus des 16. Jh.

L'Oison
31, rue St-Front
Tel. 53 09 84 02
So abend, Mo geschl.
1./2. Kategorie
Ein sterngekrönter Gourmettempel zelebriert die verfeinerten Formen der Bauernküche der Region. Auch Gemüse und Salate, die als sogenannte »Beilagen« nur zu oft arg vernachlässigt werden, kommen bei Küchenmeister Chiorozas zu ihrem Recht.

Einkaufen

Die besten Einkaufsstraßen sind die Rue de la République und die Rue Limogeanne. Ein typisches Souvenir, das Reisekasse und Gepäck kaum belastet, wäre etwa ein Döschen mit getrüffelter Leberpastete.

Altstadtmarkt Ⓜ
An den Markttagen Mittwoch und Samstag, wenn auf jedem freien Fleckchen der Altstadt Buden und Stände aufgeschlagen sind, findet man die beste Gelegenheit, einen Überblick über die Zutaten der regionalen Kü-

Der gute Tip M:
Der Bauernmarkt in der Altstadt von Périgueux, S. 167
Bärtige Biobauern von »Nature et Progrès« und andere Originale bringen Leben nach Périgueux.

che zu gewinnen. Die Messestände stehen etwas abseits um die Place de la Libération.
Couderc et Cie
11, pl. St-Silain
Geflügelleber, Feinkost
La Ferme Périgordienne
9, rue de Limogeanne
Mo geschl.
Feinkost

Allgemeine Informationen

Auskunft
Office de Tourisme
26, pl. Francheville
24000 Périgueux
Tel. 00 33/5 35 31 06 3,
Fax 53 09 02 50
Mo–Fr 9–12, 13–19 Uhr,
Sa bis 17 Uhr

Bahn
Auskunft: Tel. 53 09 50 50
Reservierung: Tel. 53 08 23 00
Mit dem Zug ist Périgueux direkt von Bordeaux (2 Std.), Toulouse (4 Std.), Lyon (8 Std.) und selbstverständlich Paris (5 Std.) zu erreichen.

Busse
Busse ins Umland starten an der:
Gare Routière
Pl. Francheville

Tel. 53 08 91 06, 53 08 76 00
Der Boulevard Montaigne ist der Mittelpunkt des städtischen Busnetzes. Einzelfahrten mit dem »Péribus« kosten 6 FF, Zehnerkarten 35 FF.

Medizinische Hilfe
SAMU (Ambulanz)
Tel. 53 08 81 11
Centre Hospitalier (Krankenhaus)
88, av. de Paris
Tel. 53 09 84 63

Polizei
Hôtel de Police
Rue du 4 Septembre
Tel. 53 08 17 67
Notruf: Tel. 17

Post
Rue du 4 Septembre
Mo–Fr 8–19, Sa 8–12 Uhr

Orte in der Umgebung

Bergerac E7
Edmond Rostand entwarf seine Bühnenfigur »Cyrano de Bergerac« nach dem Vorbild eines Literaten und Philosophen (1619 bis 55) gleichen Namens, der in Paris lebte. Die Bergeracois hat das nicht gehindert, den Helden mit der großen Nase zu usurpieren und ihm als ihrer besten Werbefigur auf der Place de la Myrpe ein kleines Denkmal zu setzen. Ein uraltes Minderwertigkeitsgefühl? Da wird noch immer die Geschichte kolportiert, daß einst im Mittelalter eine Ge-

sandtschaft der damals wichtigen Handelsstadt beim Papst vorstellig wurde. »Bergerac? Wo liegt das?« flüsterte der Heilige Vater irritiert seinem Berater zu, worauf dieser zu antworten wußte: »Bei Monbazillac«. Das kannte der Papst, weil dort die vorzüglichen Weine herkamen, und der Anflug eines Lächelns glitt über sein Gesicht. Die Leute aus Bergerac konnten das nur schwer verschmerzen.

Hotel
Hôtel/Restaurant Le Cyrano
2, bd. Montaigne
Tel. 53 57 02 76, Fax 53 57 78 15
11 Zimmer
So abend, Mo geschl.
2. Kategorie
Hervorragende Küche; wer mehr Ansprüche an die Unterkunft stellt, findet an der benachbarten Place Gambetta drei Drei-Sterne-Häuser, davon das »Bordeaux« mit Garten und Pool.

Sehenswertes
Château Monbazillac 🅜
6 km südl. von Bergerac
Tel. 53 57 06 38
Okt.–April tgl. 10–12, 14 bis 17 Uhr,
Mai tgl. 10–12, 14–18 Uhr,
Juni–Sept. tgl. 10–12.30, 14–19.30 Uhr
Eintritt 25 FF
Das von einem Wassergraben umgebene Schloß (16. Jh.) ist ein militärischer Zweckbau mit Anklängen an die Renaissance. Museumsfreunde finden außer

der Weinkellerei noch kleine Ausstellungen zur Volkskultur und zur Geschichte des Protestantismus.

Museen
Musée du Tabac
Pl. de la Myrpe
Tel. 53 63 04 13
Di–Sa 10–12, 14–17,
So 14.30–18.30 Uhr
Eintritt 15 FF
In der Maison Peyradère (um 1600) wird der Geschichte des Tabaks gehuldigt. Die Ausstellung beginnt mit der Entdeckung des Tabaks durch die Indianer und endet mit der industriellen Zigarettenherstellung. Das Rauchen ist im Museum verboten!

Der gute Tip 🅜:
Château Monbazillac
Weinkennern läuft das Wasser im Munde zusammen, wenn sie an den hier angebauten Weißwein denken.

Musée du Vin, de la Batellerie et de la Tonnellerie
Pl. de la Myrpe
Tel. 53 57 80 92
Di–Fr, So 10–12, 14–18,
Sa 10–12 Uhr
Eintritt 5 FF
Hier werden die Böttcher, Dordogneschiffer und der Wein gefeiert.

Einkaufen
Maison du Vin
Cloître des Récollets
Pl. du Docteur Cayla

Pierre de Bourdeille, Abt und Lebemann Pierre de Bourdeille (1539 bis 1614), genannt Brantôme, war eine der schillerndsten Figuren in der Geschichte des Klosters und in seiner Zeit. Geboren im Schloß von Bourdeilles und aufgewachsen am Hof der Königin von Navarra, erbte er früh das Amt des Abtes von seinem Onkel und hatte so eine standesgemäße Pfründe, ohne sich viel um das Kloster zu kümmern. Ganz im Gegenteil zu den mönchischen Idealen begegnet er uns als Söldnerführer in allerlei europäischen Kriegen, so gegen die Türken vor Wien und in Malta oder gegen Maria Stuart in England. Er war stets auf Seiten der katholischen Partei. 1569 überzeugte er seinen früheren Kumpanen Coligny, der zu den Calvinisten übergetreten war und mit einem Heer vor Brantôme stand, die Stadt zu verschonen. Hätte es damals schon den Gourmettempel »Moulin de

Tel. 53 57 12 57
Besichtigungen Juli / Aug. tgl. 10–12, 14–17.30 Uhr, Sept.–Juni Mo–Fr 15.30 bis 16.30 Uhr
Wer Appetit bekommen hat, muß nicht gleich weiter nach Monbazillac. Die »Maison du Vin« im alten Kloster am Platz mit dem Cyrano-Denkmal verabreicht Kostproben der »Appelation Bergerac«, die zwar kaum Spitzenweine produzieren, dafür aber Massenwein von verläßlicher Qualität.

Allgemeine Informationen
Auskunft:
Office de Tourisme
97, rue Neuve d'Argenson
Pl. de la République
24100 Bergerac
Tel. 00 33 / 53 57 03 11
Juli / Aug. Mo–Sa 9–19,
So 14–17 Uhr,
sonst Di–Sa 9–12, 13.30–18,
Mo 14–18 Uhr

Bus und Bahn:
Zug von Sarlat und Bordeaux, Bus von Périgueux

Bourdeilles   F6
Dicht gedrängt finden sich im Tal der Dronne zwischen Bourdeilles und dem nur wenige Kilometer flußauf gelegenen Brantôme für das Périgord typische Sehenswürdigkeiten: Ein Schloß und ein Kloster inmitten wunderschöner Landschaft. Sie lädt dazu ein, die beiden Besichtigungen mit einer Wandertour oder einer gemütlichen Paddelfahrt zu verbinden.
Hôtel / Restaurant Les Griffons
24310 Bourdeilles
Tel. 53 03 75, Fax 53 21 31
10 Zimmer
2. Kategorie
Okt.–März geschl.
In einer alten Mühle am Fluß sehr ruhig gelegen, klein aber fein

l'Abbaye« gegeben, wären die beiden wohl stattdessen zum Festessen gegangen. Ein Sturz vom Pferd machte ihn im fünfzigsten Lebensjahr zum Krüppel und setzte seinen militärischen und amourösen Abenteuern ein Ende. Brantôme zog sich in sein Kloster zurück und verfaßte dort die Lebenserinnerungen und andere Bücher. Im »Leben berühmter Männer und Heerführer«, dem »Leben berühmter Damen« und schließlich gar dem »Leben galanter Damen« plaudert er aus dem politischen und privaten Nähkästchen, so daß die Skandalchroniken erst ein halbes Jahrhundert später, also nach dem Tod aller Beteiligten, veröffentlicht werden konnten. Heute werden die mit starkem Dialekteinschlag geschriebenen Werke zur großen französischen Literatur gerechnet. Die ersten deutschen Übersetzungen besorgte kein geringerer als Friedrich Schiller.

Sehenswertes
Château Bourdeilles
Tel. 53 05 73 36
April–Juni, Sept.–15. Okt.
Mi–Mo 9.30–12, 14–19 Uhr,
Juli–Aug. tgl. 9–12, 14–19 Uhr,
sonst Mi–Mo 10–12, 14 bis
17 Uhr
15. Dez.–31. Jan. geschl.
Eintritt 22 FF

Zur weithin sichtbar auf einem Kalkfelsen thronenden Schloßanlage von Bourdeilles (700 Einw.) gehört eine mittelalterliche Burg, die während des 100jährigen Krieges als französische Enklave im sonst englisch beherrschten Périgord besonders bedeutsam war.

Angetrieben vom bevorstehenden Besuch der Königin Katharina von Medici zogen die Hausherren im 16. Jh. neben dem düsteren Gemäuer einen Palast im Geschmack ihrer Zeit hoch – Katharina kam nie, und das Schloß blieb trotz seiner reichen Ausstattung mit Wandmalereien und Tapisserien letztlich unvollendet. Ein Großteil der Möbel im Stil der Renaissance wurde erst in jüngster Zeit von der Familie Santard-Beultau angeschafft, die die Renovierung des Schlosses zu ihrem Lebenswerk machten.

Allgemeine Informationen
Kanuverleih:
Bourdeilles Loisirs
Hôtel le Donjon
Place de la Halle
Bourdeilles
Tel. 53 04 56 94

Brantôme
F6

Zwei Arme der Dronne umspülen das zusätzlich von einer Mauer geschützte Städtchen. Mit Recht nennt es sich »Perle des Grünen Périgord«. Als Hauptanziehungspunkt steht auf der anderen Flußseite unter einer Felswand das Benediktinerkloster, und dann gibt es noch einen Park, den die »Gesellschaft der Freunde Brantômes« wieder in seinen ursprünglichen Zustand als Barockgarten versetzen will.

Hotels

Hôtel/Restaurant Moulin de l'Abbaye (Relais et Châteaux)
1, route de Bourdeilles
Tel. 53 05 80 22, Fax 53 05 75 27
17 Zimmer
Nov.–April geschl.
Luxuskategorie
In einer schmucken Mühle vor dem Kloster, bei schönem Wetter speist man sein Edelmenü auf der Terrasse über dem Fluß. Auf der Speisekarte stehen getrüffeltes Lamm, Forellenfilet an Pilzen, Leberpastete in Blätterteig und anderes Erlesenes: Für Feinschmecker, die sich ihre feine Zunge leisten können, ein Muß.

De la Poste
33, rue Gambetta
Tel. 53 05 78 55
15 Zimmer
3. Kategorie
Ein Tip für den schmalen Geldbeutel, Zimmer teilweise mit Etagendusche/-WC, Restaurant vorhanden

Sehenswertes

Abtei St-Sicaire mit Musée Fernand-Desmoulin
Tel. 53 05 80 63
Juli/Aug. tgl. 9–12, 14 bis 19 Uhr,
sonst Mi–Mo 10–12, 14 bis 18 Uhr,
Nov.–März Mi–Mo 10–12, 14–17 Uhr
Eintritt 18 FF, Museum 6 FF
Schon in grauer Vorzeit muß dieser Ort die Menschen angezogen haben. Die Dronne hat sich nicht ohne Widerstand in die Knie zwingen lassen, sondern hat an diesem ihr den natürlichen Weg westwärts versperrenden Felsen genagt und so aus dem Kalkstein Grotten und Überhänge geformt. Ein idealer, vor der Witterung geschützter Platz, der sich zudem durch eine mächtige Quelle auszeichnet.
769 wurde die Abtei von Karl dem Großen gegründet. Nach und nach wuchs das Kloster über die schlichten Höhlenklausen hinaus zu einem mehrstöckigen Gebäudekomplex, in dem die Stile der verschiedenen Epochen miteinander verwoben sind. Prunkstück ist der freistehende, bis in die Auvergne nachgeahmte Glockenturm.
Interessanter noch als die Klostergebäude sind die dahinterliegenden Grotten. Geheimnisvoll das Relief des Jüngsten Gerichts, über dessen Entstehung die Chroniken schweigen und das auch stilistisch nicht eindeutig zu bestimmen ist.

Allgemeine Informationen
Auskunft:
Bureau de Tourisme
Route de Bourdeilles
24310 Brantôme
Tel. 00 33/53 05 80 52
Ostern–Okt. tgl. 10.30–12, 15–18 Uhr

Les Eyzies-de-Tayac

(→ Routen und Touren) Zu Recht wirbt das zwischen Steilhang und Vézère eingezwängte und ganz auf den Fremdenverkehr eingestellte Dorf (1 000 Einw.) mit seinem Attribut als »Metropole der Vorgeschichte«. Seit der Entdeckung von Steinwerkzeugen bei La Madeleine (1863) und dreier vorzeitlicher Skelette auf der Flur Cro-Magnon (1868), nach dem der eiszeitliche Gegenspieler des Neandertalers und frühe Homo sapiens dann als »Cro-Magnon-Mensch« bezeichnet wurde, hatte man im Hang über der Vézère immer wieder Knochen und Steinwerkzeuge gefunden, bis schließlich im September 1901 Henri Breuil und Denis Peyrony die erstaunlichen Felsbilder in Font-de-Gaume und Les-Combarelles entdeckten. Heute sind im Vézère-Tal, dessen Grund damals etwa 30 m höher lag, über 100 prähistorische Fundstellen bekannt. Von der vorrückenden Vereisung aus Nordeuropa vertrieben, folgten die Cro-Magnon-Menschen ihrem Jagdwild nach Süden. Das Vézère-Tal bot mit seinen reichen Naturvorkommen, z. B. Quarzstein, der für Werkzeuge gebraucht wurde, seinen Felsüberhängen (*abris*) und Höhlen, die Schutz vor Wetter und Wild geboten haben, weit und breit die besten Siedlungsmöglichkeiten. Kalt gewesen sein dürfte es damals, ein Klima wie in der arktischen Tundra.

Die *abris,* Felsvorsprünge oder -nischen, haben dem Cro-Magnon-Menschen als Wohnstätte gedient

Hotel

Von den ganz einfachen Häusern abgesehen ist es in Les Eyzies unverhältnismäßig teuer.
Hôtel / Restaurant Cro-Magnon
Route de Périgueux, beim Bahnhof
Les Eyzies
Tel. 53 06 97 06, Fax 53 06 95 45
18 Zimmer
Nov.–März geschl.
1./2. Kategorie
Älteres, mit wildem Wein überwuchertes Gebäude, Garten und Pool, kleine Ausstellung vorgeschichtlicher Objekte im Haus.

Sehenswertes

Abri du Cap-Blanc
Marquay

Tel. 53 59 21 74
Ostern–Juni, Sept.–Okt.
10–12, 14–18 Uhr,
Juli/Aug. 9.30–19 Uhr
Eintritt 20 FF

Untertage vollzogen die Steinzeitmenschen zwar ihre für uns geheimnisvollen Kulthandlungen, zum Wohnen aber fanden sie die kalten und dunklen Löcher im Karst wohl ungeeignet. Siedlungsreste der Höhlenmaler fanden sich bisher nur unter offenen Felsüberhängen. Den Abri du Cap-Blanc zeichnet ein 15 m langes Monumentalrelief halblebensgroßer Pferde aus, die bis 30 cm aus der rückwärtigen Felswand gemeißelt sind.

Abri Pataud
Tel. 53 06 92 46
Juli/Aug. tgl. 9.30–19.30 Uhr,
sonst Di–So 10–12, 14 bis
17.30 Uhr
Eintritt 22 FF, Sa frei

Der Abri Pataud wurde nach der Erforschung in ein Freilichtmuseum umgestaltet, in dem die für den Laien sonst wenig anschaulichen Grabungsergebnisse mit Videofilmen erläutert werden.

Grotte des Combarelles
Tel. 53 06 97 72
April–Okt. Do–Di 9–12,
14–18 Uhr,
Okt.–März Do–Di 10–12,
14–16 Uhr
Kartenverkauf nur 9–14 Uhr
Eintritt 22 FF

Ein 250 m langer Stollen wartet mit einer Vielzahl von Ritzzeichnungen der verschiedensten Tiergattungen auf. Auch Menschen und Halbmenschen, die als rituelle Masken gedeutet werden, sind auszumachen. Die einzelnen Objekte sind teilweise ineinander verschachtelt.
Täglich sind maximal 115 Besucher zugelassen; in der Hochsaison Kartenverkauf zu den Vormittagsführungen um 9 Uhr, für den Nachmittag um 14 Uhr.

Grotte de Font-de-Gaume
Tel. 53 06 97 48
April–Okt. Mi–Mo 9–12,
14–18 Uhr,
Nov.–März Mi–Mo 10–12,
14–16 Uhr
Eintritt 22 FF

Font-de-Gaume, ca. 1 km östlich von Les Eyzies, gilt nach Lascaux als die interessanteste Grotte. Sie wurde schon im 18. Jh. entdeckt, ohne daß man damals die Zeichnungen wahrnahm. Etwa 200, meist mehrfarbige Zeichnungen zeigen Bisons, Wildpferde und Mammuts, auch Wölfe und ein Nashorn. Geschickt haben die vor etwa 17 000 Jahren arbeitenden Künstler die natürlichen Kalkablagerungen an den Wänden in ihre Darstellungen mit einbezogen, so daß manche Tiere als Halbreliefs erscheinen. Der relativ gute Erhaltungszustand ist vor allem der niedrigen Luftfeuchtigkeit zu verdanken.
Täglich sind maximal 340 Besucher zugelassen, Karten zu den Führungen werden bis zu drei Tagen im voraus verkauft.

Museen

Musée National de Préhistoire

Château
Tel. 53 06 97 03
April–Nov. Mi–Mo 9.30–12,
14–18 Uhr, Winter bis 17 Uhr
Eintritt 17 FF, So 8 FF

Vor dem Besuch der Höhlen verschafft man sich am besten hier den ersten Überblick. Das Museum ist im Schloß von Les Eyzies eingerichtet, einem 30 m über dem Ort auf einer Felsterrasse gelegener Renaissancebau. Direkt am Eingang befindet sich die markante Statue eines überlebensgroßen Neandertalers. Leicht vornübergebeugt späht der Urmensch in die Ferne. In der Ausstellung informieren Schautafeln über die Epochenfolge und die Entwicklung der Werkzeuge. Ein Raum ist der prähistorischen Kunst gewidmet, darunter eine Kopie der »Venus von Laussel« (→ Bordeaux, Musée d'Aquitaine), ein anderer den Werkzeugen. Schließlich gibt es Abteilungen für Waffen und ein nachgestelltes Grab.

Musée de la Spéléologie

Roc de Tayac
Tel. 53 22 78 80
15. Juni–15. Sept. So–Fr 11 bis 18 Uhr
Eintritt 18 FF

Das Museum für Höhlenforschung, auf dem anderen Flußufer an der D 47 etwas außerhalb des Ortes, ist für all jene interessant, die sich statt für Zeugnisse vorgeschichtlicher Kulturen mehr für die naturkundlichen Aspekte interessieren.

Allgemeine Informationen

Auskunft:

Office de Tourisme

Pl. de la Mairie
24620 Les Eyzies-de-Tayac
Tel. 00 33/53 06 97 05
März–Nov. Mo–Sa 9–12,
14–18 Uhr,
Juli/Aug. bis 19 Uhr, auch So
10–12, 14–18 Uhr,
Dez.–Feb. nur Di und Do
9–12, 14–18 Uhr
mit Fahrradverleih

Bahn:
Auskunft: 53 09 50 50
Reservierung, Fahrräder:
Tel. 53 06 97 22
Regionalzug von Périgueux und Sarlat

Fahrradverleih:
Elf
Route de Périgueux
Tel. 53 06 97 26

Hautefort   F6

Zu den frühen Burgherren von Hautefort (1000 Einwohner) gehörte Bertran de Born (ca. 1140–1210), ein Gefolgsmann von Richard Löwenherz und gefeierter Troubadour, der seinen literarischen Ruhm allerdings nicht mit Liebesliedern, sondern mit ironischen Versen zu den politischen Themen und Größen seiner Zeit erwarb. Noch Dante zeigte sich davon beeindruckt. Doch von der alten Burg finden sich keine Spuren mehr. Wie viele Aristokraten sahen sich auch Bertrans Nachfahren im 17. Jh. genötigt, ihre gesellschaftlichen Stellung – der Kö-

nig hatte sie 1614 mit der Marquis-Würde ausgezeichnet – auch durch einen angemessenen Stammsitz zu unterstreichen. Die alte Burg wurde abgerissen und statt ihrer nach 1630 eine Schloßanlage im Stil des 17. Jh. erbaut. Noch heute gilt die Anlage als schönste ihrer Zeit in Südfrankreich. Im Südwestturm wird mit einem kleinen Museum des Schriftstellers Eugène Le Roy gedacht, der 1836 als Sohn des Verwalters auf Hautefort geboren wurde. Zum Schloß gehört ein Barockgarten.
Tel. 53 50 51 23
1. März – 15. Nov. tgl. 10–12, 14–18 Uhr,
Juli/Aug. bis 19 Uhr,
16. Nov.–28. Feb. So 14 bis 18 Uhr
Eintritt 23 FF

Allgemeine Informationen
Bus von Périgueux

Der gute Tip **M**:
Lascaux II
Die Felszeichnungen in der »Sixtinischen Kapelle der prähistorischen Kunst« stehen am Anfang menschlicher Kultur.

F6 Montignac
(→ Routen und Touren)
Das Städtchen liegt beiderseits der Ufer der Vézère, die hier träge und behäbig scheint. Das ansprechende Stadtbild wird von den Besuchern aber kaum

gewürdigt, denn sie haben vor allem die Höhle von Lascaux im Sinn, die spektakulärste prähistorische Sehenswürdigkeit Europas, und das CRAP in Le Thot.

Hotels
Hôtel/Restaurant Château de Puy Robert (Relais et Château)
Route de Périgueux
24290 Montignac
Tel. 53 51 92 13, Fax 53 51 80 11
32 Zimmer, 6 Appartements
Nov.–April geschl.
1./Luxuskategorie
Ein romantisches Schlößchen mit modernem Anbau, das einmal Napoleon III. gehörte, und dessen luxuriöse Einrichtung noch aus des Kaisers Tagen stammt.
Hôtel/Restaurant Relais du Soleil d'Or
16, rue du 4 Septembre
24290 Montignac
Tel. 53 51 80 22, Fax 53 50 27 54
28 Zimmer, 4 Appartements
2. Kategorie
Das komfortable Hotel ist in der früheren Poststation untergebracht. Dazu gehört ein Park mit Schwimmbad.

Sehenswertes
Lascaux II M
Tel. 53 53 44 35
Juli/Aug. tgl. 9.30–19 Uhr, sonst Di–So 10–12, 14 bis 17.30 Uhr
Jan. geschl.
Eintritt 45 FF, Juli/Aug. Billetverkauf nur in Montignac
Die Höhle Lascaux I mit den wohl bekanntesten und schön-

sten Steinzeitmalereien wurde nur per Zufall entdeckt. Auf der Suche nach ihrem entlaufenen Hund drangen Jugendliche am 12. September 1940 durch einen Felsspalt in diese »Sixtinische Kapelle der prähistorischen Kunst« ein. 1500 Tierzeichnungen schmücken die Wände: Stampfende Stiere, Pferde mitten im Sprung, Bisons und andere Tiere halten die Welt der Eiszeitmenschen fest. Die Anfänge der Kunst sind gemacht. Warum aber hinterläßt uns der frühe Mensch in Lascaux nur ein einziges, wenig kunstfertiges Abbild seiner selbst?

Anders als in Font-de-Gaume sind die Bilder von Lascaux nicht von einer schützenden Sinterschicht bedeckt, sondern ihrerseits auf auskristallisiertem Kalziumkarbonat aufgetragen: mit der Folge, daß unter dem feuchten Atem der Besuchermassen Kalk samt Bildern zu Wasser zerronn und in dem plötzlich veränderten Mikroklima überdies Algen und Pilze den Kunstwerken zusetzten.

Bereits 1963 wurde Lascaux für das Publikum geschlossen, und der heutige Publikumsmagnet, »Lascaux II«, ist lediglich eine Nachbildung der Grotte. Eine andere, nur wenige Schritte entfernte Höhle wurde in der Form an Lascaux I angeglichen und mit Duplikaten der wichtigsten Bildpartien ausgestattet, die mit Erdfarben auf den Zementputz aufgetragen sind.

Centre de Recherches et d'Art Préhistorique (CRAP)
Le Thot
Tel. 53 53 44 35
Juli/Aug. tgl. 9.30–19 Uhr, sonst Di–So 10–12, 14 bis 17 Uhr
Jan. geschl.
Eintritt mit Billet für Lascaux, Juli/Aug. nur in Montignac erhältlich

Mehr über die technischen Kniffe beim Bau von Lascaux II verrät das zugehörige Forschungsinstitut (CRAP) im etwa 7 km entfernten Le Thot. Tonshow und Schautafeln demonstrieren darüber hinaus die Entwicklung der prähistorischen Kunst mit Beispielen auch aus den Höhlen von Altamira, Niaux und Pech Merle. Zum Zentrum gehört ein Wildpark, in dem Bisons, Auerochsen, Urpferde und andere in die Grotten gemalte Tiere in natura anzutreffen sind. Eher kurios sind die pneumatisch bewegten Wollnashorn- und Mammutattrappen. Das Billet für Lascaux, in der Hochsaison nur am Touristenamt in Montignac erhältlich, öffnet gleichzeitig die Tore der CRAP.

Allgemeine Informationen
Auskunft:
Office de Tourisme
Pl. Bertrand de Born
24290 Montignac
Tel. 00 33/53 51 82 60
Feb.–Juni, Sept.–Dez. Mo–Sa 9.30–12.30, 14–17.30 Uhr, Juli/Aug. tgl. 9–18 Uhr

Nach einem Rundgang durch das mittelalterlich geprägte Stadtbild Sarlats gibt es die verdiente Pause in einer Brasserie

F7 Sarlat-la-Canéda

Der 10 000 Einwohner zählende Hauptort des wegen seiner dunklen Eichenwälder »Périgord noir« genannten Südens des Departements ist eine der schönsten Kleinstädte Frankreichs. Nicht einzelne herausragende Sehenswürdigkeiten machen den Reiz Sarlats aus, sondern das noch weitgehend mittelalterliche Stadtensemble: ein sozusagen périgourdisches Rothenburg, das auch als Kulisse für Filme, die im Mittelalter spielen, geschätzt wird. Häuser aus der Zeit der Gotik und Renaissance strahlen in warmen, südländischen Farben. Zwischen

dem 13. und 16. Jh. erlebte das aus einem Benediktinerkloster hervorgegangene Sarlat sein »Goldenes Zeitalter«. Nach den Religionskriegen geriet es mehr und mehr ins Abseits und verlor schließlich auch seinen Bischofssitz. Die Zeit blieb stehen, bis die in den 60er und 70er Jahren mit großem Aufwand und staatlicher Hilfe restaurierte Altstadt zu einer Touristenattraktion wurde. Einzige durchgreifende Neuerung des 19. Jh. war die »Traverse«, die quer durch die Stadt geschlagene Rue de la République, die heute den ruhigen Westteil Sarlats von der touristischen Zone im Osten trennt.

Hotels

In Sarlat gibt es knapp 20 Mittelklassehotels – ein erstaunliches Angebot. Mehr, als etwa Périgueux zu bieten hat. Die Preise sind etwas über dem Durchschnitt, ganz einfache und ganz luxuriöse Häuser fehlen.

La Hoirie
La Giragne
Tel. 53 59 05 62, Fax 53 31 13 90
15 Zimmer
1./2. Kategorie
15. Nov. – 15. März. geschl.
2 km außerhalb (D 704 Süd, dann C 1), kein früheres Jagdhaus in einem Park mit Schwimmbad. Die Zimmer klassisch mit viel Geschmack eingerichtet; mit Restaurant.

Des Recollets
4, rue J.-J. Rousseau
Tel. 53 59 00 49, Fax 53 28 91 27
17 Zimmer
2./3. Kategorie
Zentral in einem ruhigen Teil der Altstadt, die Zimmer bescheiden, wie es der Tradition des Hauses entspricht, das einmal Teil eines Franziskanerklosters war.

Sehenswertes
(→ Routen und Touren)

Essen und Trinken
La Rapière
Pl. de la Cathédrale
Tel. 53 59 08 29
2./3. Kategorie
Gegenüber der Kathedrale. Unten eine rustikale Bar, im ersten Stock der schöne Speisesaal mit offenem Kamin

Einkaufen
Spezialitäten Sarlats sind sein Nußwein (*vin de noix*) und sein Nußöl (*huile de noix*), die man überall in der Stadt erstehen kann.

Boucherie Maleville
4, rue Victor Hugo
Tel. 53 59 01 18
Confit, selbstgemachte Konserven

Moulin à Huile de Noix
M. Bordier
Ste-Nathalène
Tel. 53 59 22 08
Gewöhnlich freitags zermalmt die alte Wassermühle in Ste-Nathalène noch immer Walnüsse zu jenem Substrat, das, erhitzt und getrocknet, schließlich beim Pressen zu köstlichem Nußöl gerinnt.

La Noyerie
6, rue de la Liberté
So/Mo geschl.
Konfekt und andere Köstlichkeiten aus Nüssen, welche die Landschaft um Sarlat so reichhaltig bereit hält

Allgemeine Informationen
Auskunft:
Office de Tourisme
Pl. de la Liberté
24203 Sarlat-la-Canéda
Tel. 00 33/53 59 27 67,
Fax 53 59 19 44
Juni – Sept. Mo – Sa 9 – 19,
So 10 – 12, 15 – 18 Uhr,
sonst Mo – Sa 9 – 12, 14 – 18 Uhr
Juli/Aug. tgl. Stadtführung
(21 FF)
Bus und Bahn:
Regionalzug und Busse von Bordeaux, Périgueux (über Beynac, Les Eyzies) und Souillac (über Carsac)

Unterwegs in der Vendée

Mit französischen Landschaften wie dem Elsaß oder der Provence
verbinden wir genaue Vorstellungen, Träume, vielleicht Erinnerun-
gen. Doch die Vendée? Von der weiß man allenfalls vage, daß sie irgendwo im fernen Westen Frankreichs liegt. Vielleicht erinnert man
sich noch aus dem Geschichtsunterricht oder historischen Romanen
daran, daß sich vor langer Zeit die Königstreuen den Pariser Revolu-
tionären besonders hartnäckig und blutig widersetzten.
Die Vendée ist kein klassisches Reiseziel. An den von Pinienhainen gesäumten Sandstränden der 200 Kilometer langen Côte de Lumière,
der »Küste des Lichts«, bleiben die französischen Urlauber weitgehend unter sich. Das bäuerliche Hinterland erinnert an norddeutsche
oder holländische Marschen, denen der ab März blühende Ginster
Farbe verleiht. Weiter landeinwärts steigt das Gelände in sanften Hü-
gelwellen zur Bocage an, einer prärieähnlichen Hochebene mit satten
Weiden. Der Vendée fehlen die dramatischen Landschaftsakzente.
Ihre Reize wollen, abseits der bekannten Wege, vom Reisenden mit
Zeit und Muße entdeckt werden.

B4 **Les Sables-d'Olonne**

Das Städtchen ist einer der angesehensten Badeorte des Landes
und wird seit über 100 Jahren
in einer Reihe mit so mondänen
Namen wie La Baule und Arcachon genannt. Gleich in zwei
Casinos können Sie Ihr Glück
aufs Spiel setzen. Diskotheken
und Bars übertreffen an Zahl
die der Kirchen des gesamten
Departements. Von dem 3 km
langen Strand bleibt bei Flut
nur ein schmaler Streifen trok-
ken – in der Saison wird es also
an der mit bis zu zehnstöckigen
Blocks gesäumten Ufermeile
eng. Schon einen Block landeinwärts jedoch geht es gemütlicher zu. Eine bißchen Belle Epoque (sehenswert ist die Markthalle) schmückt die schmalen
Gassen. Unauffällige Häuschen
der Einheimischen führen hinüber auf die andere Seite der
Landzunge mit dem Fischerhafen und dem Fort St-Nicolas. La
Chaume, das einstige Fischer-
viertel auf der anderen Seite der
Hafeneinfahrt, ist durch eine
Pendelfähre mit dem Zentrum
verbunden.

Hotels

Wie es sich für einen noblen Badeort gehört, gibt es ein breites
Angebot an eher gehobenen
Übernachtungsmöglichkeiten.
Antoine
60, rue Napoléon
Tel. 51 95 08 36
19 Zimmer
2. Kategorie
15. Okt.–15. März geschl.

Das Landschaftsbild in der Vendée erinnert an norddeutsche oder holländische Marschen

Das familiär geführte Haus liegt in einer ruhigen Seitengasse zwischen Fischerhafen und Strand. In der Hochsaison ist Halbpension obligatorisch. Ein in Les Sables-d'Olonne nicht zu vernachlässigender Vorteil ist die geschlossene Garage.

Beau Rivage
40, promenade Clemenceau
Tel. 51 32 03 01, Fax 51 32 46 48
12 Zimmer, 4 Appartements
Jan. geschl., außerhalb der Saison auch So abend,
Mo geschl.
1./2. Kategorie
Beste Lage an der Uferpromenade mit Blick auf den Strand, die Zimmer werden auch gehobenen Ansprüchen gerecht. Zum Haus gehört ein vorzügliches Restaurant.

Mercure
Lac de Tanchet
Tel. 51 21 77 77, Fax 51 21 77 80
100 Zimmer
1. Kategorie
Jan. geschl.
Mondäner Neubau mit gesetztem Publikum direkt am Lac de Tanchet, 10 Min. vom Strand. Dem Hotel angeschlossen ist das Kurzentrum.

Sehenswertes

Eglise St-Nicolas-de-Brem
Route du St-Gilles
Die Portalfassade (11. Jh.) des vom Regen leider arg mitgenommenen Kirchleins in Les Sables zählt zu den frühesten Zeugnissen romanischer Bildhandwerkskunst.

Port de Pêche

Wenn der Normalurlauber aus den Federn kommt, ist das Spektakel schon vorbei. Gegen sechs Uhr in der Frühe laufen die Fischerkähne ein. Der Fang wird an Land gebracht und von den Großhändlern ersteigert. Das rührige Office de Tourisme hat die Rundfahrt durch den Hafen, die Besichtigung eines Trawlers und die Versteigerung zu einem Programm »rund um den Fisch« zusammengestellt. Man kann nach Voranmeldung sogar mit den Fischern hinausfahren und ihnen bei der Arbeit auf See zuschauen.

Anmeldung:
Office de Tourisme
Tel. 51 32 03 28

Museum

Musée de l'Abbaye Ste-Croix
Rue de Verdun
Tel. 51 32 01 16
Juni – Mitte Sept. tgl. 10 – 12,
14.30 – 18.30 Uhr,
sonst Di – So 14.30 – 17.30 Uhr
Eintritt 20 FF, Mi. frei

Die kleine, aber feine Sammlung moderner und zeitgenössischer Kunst zeigt eine Auswahl von Malern der Avantgarde seit etwa 1910, z.B. Werke von Brauner und Baselitz. »Highlight« der naturgeschichtlichen und archäologischen Ausstellung ist der versteinerte, imposante Fußabdruck eines Dinosauriers.

Die volkskundliche Abteilung zeigt die üblichen Trachten.

Essen und Trinken

Neben den Meeresfrüchten räumt der traditionelle Speisezettel der Vendée vor allem den Fleischgerichten breiten Raum ein. Über die Grenzen Frankreichs hinaus wird von Feinschmeckern etwa der besondere Geschmack der hier gezüchteten Charollais-Rinder gerühmt. Bekannt ist die Region auch für ihr Wildgeflügel; beim Auftischen von Wildtaubenragout (*salmis de palombe*) oder Singvögeln wird für Tierschützer allerdings die Grenze des guten Geschmacks überschritten. Eine Gemüsespezialität der südlichen Vendée sind die eigentlich in Amerika beheimateten *mogettes*, weiße Bohnen, die gerne als Beilage zum Schinken gegessen werden. Statt Salz verwenden die Küstenbewohner manchmal *salicorne*, ein an winzige Gürkchen erinnerndes Grünzeug, das am Rande der Salzlagunen wächst. Als Dessert kommt *tourteau fromagé*, ein runder Käsekuchen aus frischem Ziegenkäse, auf den Tisch.

Beau Rivage
40, promenade Clemenceau
Tel. 51 32 03 01
1./2.Kategorie
Hier zelebriert Maître Drapeau seine maritimen Spezialitäten wie etwa Hummerragout an Trüffelbutter. Anspruchsvolle »Küche an Meerblick« für Feinschmecker.

La Salsa: Chez Carmine
20, quai Guiné

Tel. 51 95 79 98
3. Kategorie
Nicht jedermanns und -fraus Geschmack, doch von der Ausstattung her das verrückteste und
schrillste Lokal der Vendée.

Am Abend

Casino de la Plage
Promenade Joffre
Tel. 51 32 05 40
Juli/Aug. tgl. 21–4 Uhr, sonst
Di/Mi »Ruhenacht«
Das klassische Roulette-Casino.
Etwaige Gewinne kann man an-
schließend in der hauseigenen
Diskothek »Number One« wie-
der verjubeln.
Casino des Sports
Av. Rhin et Danube
Tel. 51 32 58 31
Juni–Sept. tgl. 21–4 Uhr, sonst
nur an Wochenenden
Moderner und weniger elegant
als das Casino de la Plage. Auch
beim Black Jack kann man seine
Nerven kitzeln lassen, und die
Disko (»Le Pub«) fehlt nicht.

Kinder

Musée de l'Automobile
Talmont St-Hilaire
Tel. 51 22 05 81
April–Sept. tgl. 9.30–12,
14–19 Uhr,
Okt. nur bis 18 Uhr
Eintritt 30 FF, Kinder 15 FF
In einer 3000 qm Halle, die mit
alten Plakaten und anderen Ac-
cessoires rund um das Auto de-
koriert ist, 140 allesamt fahr-
tüchtige Karossen vom Pferde-

Windsurferinnen trainieren am Strand
von Les Sables d'Olonne

wagen übers Fahr- und Motor-
rad bis zum Automobil. Da haben auch technikbesessene Vä-
ter ihre Freude.
Phare l'Armandèche
La Chaume
Juni–Sept. tgl. 15–18 Uhr
Eintritt frei
Wer sich die Mühe gemacht und
die 192 Stufen erklommen hat,
kann sich oben vom Leucht-
turmwärter technische Wunder
erklären lassen: wie z.B. Spiegel
und geschliffene Gläser ein
500 Watt starkes Lampenlicht
40 km weit ausstrahlen können.

Strandbetreuung
vor der Pl. Navarin
Tel. 51 32 07 80
15. Juni–15. Sept.

Allgemeine Informationen

Auskunft

Office de Tourisme
Rue du Maréchal Leclerc
85100 Les Sables-d'Olonne
Tel. 00 33/51 32 03 28
Mo–Sa 9–12, 14–18.30 Uhr,
Juli/Aug. auch So 9–12,
14–16.30 Uhr,
Sept.–Juni auch So 10–12 Uhr

Bus und Bahn

Reservierung:
Tel. 51 62 50 50
Auskunft:
Tel. 40 08 60 60
Züge nach Paris (über La-Roche-sur-Yon und Nantes) und La Rochelle, Busse entlang der Küste

Orte in der Umgebung

B4/ **La Côte de Lumière**
C4 Les Sables-d'Olonne liegt etwa in der Mitte des sich von der einstigen Moorsiedlung St-Jean-de-Monts bis zum Kap Aiguillon ziehenden sommerlichen Rummelplatzes. An seinem nur selten von Felsen unterbrochenen Strand suchen mehrere hunderttausend Menschen Erholung. Die »Küste des Lichts« trägt ihren Namen zu Recht. Die Sonne scheint hier im Durchschnitt 2500 Stunden im Jahr – soviel Sonne hat die Atlantikküste erst wieder in Portugal zu bieten.
St-Jean-de-Monts, mit seichtem, kinderfreundlichem Sandstrand und viel Glas und Beton,

gibt sich jung und ist stolz auf sein lebhaftes Nightlife. St-Gilles-Croix-de-Vie an der Corniche Vendée schmückt sich mit einem alten Stadtkern und einem Fischerhafen. La-Tranche-sur-Mer schließlich hat sich ganz dem Surfen verschrieben.

La Frébouchère   C4
Das Dolmenfeld von La Frébouchère ist eine wenig bekannte und recht versteckte Attraktion. Den Steinzeitfriedhof, der auch als »Carnac der Vendée« gerühmt wird, erreichen Sie über die D 949 bis 3 km hinter Avrillé, hier rechts die D 91 bis vor das Dörfchen Le Bernard.
Centre Archéologique d'Initiation et de Recherche sur le Néolithique (CAIRN)
St-Hilaire-la-Foret
Tel. 51 33 38 38
Ostern–Ende Okt.
Eintritt 25 FF, Kinder 12 F
Wer an den echten Dolmen Gefallen gefunden hat, darf sich in diesem kleinen Freizeitpark selbst an der Herstellung von Hinkelsteinen und in anderen steinzeitlichen Kulturtechniken üben. Obelix läßt grüßen.

Mont des Alouettes   D3
Die Haute Bocage ist ein letzter Ausläufer des amorikanischen (bretonischen) Massivs. Dieser seit 600 Millionen Jahren von Wind und Wetter angeschliffene, gerundete, zertrümmerte und abgetragene Granitsockel

besteht aus Ablagerungen urzeitlicher Meere. An anderer Stelle begegnen wir ihm erst wieder im Zentralmassiv. Wenn nicht gerade die Wochenendausflügler auf der Suche nach einem Picknickplatz über die Feldwege preschen, liegt über dem dünnbesiedelten Hügelland eine friedliche Stille, die so gar nicht zu seiner kriegerischen Vergangenheit passen will.

Schon der Name des Lerchenberges (231 m) rührt nicht von zwitschernden Singvögeln, sondern vom Feldzeichen einer römischen Legion, die hier, wo man bei klarem Wetter heute bis zu den Hochhäusern von Nantes sieht, ihr Lager hatte. Bei ihrer Erhebung gegen den Konvent benutzten die aufständischen Royalisten die Windmühlen auf dem Mont des Alouettes als optische Telegrafen und signalisierten mit unterschiedlichen Stellungen der Mühlräder die Lage: Ruhe, Feind im Anmarsch, Feind im Rückzug, Aufruf zum Sammeln. Es dauerte lange, bis die Revolutionäre begriffen, warum die Gegner ihnen immer einen Schritt voraus waren, und die Mühlen zerstörten.

Sehenswertes
Moulins Mont des Alouettes
Vorführung Juli/Aug. Fr–So ab 15 Uhr, sonst Sa ab 15 Uhr
Tel. 51 67 16 66
Eintritt 14 FF
Zwei Mühlen wurden während der bourbonischen Restauration in der für die Vendée typischen Form mit spitzen, schiefergedeckten Kegeldächern und einem Gegengewicht aus Eichenholz wieder errichtet; dazu ein Steinkreuz und eine neogotische Kapelle zum Gedenken an die Gefallenen.

Château du Puy-du-Fou
Les Epesses
Auf dem etwa 10 km vom Mont des Alouettes entfernten Renaissanceschloß von Puy-du-Fou wird in einem kleinen Museum an den Aufstand der Vendée erinnert und dieser aus der Sicht des »Jacques Maupillier, paysan vendéen«, so das Stück, an einigen Sommerwochenenden nachgespielt. Frankreichs größtes »Son-et-lumière-Spektakel«, das bereits 2,5 Millionen Zuschauer gesehen hat. Vorverkauf in den meisten Touristenämtern der Region.

Von diesem Erfolg angespornt, hat auch ein Freizeitpark (Grand Parcours du Puy-du-Fou) sich des beliebten Themas angenommen und bietet »Zeitreisen« in die Vergangenheit der Vendée.

Historienspiel Tel. 51 57 65 65
Eintritt 100 FF
Freizeitpark Tel. 51 57 66 66
Mai So 10–21 Uhr,
Juni–Sept. Di–So 10–21 Uhr
Eintritt 65 FF
Museum Tel. 51 57 60 60
Okt.–April Di–So 10–12,
14–18 Uhr,
Mai–Sept. Di–So 10–19 Uhr
Eintritt 12 FF

Autos haben auf der Ile d'Yeu nichts zu suchen. Am besten kommt man hier mit dem Fahrrad voran

Essen und Trinken
Restaurant Mont des Alouettes
Tel. 51 67 02 18
2./3. Kategorie
Mo geschl.
Beliebtes Ausflugslokal, deshalb an Wochenenden und in der Ferienzeit Voranmeldung dringend angeraten

B3 Ile de Noirmoutier
Die durch eine Brücke mit dem Festland verbundene Insel ist etwa 19 km lang und mißt an ihrer breitesten Stelle 7 km. Flach wie ein Brett, ist sie ein Paradies für Fahrradfahrer. Eine unnütze Schnellstraße teilt die Insel in zwei Hälften. Am sandigen Westufer breiten die Badegäste ihre Handtücher vor dem Pinienhain und Dünengürtel aus. Die steinige Ostküste ist überwiegend das Revier der Muschelsammler, hat mit der Plage des Dames aber auch eine schöne und windgeschützte Badebucht und mit dem Bois de la Chaize sogar einen kleinen, doch feinen Wald. Die Burg des Hauptortes Noirmoutier-en-l'Ile im Zentrum der Insel blickt auf Polder, Salzgärten, Austernbecken und Kartoffeläcker herab. Es waren Flamen wie etwa die Korsarenfamilie Jakobsen, die die Kunst des Deichbaus und Flutschutzes auf die Insel brachten. Das auf diese Art nordische Ambiente kontrastiert reizvoll mit der mediterranen Vegetation aus Lavendel, Rosmarin, Feigenbäumen und Mimosen.

Hotels

Die Übernachtungspreise auf der Insel sind vergleichsweise hoch, einfache Unterkünfte sucht man vergebens.

Les Douves (Logis de France)
11, rue les Douves
Noirmoutier-en-l'Ile
Tel. 51 39 02 72
22 Zimmer
20. Dez. – 1. Feb. geschl.
2. Kategorie

Wie die Burg, die man vom Haus gut im Blick hat, ist das Hotel auf vier Seiten rund um einen Innenhof oder besser Garten mit Pool gebaut. Zentral, aber ruhig gelegen.

Punta Lara
Chemin de la Noure
L'Epine
Tel. 51 39 11 58, Fax 51 39 69 12
63 Zimmer
Nov. – Ostern geschl.
1. Kategorie

Nur wenige Schritte vom Strand in einem Pinienwald. Großes Parkgrundstück mit Tennisplatz und Pool

Sehenswertes

Aquarium Sealand
Noirmoutier-en-l'Ile
Tel. 51 39 08 11
Juli / Aug. tgl. 10 – 24 Uhr
tgl. 10 – 12, 14 – 18 Uhr
Eintritt 30 FF

Der »Unterwasser-Saal« ist wörtlich zu nehmen. Nur Glasscheiben trennen hier den Besucher von 500 t schweren Wassermassen. In den 23 Unterwasserlandschaften tummeln sich Lebensgemeinschaften aus allen Weltmeeren. Besonders bunt sind die Korallengärten, besonders furchterregend die Piranhas. Hoffentlich bricht das Glas nicht.

Eglise St-Philbert
Noirmoutier-en-l'Ile

Die Benediktinerabtei Noirmoutier geht auf den gleichen Philbert zurück, der uns schon am Lac de Grand-Lieu als Klostergründer begegnete. Die merowingische Grabkapelle wurde spätestens bei einer Erneuerung der Kirche im 11. Jh. abgetragen und das neue Gotteshaus während der Gotik wiederum umgebaut. Die mit Holz verkleidete Decke erinnert an den umgestülpten Leib eines Schiffes. Der Sarkophag Philberts ist leer. 30 Jahre schleppten die vor den Normannen fliehenden Mönche den Leichnam ihres Heiligen von Kloster zu Kloster, bevor er im burgundischen Tournus seine letzte Ruhe fand.

> Der gute Tip **M**:
> **Passage de Gois**
> Wer auf der Straße mitten durchs Wattenmeer von der Flut überrascht wird, dem bleibt – zu Fuß – die Flucht auf den Rettungsturm.

Passage de Gois **M**

Alle paar hundert Meter Ausweichstellen für den Gegenverkehr, das kennt man vom Gebirge. Auch Notrufsäulen sind gängige Begleiter von Autostraßen. Doch hölzerne Rettungstürme? Die stehen längs des »Passage de Gois«, der alten Zufahrt zur Ile de Noirmoutier, die mitten durch das Watt führt und nur bei Ebbe passierbar ist. Wem die Achse bricht, das Benzin ausgeht, oder wer durch irgendeine Nachlässigkeit unterwegs von der Flut überrascht wird, der kann, wenn schon nicht seinen Wagen, so doch das Leben retten. Alle paar Monate geht ein Auto stundenweise unter, und es sind vor allem Einheimische, die trotz Flut noch schnell hinüber wollen, steckenbleiben und sich mit dieser Schande zum Gespött der Insel machen. Im Juli wird der Nervenkitzel des »gerade noch« mit einem sportlichen Wettlauf gegen die Flut gepflegt. Bei den »Foulées du Gois« legen Läufer vom Festland aus den 4,5 km langen Wattweg zu Fuß zurück. Gewinner ist, wer als letzter (!) vor der Flut startet und noch trockenen Fußes drüben ankommt.

Die Gois ist von etwa 2 Std. vor dem Wassertiefstand bis 2 Std. danach passierbar. Auf beiden Seiten informieren große Tafeln über die Zeit der Gezeiten.

Museen

Château Noirmoutier
Pl. d'Armes
85 330 Noirmoutier-en-l'Ile
Tel. 51 39 10 42
Juli/Aug. tgl. 10–19 Uhr,
sonst Mi–Mo 10–12, 14.30
bis 17.30 Uhr
Nov./Ostern geschl.
Eintritt 15 FF

In dieser Burg gleich neben St-Philbert wohnten die Herren von Garnache, die großen Gönner der Abtei von Philbert. Heute ist hier das Heimatmuseum mit seinen Erinnerungsstücken an den Vendée-Aufstand untergebracht. Dessen Führer d'Elbée samt 1500 Genossen wurde auf der Place d'Armes fusiliert.

Zudem gibt es eine ungewöhnliche Sammlung von Jersey-Fayencen. Dia-Vorträge erläutern den Aufbau des Schlosses. Der Bergfried belohnt den mühsamen Aufstieg mit einem Ausblick bis nach La Baule und zur Ile d'Yeu.

Musée de la Construction Navale
Rue de l'Ecluse
85 330 Noirmoutier-en-l'Ile
Tel. 51 29 24 00
Juli/Aug. Di–So 10–19 Uhr,
sonst 10–12, 14.30–18 Uhr
Nov.–März geschl.
Eintritt 15 FF, mit Schloß 20 FF

Einst zur Lagerung von Salz errichtet, gehörte die Halle später zu einer Werft. Das Museum ist beiden Traditionen verpflichtet: Es demonstriert den Bau eines neuen Schiffs vom Entwurf und Querschnitt des Rumpfes bis zum Rohbau und erläutert die Salzgewinnung. Die Umgebung gibt Anschauungsunterricht eigener Art: Auf der einen Seite grenzt das Museum an die Salzgärten, auf der anderen an den Schiffsfriedhof.

Allgemeine Informationen
Auskunft:
Office de Tourisme
Rue du Pont
85330 Noirmoutier-en-l'Ile
Tel. 51 39 80 71, Fax 51 39 53 16
Mo–Sa 10–12, 14–18 Uhr
Busverbindung:
Von Les Sables-d'Olonne und
Nantes (Anschluß TGV) mit
Bus 8, 17

33 Ile d'Yeu

Ganze 4 × 10 km groß ist das Eiland. Der Bestand von 15 000
Leihfahrrädern bei 5000 Einw.,
vier Hotels und keinem Campingplatz spricht für sich. Die
Insulaner fühlen sich besonders
von den Tagesausflüglern im
Sommer schlichtweg überrannt.
Außer schöner Natur hat die Ile
d'Yeu, die zur Römerzeit ein
wichtiges Druidenheiligtum war,
einige Menhire und Dolmen auf-
zuweisen, dazu mit dem Vieux
Château eine romantische Burgruine. Seine abseitige Lage hat
das Eiland immer wieder zu einem Verbannungsort werden
lassen. Bisher letzter und promi-
nentester Gefangener war von
1945 bis zu seinem Tode Marschall Pétain, Chef der mit Nazi-
deutschland kollaborierenden
Vichy-Regierung, den wohl nur
seine Verdienste im Ersten Weltkrieg vor der Hinrichtung be-
wahrten.

Hotel
Atlantic
Quai Carnot

Port Joinville
Tel. 51 58 38 80
15 Zimmer
2. Kategorie
Neueres Haus, im Zentrum mit
schönem Blick auf den Hafen
von Port Joinville

Museum
Musée-Historial d'Ile d'Yeu
Rue de la République
Tel. 51 58 36 88
Juli/Aug. Mi–Mo 10–12,
15–19 Uhr,
sonst nach Vereinbarung mit
M. Nolleau, Hôtel des Voya-
geurs
Eintritt 20 FF
Gedenkstätte und Museum für
Marschall Pétain

Allgemeine Informationen
Auskunft:
Office de Tourisme
Pl. du Marché
85350 Port Joinville
Tel. 00 33/51 58 32 58
Mo–Sa 10–12.30, 14–18 Uhr
Fähren:
Die Abfahrtszeiten der Fähr-
schiffe wechseln je nach Gezei-
ten und Saison.
Compagnie Yeu-Continent
Tel. 51 68 53 65, Fax 51 49 32 52
Ganzjährig
Auto- und Personenfähre
2–6 mal tgl. ab Fromentine:
Einfache Überfahrt pro Person
126 FF, Auto ab 316 FF
Navix
Tel. 51 39 00 00
Nur Mai–Sept.
Personenfähre ab Noirmoutier
und St-Gilles

Routen und Touren

Frankreich gehört zwar zu den klassischen Radsportländern, doch radelnde Ausflügler sind immer noch eher ein ungewöhnlicher Anblick – und auch Radwege sind selten. Eine Ausnahme bildet das in dieser Hinsicht vorbildliche Departement Gironde, wo das bisher längste Radwegenetz Frankreichs laufend weiter ausgebaut wird. Auch die Inseln Ré und Oléron und das Hinterland von La Rochelle bieten sich zum Radeln an. Die Fahrräder können in Nahverkehrszügen kostenlos mitgenommen werden, für größere Strecken muß man sie als Reisegepäck aufgeben. An den Bahnhöfen La Baule-Escoublac, Le Croisic, Pornichet, St-Nazaire, Pornic, Les Sables d'Olonne, Niort, La Rochelle, Royan, Soulac-sur-Mer, Arcachon, Bayonne und St-Jean-de-Luz können Sie Fahrräder gegen Kaution auch mieten.

Für Wanderungen kommen vor allem die Pyrenäen und ihr Vorland in Frage. Beste Zeit für mehrtägige Touren sind die Monate Juni und September.

Nachdem Hausbootferien auf den Nebenflüssen der Loire seit langem ein großer Renner sind, wird diese geruhsame Art des Reisens jetzt auch auf südwestfranzösischen Flüssen angeboten. Schiffbar sind Charente, Dordogne und Adour. Über die Garonne bzw. ihren Seitenkanal und den Canal du Midi kann man sogar bis zum Mittelmeer fahren. Neben den traditionellen Hausbooten, die bis zu zehn Personen unterbringen, gibt es die sogenannten *pénichettes* (bis 12 Personen) und schließlich Flachkähne ohne Aufbau (*carabages*), auf denen man seinen eigenen Wohnwagen plazieren kann. Ein Führerschein ist nicht erforderlich, die Benutzung der Schleusen ist kostenlos, sofern der Freizeitkapitän nicht sowieso selbst kurbeln muß.

Zu Fuß, mit Auto und Rad durch das »Schwarze Périgord«

Mittelpunkt der drei folgenden Touren ist das Städtchen Sarlat. Wir schlagen Ihnen zuerst einen Stadtrundgang vor, dann eine Fahrt ins Tal der Dordogne mit seinen Burgen und Wehrdörfern. Die dritte Tour durch das für seine prähistorischen Stätten berühmte Tal der Vézère beginnt zwar eigentlich nicht in Sarlat, kann aber mit der Dordogne-Fahrt kombiniert werden, so daß sich dann eine einzige längere Tour ergibt. Sie werden auf dieser Strecke mit Sicherheit einige Male übernachten. Die Dauer der Tour hängt natürlich auch vom Transportmittel

Vorige Seite: Inmitten von Weinbergen liegt das Schloß Monbazillac aus dem 16. Jh., das auch ein kleines Weinmuseum beherbergt

links: In Monpazier, wie überall im Périgord, kommen die Pilze noch frisch vom Bauern auf den Tisch

Detail am Geburtshaus des
Schriftstellers Etienne de la Boëtie
in Sarlat-la-Canéda

gehend aus dem 16. und 17. Jh.
stammt. Dahinter, auf dem alten
Friedhof, gibt der *Lanterne des
Morts* genannte Turm, der mit
den romanischen Totenlaternen
der Küste aber weder äußerlich
noch von der religiösen Bedeutung her irgendwelche Gemein-
samkeiten hat, den Historikern
noch immer Rätsel auf: War er
ein Gefängnis, eine Grabkapelle, ein Denkmal als Erinnerung an den Besuch Bernhards
von Clairvaux? Auf jeden Fall
ein schöner Winkel für Fotogra-
fen.

Blickfang des Kirchplatzes ist
die *Maison de La Boëtie,* das Geburtshaus von Etienne de La
Boëtie (1530−63), dem jung verstorbenen Schriftsteller und
Freund Montaignes. Durch die
Passage Henri-de-Ségogne kommen wir zum *Hôtel de Malville,*
dem größten privaten Stadtpalais von Sarlat und dem Rathaus
mit der Place de la Liberté. Ein-
gerahmt von der säkularisierten
Pfarrkirche *Ste-Marie,* dem *Hôtel Chassaing* und zwei klassizistischen Stadthäusern sieht der
Platz jeden Sommer auch das
mittlerweile berühmte Theater-
festival von Sarlat.

ab. Die Ausflüge in die Flußtäler
kann man selbstverständlich
mit dem Auto machen. Intensi-
ver erfährt die Landschaft freilich, wer sie sich »erarbeitet«.
Das kann mit dem Fahrrad geschehen, mit dem Kajak oder zu
zweit im Kanu – und schließlich
auch als Wanderung.

Spaziergang durch das mittel-
alterliche Sarlat-la-Canéda

(→Unterwegs in Sarlat-la-Canéda). Der Rundgang beginnt
auf der Place du Peyrou vor dem
Bischofspalast und der *Kathedrale,* die abgesehen von ihrem
romanischen Glockenturm weit-

Der Gänsemarkt

An einem Markttag ist die Rückseite von Ste-Marie vielleicht
noch spektakulärer: Auf der
Place des Oies wird, wie der
Name schon sagt, mit Gänsen
gehandelt. Touristen hin oder
her, Sarlat ist noch immer der
Markt einer Agrarregion, und

Durch das mittel-
alterliche Sarlat-la-
Canéda

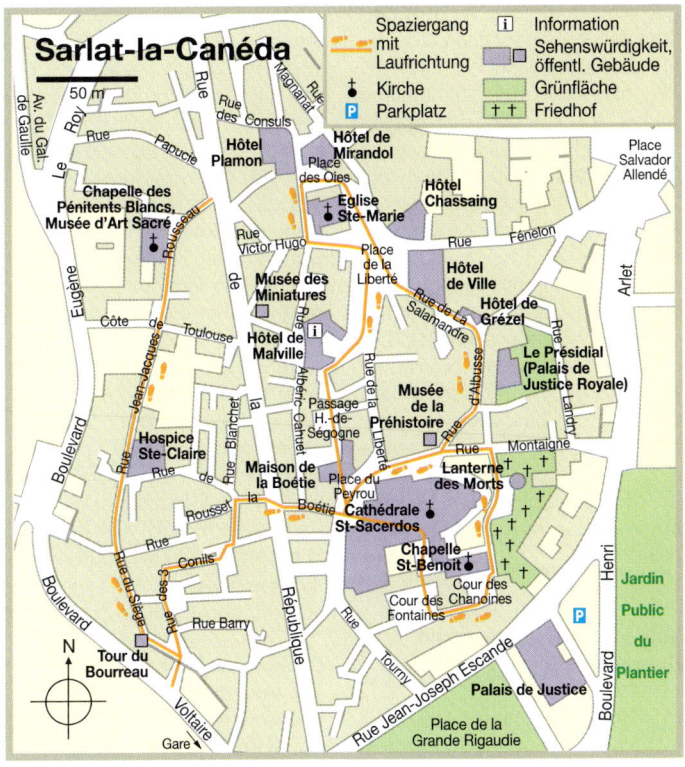

Sarlat-la-Canéda

50 m

Spaziergang mit Laufrichtung — Information

Kirche — Sehenswürdigkeit, öffentl. Gebäude

Parkplatz — Grünfläche

Friedhof

Hôtel Plamon
Hôtel de Mirandol
Place des Oies
Hôtel Chassaing
Place Salvador Allendé
Chapelle des Pénitents Blancs, Musée d'Art Sacré
Eglise Ste-Marie
Rue Victor Hugo
Place de la Liberté
Hôtel de Ville
Hôtel de Grézel
Musée des Miniatures
Hôtel de Malville
Le Présidial (Palais de Justice Royale)
Passage H.-de-Ségogne
Musée de la Préhistoire
Hospice Ste-Claire
Maison de la Boétie
Place du Peyrou
Lanterne des Morts
Cathédrale St-Sacerdos
Chapelle St-Benoît
Cour des Chanoines
Cour des Fontaines
Tour du Bourreau
Palais de Justice
Jardin Public du Plantier
Place de la Grande Rigaudie
Gare

wo lassen sich, wenn schon nicht Gänse, so doch Leberpastete und Gänse-Confit, eingemachtes Gänsefleisch, günstiger erstehen als auf dem Gänsemarkt von Sarlat? Selbst wenn gerade kein Markttag ist, sind die den Platz umrahmenden Gebäude wie das *Hôtel Plamon* (14. Jh.) und das *Hôtel de Mirandol* einen Blick wert. Vorbei am Rathaus und dem *Hôtel de Grézel,* dem das Relief eines Salamanders seinen Namen gab, gehen wir am alten Gerichtsge-bäude (16. Jh.) vorbei zurück zum Kirchplatz.

Die Weststadt

Wem dieser Rundweg nicht genügt, der geht durch die Rue de la Boétie zur Hauptstraße und besucht das westliche Stadtviertel mit der Stadtmauer, von der hier noch ein Abschnitt um die *Tour du Bourreau*, den Henkersturm, erhalten ist. Durch eine Öffnung in der Mauer sieht man die Ringstraße, die im Volksmund noch immer *La Fosse*

(Graben) heißt. Sie verläuft entlang des Wassergrabens, der früher die Stadt umgab.

Wir bleiben in der Altstadt und folgen der Rue du Siège mit ihren mittelalterlichen Fassaden, die vor dem Durchbruch der Rue de la République Hauptstraße Sarlats war. An der Einmündung der Rue de la Boétie verbirgt sich hinter hohen Mauern das *Hospice Ste-Claire* mit seinem schönen Kreuzgang. Die Straße wechselt den Namen in Rue Jean-Jacques Rousseau und führt an der barocken *Chapelle des Pénitents Blancs* (Kapelle der weißen Büßer) mit ihrem kleinen Museum für Sakralkunst vorbei auf die Rue de la République.

Vallée de la Dordogne und ihre Burgen und Bastiden

(Als Rundfahrt mit dem Rad 40 km) Die Flußlandschaft im Südwesten von Sarlat ist das Herzstück der Vallée de la Dordogne. Was der Loire ihre Schlösser, sind der Dordogne die Burgen und Bastiden, befestigte Dörfer. Wie Perlen sind sie hier aufgereiht, eine trutziger als die andere und jede mit einem noch grandioseren Ausblick. Im Hundertjährigen Krieg verlief hier die Front zwischen Engländern und den Parteigängern der Franzosen, die am Südufer saßen.

Wer das Tal auf dem trägen und auch Anfängern freundlich gesinnten Fluß erleben will, fährt mit dem Bus zunächst bis *Carnac* und schifft sich dort ein. Der Ort ist nicht besonders sehenswert. Sie kommen auf der ersten Etappe Ihrer Flußreise aber am *Château Montfort* vorbei, das malerisch auf dem Berg liegt. Als Radler oder Fußgänger schlagen Sie von Sarlat aus den Weg in Richtung Süden ein, nehmen aber nicht die vielbefahrene D 46, sondern die Nebenstraße, die am Stadtrand hinter dem Bahnübergang rechts von der D 704 abzweigt. In *Vitrac* überqueren Sie die Dordogne und klettern über die D 461 hoch nach Domme; zum Glück ist dies die einzige größere Steigung der Rundfahrt. Paddler lassen das Boot in Cénac und steigen von dort hoch nach Domme.

Die Bastide Domme

Domme mit seinen 1000 Einwohnern ist vielleicht die schönste Bastide im Dordogne-Gebiet: Das unebene Terrain machte den hier sonst üblichen Schachbrettgrundriß unmöglich und ließ ein verwinkeltes, gemütliches Städtchen entstehen, auf dessen Aussichtsbrüstung sich die Hobbyfotografen an Sonnenuntergängen begeistern. Eine mit Ultraviolett effektvoll ausgeleuchtete *Tropfsteinhöhle* (Juli/Aug. tgl. 9.30 bis 19; April–Juni, Sept. tgl. 9.30–12, 14–18, Okt.–März So 14–18 Uhr) direkt unter dem Marktplatz bot der Bevölkerung Schutz bei feindlichen An-

Vallée de la
Dordogne und
ihre Burgen und
Bastiden

**Vallée de la Dordogne,
Vallée de la Vézère**

griffen und einen Fluchtweg, der auf halber Höhe auf dem Hang mündet und dort wiederum einen großartigen Blick über das Tal gewährt.

Die halsbrecherisch steile Abfahrt nach *Cénac* erklärt, warum wir bergauf den Umweg auf der D 461 vorgeschlagen haben. Unten geht es wieder auf das Nordufer und (auf der D 703) weiter nach *La Roque-Gageac*. Das Dörfchen, eigentlich nur eine Häuserzeile zwischen Fluß und Steilfelsen,

wurde einmal als schönstes Dorf Frankreichs ausgezeichnet. Inzwischen leidet die einstige Sommerresidenz des Bischofs von Sarlat arg unter dem touristischen Durchgangsverkehr. Ob der löchrige Felsen über dem Ort einst als Wohnstätte oder für militärische Zwecke benutzt wurde, ist unklar.

Dic Burg als Kriegsmuseum

Die nächste Brücke führt nach *Castelnaud* hinüber. Die trut-

Bastiden. Bauernzüge im Kriegsspiel Neben Domme, das mit seinen vom Terrain erzwungenen Eigenheiten vom Idealtyp einer Bastide in mancher Hinsicht abweicht, sind etwa Lalinde (flußabwärts vor Bergerac) und Armagnac (Les Landes) klassische Beispiele dieser mittelalterlichen Wehrsiedlungen. Damals war der Südwesten Frankreichs Schauplatz der englisch-französischen Auseinandersetzungen, die schließlich im Hundertjährigen Krieg ihren Höhepunkt fanden und auch architektonische Konsequenzen zeigten. Bastiden wurden vor allem aus militärischen Gründen errichtet. Die Lehensherren beider Seiten versuchten damit, ihren vom Krieg entvölkerten Besitz wieder zu beleben. Für die abhängigen Bauern war das Angebot in der Tat nicht schlecht: Als Bastidenbewohner waren sie vom Militärdienst, von der Fron und von den meisten Abgaben befreit, mußten dafür aber die Verteidigungslasten mittragen und ihre Festung zunächst selbst bauen und dann instandhalten. Der Lehensherr sparte

zige Burg (12. Jh.; Mai–Mitte Sept. tgl. 10–18; Dez.–April So 14–18 Uhr) ist heute sinnigerweise ein Museum für mittelalterliche Kriegskunst. Die Ausstellung informiert uns über die Geschichte des Hundertjährigen Krieges und Rüstungen, Säbel sowie Modelle von Belagerungsmaschinen. Ein Abstecher (D 53) führt durch einen schattigen Wald vorbei am *Schloß Fayrac* (nicht zu besichtigen) zum *Schloß Les Milandes* (Ostern bis Juni, Sept. tgl. 10–11.30, 14–18; Juli/Aug. tgl. 9.30 bis 11.30, 14–18.30 Uhr), das um 1500 entstand und den Übergang zwischen Wehrburg und Lustschloß zeigt. Hier lebte bis zu ihrem Tode die Tänzerin Josephine Baker zusammen mit ihren zahlreichen Adoptivkindern aus allen Teilen der Welt, denen sie ihr Vermögen und schließlich ihr Leben opferte. Wegen ih-

res Kinderzentrums immer am Rande des Ruins, ging die über Sechzigjährige nach jahrzehntelanger Pause noch einmal auf Tournee – und starb an der körperlichen Anstrengung.

Museumsdorf Beynac

Wer nur die kleine Tour machen und nicht noch hinüber ins Vézère-Tal will, bleibt bis zur nächsten Brücke am Südufer – Radler und Fußgänger auf dem Feldweg über Envaux, Autofahrer auf der D 53 – und fährt dann am Nordufer (D 703) zurück. Wer die größere Route vor hat, fährt zurück nach Castelnaud und überquert dort den Fluß. Ein Besuch von *Beynac-et-Cazenac* (500 Einwohner) rundet das Dordogne-Erlebnis ab. Paddler müssen sich auf diesem Flußabschnitt vor den Bugwellen der Ausflugsboote in acht nehmen, die hier in den Sommer-

Vallée de la
Dordogne und
ihre Burgen und
Bastiden

im Gegenzug die Kosten für den Unterhalt einer Burg und ihrer Mannschaft. Natürlich versuchte er, die Bevölkerung aus dem Territorium seines Gegners für den Umzug auf die Bastide zu gewinnen, während er die eigenen Bauern unter Zwang in ihren Dörfern zu halten suchte – die hatte er ja schon, und deren Leistungen wollte er nicht verlieren. Der so um seine Hörigen gebrachte Gegner gründete freilich als Antwort darauf oft genug selbst eine Bastide, um den Verlust wieder wettzumachen, so daß eine Wehrsiedlung die andere nach sich zog. Der Bauplan folgte dabei, egal ob auf französischer oder englischer Seite, stets einem festen Schema: Um einen Platz mit Markthalle und Kirche wurden schachbrettartig Straßenzeilen mit zweistöckigen Häusern angelegt – und das Rechteck schließlich mit einer Mauer umgeben. Die neuen Siedlungen boten reichlich Luft, Licht und Platz, die Wohnverhältnisse waren gegenüber den armseligen Dörfern sicher verlockend.

monaten im Halbstundentakt auf und ab tuckern. Auch Beynac hat eine Festung (März–April, Okt.–Mitte Nov. Mi bis Mo 10–12, 14.30–17; Mai bis Sept. bis 18 Uhr), die seit dem 13. Jh. nicht nennenswert verändert wurde und hoch auf dem Steilfelsen klebt, an dessen Hang sich das Dorf schmiegt. Am besten steigt man vom Unterdorf über den Fußweg hinauf; die Straße macht einen langen Umweg. Die von Richard Löwenherz 1189 nach langer Belagerung eingenommene Burg hat einen bemerkenswerten Renaissance-Saal.

Wer nur einen Tagesausflug im Sinn hat, kehrt von Beynac auf der D 57 oder mit dem Bus nach Sarlat zurück. Man kann aber genausogut auf dem Fluß oder auf der Straße (D 703) nach St-Cyprien (Château de Fages; 16. Jh.) weiterfahren. Von dort

aus bietet es sich u. a. für Radler an, die Strecke nach Campagne und in das Vézère-Tal fortzusetzen. Die Entfernung von Beynac beträgt 20 km.

Der gute Tip 🅜:
L'Esplanade
Das mit Niveau geführte
Hotel liegt geradezu traumhaft auf dem Steilfelsen über
dem Dordogne-Tal.

Hotels

L'Esplanade (Logis de France) 🅜
24250 Domme
Tel. 53 28 38 92, Fax 53 28 49 92
24 Zimmer
Nov.–Mitte Feb. geschl.
1./2. Kategorie
Der blau-gelb gehaltene Speisesaal ist mit erlesenen Möbeln ausgestattet und gewährt, wie die schattige Terrasse vor dem Haus, einen weiten Blick über das Tal. Einige Zimmer befin-

Das Hôtel Esplanade ist ein echter Geheimtip: Märchenhaft oberhalb des Dordogne-Tals gelegen, bietet es im Restaurant Köstlichkeiten aus der Region

den sich im sogenannten Bischofspalast, einem historischen Gebäude aus dem 18. Jh.

Hôtel Le Périgord
Route de Vitrac
24250 La Roque-Gageac
Tel. 53 28 36 55, Fax 53 28 38 73
40 Zimmer
Nov.–März geschl.
2. Kategorie
3 km außerhalb am rechten Ufer gegenüber von Domme; das Hotel liegt ruhig in einem 2 ha großen Park mit Pool und Tennisplatz; die Zimmer sind rustikal eingerichtet, mit Restaurant.

Hôtel de la Poste
24220 Beynac-et-Cazenac
Tel. 53 29 50 22

10 Zimmer
Nov.–März geschl.
3. Kategorie
Ein einfaches Haus an der Hauptstraße, einige Zimmer mit Flußblick

Allgemeine Informationen
Auskunft:
Syndicat d'Initiative
Place de la Halle
24250 Domme
Tel. 00 33 / 53 28 37 09
Fahrradverleih:
Le Garage de Beynac
Tel. 53 29 42 47
Kanuverleih:
Randonnée Dordogne
Domme-Cénac
Tel. 53 28 22 01, Fax 53 28 53 00
Preisbeispiel: Tagestrip Carsac-Beynac (22 km) mit Rücktransport Kajak 110 FF, 2er-Kanu 160 FF

**Vallée de la Vézère:
Ausflug in die
Steinzeit**

Die Dordogne ist ein friedlicher Fluß, den sich auch Kanu-Anfänger zutrauen können. Um den Bootstransport braucht man sich nicht zu kümmern. Die Verleiher bringen die Kanus und Kajaks an den Einstiegsort oder holen sie von der Endstation wieder ab, wenn sich das Depot andernorts befindet.

Vallée de la Vézère: Ausflug in die Steinzeit

(→ Unterwegs in Les Eyzies-de-Tayac und Montignac) Wer sich die Gegend mit einer Kahnpartie von Montignac nach Les Eyzies erschließt, kommt den außerhalb der Hauptreisezeit gemütlichen Dörfern, fotogenen Schlössern und den weniger besuchten prähistorischen Stätten näher.

Wir halten uns in der Reihenfolge der Beschreibung an die Route »Dordogne-Tal«, beginnen in Le Bugue und gehen von dort flußaufwärts. Unterhalb von Les Eyzies ist der Flußteil breit und vergleichsweise unromantisch. *Le Bugue* lohnt sich jedoch wegen seiner Höhle *Bara-Bahau* (März–Okt. tgl. 9–12, 14–17.30; Juli/Aug. tgl. 9 bis 18.30 Uhr), deren weiche, in den Boden geritzte, großformatige Tierdarstellungen als erste, noch ungelenke und mindestens 20 000 Jahre alte künstlerische Versuche gedeutet werden und am Anfang jener Entwicklung stehen, die drei Jahrtausende später in Lascaux ihren Höhepunkt fand. Eine mindestens so große Attraktion des Ortes ist das Aquarium (Mai–Sept. tgl. 10–19; Okt.–April tgl. 10–12, 14–18 Uhr). Die Bassins sind geschickt in die Kalkfelsen eingelassen, König der Show ist ein 2 m langer Wels.

In *Les Eyzies* sollte man sich ein Fahrrad mieten, um dort die außerhalb liegenden Höhlen und Abris zu besuchen. Nach der »Metropole der Vorgeschichte« nehmen Radler die D 706 und später die D 66, Wanderer den Fernwanderweg GR 36. Im *Préhistoparc* (15. März–11. Nov. tgl. 10–18; Juli/Aug. tgl. 10–19 Uhr) von *Tursac* sind mit lebensgroßen Gestalten Mammutjagd, Fischfang, Steinbearbeitung und andere Szenen aus dem Alltag der Steinzeitmenschen nachgestellt. Hier kommen vor allem Kinder auf ihre Kosten. Ähnliche Szenen zeigt in einem Wäldchen am Fluß das »Troglodorf« *La Madeleine* (15. Feb.–31. März., 16. Okt. bis 30. Nov. Mi–Mo 10–12, 14–17 Uhr; 1. April–30. Juni, 1. Sept.–15. Okt. Mi–Mo 9.30 bis 12, 14–18 Uhr; Juli/Aug. tgl. 9–12, 14–19 Uhr).

Zum Weltkulturerbe

Gegenüber von Le Moustier hat der Fluß in der Vorzeit den 900 m langen Felsen *Roque St-Christophe* (Juni–Sept. tgl. 9.30–19; März–Mai, Okt. bis Mitte Nov. tgl. 10–18.30 Uhr) zu einem Halbrund ausgespült.

Die Steinzeitmenschen fanden hier Schutz, und im frühen Mittelalter wurde die natürliche Festung mit künstlichen Höhlen und Nischen versehen und zu einer fünfstöckigen Verteidigungsanlage ausgebaut, in der 3000 Menschen Schutz fanden. Die beiden unteren Terrassen des von der UNESCO zum Weltkulturerbe erklärten Denkmals sind zur Besichtigung hergerichtet. In der mittelalterlichen Küche entdeckt man an der Decke noch die schwachen Konturen einer steinzeitlichen Rentierzeichnung, und zum Abschluß des Rundgangs trifft man auf die (moderne) Darstellung eines Höhlenmenschen im Kampf gegen einen Bären.

In *St-Léon* überquert die D 66 einen Fluß. Für die Mühe wird man mit einem verträumten Schloß und einem romanischen Kirchlein belohnt. Als Wanderer kann man auf dem schöneren Ostufer bleiben und erst die Brücke von Thonac benutzen. Kürzer ist aber der Aufstieg von St-Léon zum Aussichtspunkt *Tour*, von dem man durch den Wald und das *Thonac-Tal* den Steinzeitpark *Le Thot* (→ Unterwegs in Montignac) von der Rückseite her erreicht. Weiter durch den Wald führt der Weg nach *Montignac*.

Eine ungewöhnliche Kirche

Wer nach Sarlat oder für den Rückweg nach Les Eyzies eine andere Route nehmen will, verläßt das Städtchen auf der D 704. Der nächste Abschnitt ist kein Paß der Tour de France, aber doch ein sehr langer Aufstieg um mehr als 200 Höhenmeter. Für den empfehlenswerten Umweg zur romanischen Abtei von *St-Amand-de-Coly* (Juli/Aug. tgl. 10–19 Uhr, sonst nach Vereinbarung) zweigt man nach 3 km links ab. Die Klostergebäude sind längst verschwunden, doch die Wehrkirche (12. Jh.) wurde gründlich instandgesetzt.

In *St-Genies* trifft man auf ein Schlößchen (16. Jh.) und eine weitere Wehrkirche. Wer zurück nach Les Eyzies will, biegt auf die D 48 ein, die nach einem letzten Aufstieg bequem dem Tal der Beune folgt und an den prähistorischen Stätten des *Abri du Cap-Blanc* und der *Grotte des Combarelles* vorbeiführt. Hinter Sarlat kann man das Rad die D 704 hinunterrollen lassen.

Allgemeine Informationen
Camping:
Camping Le Vézère Périgord
Tursac
Tel. 53 06 96 31, Fax 53 50 78 96
100 Stellplätze
Okt.–Ostern geschl.
Kanuverleih:
FFCK
Montignac
Place Salle des Fêtes, an der neuen Brücke
Tel. 53 51 91 14
Les Eyzies
Route de Périgueux, an der Brücke
Tel. 53 06 92 92

**Zu den Weinkellern
des Médoc und
den Seen der Côte
d'Argent**

Zu den Weinkellern des Médoc und den Seen der Côte d'Argent

Die folgende Rundfahrt ab Bordeaux ist etwa 180 km lang und dauert mindestens drei Tage. Wer keine Weinprobe ausläßt und danach vielleicht auch nicht sofort wieder fahrtüchtig ist, kann allerdings auch – u.a. im Juni, wenn die Dörfer ihre Weinfeste feiern – erheblich länger unterwegs sein.

Die Route führt zunächst durch das Weinland Médoc und anschließend an den Seen der Côte d'Argent vorbei wieder in die Stadt zurück. Sowohl Auto als auch Fahrrad bieten sich an, zumal das Terrain weithin eben ist und es auf etwa der Hälfte der Strecke gesonderte Radwege gibt.

Herz des Bordelais ist das Médoc, ein schmales, kaum 10 km breites und 70 km langes Handtuch, das sich am Westufer der Gironde zwischen Mündung und den Vorstädten von Bordeaux ausbreitet. Bei dieser Fahrt kommt vor allem der Weinliebhaber auf seine Kosten, denn hier liegen die klangvollen Châteaux wie Margaux, Lafite und Mouton-Rothschild, deren Namen dem Kenner das Wasser im Munde zusammenlaufen lassen und deren Weine auf den Auktionen die Spitzenpreise erzielen (»Château« – es gibt im Bordelais über 5 000 davon – bezeichnet auf dem Weinetikett keineswegs ein leibhaftiges Schloß, sondern bedeutet schlicht »Weingut«). Die meisten Weingüter sind auf eine Ad-hoc-Besichtigung eingerichtet – nur die Spitzenhäuser führen für ihre Verköstigungen lange Wartelisten oder bleiben dem gewöhnlichen Sterblichen ganz verschlossen.

Autofahrer finden die Weinroute, indem sie Bordeaux zunächst Richtung Lacanau verlassen und bei Le Taillan rechts auf die D 2 ins Médoc einbiegen. Radler wählen die D 209 entlang dem Ufer der Garonne. Erste Station ist in Labarde das *Château Siran* (Tel. 56 81 34 01, tgl. 10 – 18 Uhr), das einmal im Besitz der Familie Toulouse-Lautrec war, aus der auch der berühmte Maler hervorging.

Die Weine von Labarde dürfen schon die Herkunftsbezeichnung »Margaux« auf ihrem Etikett tragen. Margaux gilt als ein besonders risikoreicher Weingrund, der in wenigen Jahren Spitzenweine hervorbringt, in anderen dagegen Totalausfall verzeichnet. Als Premier Grand Cru Classé gehören die Gewächse des *Château Margaux* (Tel. 56 88 70 28, Mo–Fr 10 bis 12.30, 14 – 17 Uhr) zum Feinsten, was das Bordelais an Weinen hervorbringt.

Das Schloß Margaux ist ein monumentaler neoklassizistischer Bau. Samt seinen ausgedehnten Ländereien wurde es kürzlich von der italienischen Industriellenfamilie Agnelli erworben. Wer hier keinen Termin mehr bekommt, kann sich in der Maison du Vin des Dorfes über die anderen Weingüter in der Umgebung informieren.

In Lamarque setzt man mit der Fähre (im Sommer alle 90 Min.) nach *Blaye* über. Die von Vauban 1685–89 errichtete Festung, in der ein kleines Stadtviertel Platz findet, sicherte zusammen mit dem Fort Médoc und dem Fort Paté, das mitten im Fluß auf einer Insel liegt, den Zugang nach Bordeaux. 1832/33 war hier die Herzogin von Berry eingesperrt, die in der Vendée einen Aufstand gegen den Bürgerkönig Louis Philippe angezettelt hatte; im Ersten Weltkrieg diente das Fort als Lager für Kriegsgefangene.

Wieder zurück auf dem Westufer, kann man noch das *Fort Médoc* besichtigen. Die Anlage, früher inmitten eines Sumpfes gelegen, ist jedoch klein und in schlechtem Zustand. Die Gesell-

Der gute Tip **M**:
Château Mouton-Rothschild
Spitzenweine mit Etiketten von Meistern wie Marc Chagall, Salvador Dali, Pablo Picasso und Andy Warhol.

schaft der »Amis du Fort Médoc« bemüht sich um eine Restaurierung und nutzt das Fort im Sommer als Arena für Rockkonzerte.

Das *Château Lanessan* (Tel. 56 58 94 80, Mo–Fr 9.30 bis 11.30, 14–18 Uhr), die nächste Weinstation, bietet außer einer

Dégustation, einer Weinprobe, auch ein Kutschenmuseum.

Den Weinen des *Château Beychevelle* (Tel. 56 59 23 00, Mo–Fr 9.30–11.30, 14–17 Uhr), die schon zur Appellation St-Julien gehören, fehlt das Tüpfelchen auf dem i: Sie dürfen sich nur mit dem Grad eines Deuxième Grand Cru Classé schmücken. Zum wahren Hochadel des Weines gehören erst wieder die *Châteaux Mouton-Rothschild* (Tel. 56 59 22 22, Mo–Do 9.30 bis 11, 14–16 Uhr, Fr bis 15 Uhr) und *Lafite-Rothschild* am Ortsausgang von Pauillac. Lafite, die Nr. 1 in edlen Weinen, gibt sich so diskret, daß sogar das Türschild fehlt. Das Gut versteckt sich vor dem Château Cos d'Estourel auf der linken Straßenseite hinter einer hohen Mauer.

Château Mouton-Rothschild **M**

Mouton jedoch gewährt, wenn man sich rechtzeitig angemeldet hat, Zutritt; rechtzeitig bedeutet für die Ferienzeit um Wochen vorher.

Interessant ist – außer den millionenschweren Schätzen im Keller – die Sammlung von Etiketten. Das Château engagiert jedes Jahr einen anderen Künstler von Weltrang zur Gestaltung der Papierzettelchen.

Ein weiteres Weingut, das *Château Cos d'Estourel* (Tel. 56 59 35 69), ist neben seinen erlesenen Weinen gleichermaßen für seine ungewöhnliche und bizarre Architektur berühmt. Die Eingangstür zierte einst den Palast des Sultans von Sansibar,

**Zu den Weinkellern
des Médoc und
den Seen der Côte
d'Argent**

Die edlen Trauben des Margaux,
Lafite und Mouton-Rothschild wachsen
im Gironde-Tal

und das Gebäude selbst erinnert
an eine Pagode.

Wir verlassen das Gironde-Tal
und fahren durch Pinienwälder
(D 205) an den *Lac d'Hourtin-
Carcans*. Der ist mit 60 qkm
Wasseroberfläche der größte
Binnensee Frankreichs und besitzt mit der »Base de Bomban-
nes« auch das größte französische Wassersportzentrum. Autofahrer können nur auf der Ost-
seite des Sees entlangfahren.
Auch das Naturschutzgebiet am
Etang de Cousseau, in dem vor
allem Wasservögel zu beobachten sind, ist nur zu Fuß oder per
Rad zugänglich.

In *Lacanau-Océan*, dem wichtigsten Badeort zwischen Arcachon und der Pointe de Grave,
erholt man sich standesgemäß
von den Strapazen der Weinpro-
ben.

Hotels

**Château Cordeillan-Bages
(Relais et Château)**
Pauillac
Tel. 56 59 24 24, Fax 56 59 01 89
25 Zimmer
Luxuskategorie
Das Gutshaus liegt inmitten der
Weinberge und ist die standesge-
mäße Unterkunft für alle, die ge-
legentlich eine Flasche Grand
Cru Classé zu öffnen pflegen.

La Citadelle
Place d'Armes
Blaye
Tel. 57 42 17 10, Fax 57 42 10 34
21 Zimmer
2. Kategorie
Das modern ausgestattete Hotel
liegt absolut ruhig mitten in der
Zitadelle; Pool und Restaurant.

Bordeaux: Der König der Weine Aus den Erträgen von 1000 Quadratkilometern Rebfläche (davon 75 Prozent A.O.C.-Gebiet) entlang der Gironde und den Unterläufen von Garonne und Dordogne werden jedes Jahr rund eine halbe Milliarde Flaschen verfüllt. Die 13000 Weinbauern des Bordelais produzieren damit 42 Prozent aller roten und 27 Prozent der weißen A.O.C.-Weine Frankreichs. Bis zur großen Reblausplage, bei der die Winzer um 1870 nahezu sämtliche Weinstöcke vernichten mußten, wurden im Bordelais fast ausschließlich Rotweine produziert. Heute ist das Verhältnis Rot zu Weiß etwa 3:1. Vereinfacht kann man sagen, daß von Nord nach Süd der Weißwein an Bedeutung gewinnt. Höherer Niederschlag und die von kleinen Bächen und Flüßchen aufsteigenden Frühnebel kommen den weißen Reben zugute, während die roten eher fäulnisanfällig sind und trockenen Boden bevorzugen.

Erst neuerdings setzt sich die Erkenntnis durch, daß gerade nährstoffarmer, wasserdurchlässiger Boden die beste Voraussetzung für einen guten Wein bietet. In die Kiesgründe des Bordelais müssen die Wurzeln tief eindringen – gleichzeitig ist der Boden trocken und der Grundwasserspiegel tief, so daß die Wurzeltriebe nicht verfaulen. In nährstoffreichem oder gar gedüngtem Boden bleiben die Wurzeln

Hôtel du Golf Latitudes
L'Ardilouse
Lacanau
Tel. 56 03 23 15, Fax 56 26 30 57
50 Zimmer
Jan./Feb. geschl.
1. Kategorie
Hotel mit Golfplatz, in ruhiger Lage am See von Lacanau

Allgemeine Informationen
Auskunft:
Fähre Blaye – Lamarque
»Bacs Gironde«
Tel. 00 33/57 42 04 49
Office de Tourisme
11, cours Vauban
33390 Blaye
Tel. 00 33/57 42 12 09
Mo–Fr 9–12.30, 14–18,
Sa 10–12.30, 14–16 Uhr

Office de Tourisme
Pl. du Port
33990 Hourtin-Plage
Tel. 00 33/56 09 19 00
Juni–Sept. tgl. 10–12, 14 bis
18 Uhr
Office de Tourisme
Pl. de l'Europe
33680 Lacanau-Océan
Tel. 00 33/56 05 06 33
Mo–Fr 9–12, 13–17,
Sa 9–12 Uhr
Office de Tourisme et Maison du Vin
Quai Léon Perrier
33250 Pauillac
Tel. 00 33/56 59 03 08
Juli/Aug. tgl. 9–19 Uhr,
sonst Mo–Sa 9.30–12.30,
14–18 Uhr

hingegen kurz und der Wein verliert an Kraft und Geschmack. Die trockenen Weißweine werden aus einem Gemisch von Sauvignon-, Muscadelle- und einem kleinen Teil Sémillon-Trauben gekeltert. Zur Unterscheidung von den lieblichen Weißweinen, die in klare Flaschen abgefüllt werden, zieht man die trockenen auf grüne Flaschen auf. Für die Rotweine des Médoc werden Cabernet-Sauvignon-Trauben, die lange Haltbarkeit garantieren, mit anderen Sorten wie etwa Merlot gemischt. Nur ein Teil davon kommt unter der Herkunftsbezeichnung Médoc oder Haut Médoc auf den Markt. Andere tragen kommunale Herkunftsbezeichnungen: St-Estèphe, St-Julien, Listrac, Moulis oder Margaux.

Um ihren Absatz müssen sich die Weinbauern des Bordelais keine Sorgen machen. Nur bei der Erzeugung sehen sie sich zwei ungleichen Feinden gegenüber: Dem Bauunternehmer, der das Land samt der besten Rebflächen aufkauft, und dem Pilz Eutypios, der sich in die Reben einnistet und seine Sporen bis zu 50 Kilometer weit übers Land schickt. Wenn die ersten Krankheitssymptome sichtbar werden, sind die Nachbarstöcke längst infiziert. Man behilft sich bisher notdürftig damit, sofort nach dem Rebschnitt die »Wunden« zu verschließen, um ein Eindringen des Eutypios zu verhindern.

Tagesausflug von Bordeaux in das Land zwischen Dordogne und Garonne

Erstes Ziel ist die Bastide *Créon*, die bis ins 18. Jh. der Gerichtssitz des Entre-deux-Mers war. Aus dieser Zeit stammt ein stattliches Häuserensemble am Marktplatz. In *Sauve* erwartet Sie eine Abteikirche (12./13. Jh.) im romanisch-gotischen Übergangsstil mit schön verzierten Kapitellen. Wer die Rundfahrt mit dem Besuch von St-Emilion verbinden will, biegt hier links ab; er wird dann die Route aber mit einer Zwischenübernachtung verbinden müssen. *Sauveterre-de-Guyenne* (gegründet 1283) ist eine weitere Bastide und von seiner Architektur her beeindruckender als Créon. Alle vier Stadttore sind noch erhalten.

St-Macaire thront auf einem Felsen über der Garonne, die früher bis unmittelbar an die Stadtmauer schwappte. Wie das benachbarte Sauternais werden hier schwere weiße Dessertweine produziert. Das Informationsamt (mit Weinverkauf) befindet sich in einem sehr schön restaurierten Renaissancehaus und nennt sich bescheiden Maison du Pays.

Musée Régional des PTT d'Aquitanie 🅜
Ostern–Mitte Sept. Mi–Mo 10–12, 14.30-18.30, sonst Sa/So 14–18.30 Uhr

207

Der gute Tip Ⓜ:
Musée Régional des PTT d'Aquitanie, S. 207
Ein Museum der guten alten Zeit, als die Briefbeförderung ein hoheitlicher, aber gemütlicher Akt war.

Das Postmuseum ist stilgerecht in der alten Posthalterei untergebracht. Es zeigt auf vier Etagen einen Querschnitt durch die Postgeschichte. Besonders interessant sind die mechanischen Apparate wie ein Morse-Telegraf, eine Stöpseltelefonzentrale, Stempelmaschinen und eine »sprechende Uhr«, die den Bordelais auf Anruf die Zeit ansagte.

Im *Aquarium Tropical* (tgl. 9–19 Uhr) haben exotische Fische und Schildkröten eine neue Heimat gefunden, gleich nebenan verführt die Bar Aquarium zu einem Drink.

Von St-Macaire unternehmen Weinfreunde einen Abstecher hinüber ins Sauternais. Hier gewinnt man die gleichnamigen süßen, schweren und blumigen Dessertweine. Das *Château d'Yquem,* der bekannteste Keller des Anbaugebietes, kann leider nicht besichtigt werden, doch eine Maison du Vin in *Sauternes* tröstet darüber hinweg.

Zurück an das Nordufer. Attraktion des Weindorfes *Ste-Croix-du-Mont* sind sein Ausblick über die Garonne und eine meterdicke fossile Austernbank, in die kleine Grotten geschlagen

wurden. Mitten im Bastidenstädtchen *Cadillac* erhebt sich das *Schloß der Herzöge von Epernon* (17. Jh.; Di–So 14 bis 19, April–Sept. auch 10 bis 12 Uhr), das in jüngerer Zeit als Frauengefängnis diente.

Sehenswert sind außer den gewaltigen Kaminen die Tapisserien, die die Säle des Schlosses schmücken.

Wir beschließen die Fahrt mit dem wuchtigen *Wasserschloß La Brède* (Juli–Sept. Mi–Mo 14–18.30, sonst Sa, So 14 bis 17 Uhr). Hier wurde der große aquitanische Philosoph Charles Louis de Segondat geboren, den man besser unter seinem Titel Baron Montesquieu (1689 bis 1755) kennt. In seinem Traktat »Vom Geist der Gesetze« forderte er damals, als der absolutistische Zentralstaat alle Macht dem König zugestand, die Gewaltenteilung zwischen Justiz, Gesetzgebung und den ausführenden Organen. Das Schloß ist noch immer im Besitz der Nachfahren Montesquieus, die sein Arbeitszimmer und die Bibliothek der Nachwelt erhalten haben.

Allgemeine Informationen
Auskunft:
Maison du Pays
8, rue du Canton
33490 St-Macaire
Tel. 0033/56633214
Tgl. 10–12, 14–18 Uhr,
Mo vormittag geschl.
Verkauf der Weine der Region; Stadtplan erhältlich

Mit Rad und Wanderstock durch das Baskenland

Dieser Tagesausflug führt von St-Jean-de-Luz in die anmutige, immergrüne (und feuchte!) Hügellandschaft der baskischen Provinz Labourd. Typisch sind die rot abgesetzten Fachwerkhäuser und die für das Nationalspiel Pilota notwendigen Frontons, die Spielwände auf den Dorfplätzen.

Wer den Ausflug mit dem Rad unternimmt, sollte für die Steigungen ein wenig Kondition mitbringen und unterwegs eine Zwischenübernachtung einlegen. Über das Bilderbuchdorf *Ascain* (30 m), das am nächsten an der Küste liegt und somit oft von Besuchern überlaufen ist, wird der *Col d'Ignace* (169 m) erreicht. Radler haben jetzt den anstrengendsten Teil hinter sich. Von der Paßhöhe wandert man in zwei Stunden auf *La Rhune* (900 m), den Hausberg von St-Jean-de-Luz. Auch die Auffahrt in den gemütlichen Holzwaggons der Zahnradbahn ist ein echtes Erlebnis. Die Bergstation mit ihrem Rundblick bis San Sebastián liegt schon auf spanischem Gebiet.

Sare (70 m) wurde von Pierre Loti unter dem Pseudonym »Etchezar« als Schauplatz für seinen baskischen Heimatroman »Ramuntcho« gewählt. Auch wenn Sie keine Informationen suchen, lohnt ein Besuch des Touristenamtes, denn hier ist zugleich eine sehenswerte Ausstel-

Typisch baskische Landschaft: Täler und Hügel vor dem Col d'Osquich

lung rund um das Nationalspiel Pilota zu sehen.

Um die 2000 Saratars ranken sich viele Schmuggellegenden. Da soll es eine unterirdische Passage von der Lezea-Höhle hinüber in die spanischen Cuevas de Bruja gegeben haben. Während der Naziherrschaft führten die Gabazkolana (»Nachtarbeiter«), wie die Schmuggler scherzhaft genannt wurden, viele Flüchtlinge auf dem langen Weg in die Freiheit nach Spanien. Heute ist vor allem der Handel mit Schafen und Kälbern lukrativ.

Durch die *Lezea-Grotte* (April bis Nov. 10–12, 14–19 Uhr; Juli/Aug. durchgehend) wird der Besucher mit einem elektro-

Nationalsport und Freizeitvergnügen der
Basken: das Pelota-Spiel

nisch gesteuerten, audiovisuel-
len Programm gelotst, einer
Technik mit allzu vielen Effek-
ten, durch die die natürliche
Schönheit der Höhle kaum
mehr zur Geltung kommt. Napoleon III. durfte 1858 noch mit
einer Fackel den unterirdischen
Bach entlang wandern.
Der benachbarte Lizarrieta-Paß
ist weniger für Menschen als für

Der gute Tip M:
Hôtel/Restaurant Ithurria
Das alte Haus liefert das richtige Ambiente zum Genuß der
baskischen Küche.

Zugvögel ein wichtiger Pyrenäenübergang. Vor allem die Tauben jagt man im Herbst gnaden-

los, um sie den Kochtöpfen und
Grillspießen zuzuführen.
Ainhoa (124 m) ist vielleicht das
schönste Dorf des französischen
Baskenlandes. Denkt man sich
den Fronton weg, erinnert das
Ensemble des Dorfplatzes an
die Kirchplätze im schweizeri-
schen Appenzellerland. Über Espelette mit der Burg der Barone
von Ezpeleta (11. Jh.) erreicht
man *Cambo-les-Bains*. Das Pro-
vinzstädtchen an der Nive war
früher ein gern besuchter Luft-
kurort. Stolz verweist es auf Gäste wie Kaiserin Eugénie und König Eduard VII. Außer guter
Luft gibt es in Cambo auch zwei
schwefel- und eisenhaltige Heil-
quellen. Sehenswert ist das Pan-
orama von der Oberstadt über
das Tal der Nive.
In der stattlichen Villa im neobas-
kischen Stil, die sich um die Jahr-

Traditionelles Spiel der Franzosen und
Lebenseinstellung: das Boule-Spiel

hundertwende der Schriftsteller Edmond Rostand (1868 bis 1918), der Schöpfer des »Cyrano von Bergerac«, errichten ließ, ist heute eine kleine Gedenkstätte an den Dichter eingerichtet (Villa Arnaga, Route d'Ustaritz, Mai–Sept. tgl. 10–12, 14.30–18 Uhr). Mit seinem Versdrama über den schöngeistigen Offizier mit der großen Nase ist er berühmt geworden. Von Cambo kann man direkt nach Biarritz oder über Espelette zurück nach St-Jean-de-Luz fahren.

Hôtel / Restaurant Ithurria Ⓜ
64250 Ainhoa
Tel. 59 29 92 11, Fax 59 29 81 28
27 Zimmer
Nov.–März geschl.
1. Kategorie
Zu diesem in einem modernisierten Dorfhaus rustikal eingerichteten Hotel gehört ein Garten mit beheizten Schwimmbecken. Berühmt ist das von Maurice Isabal geführte Haus vor allem für seine baskische Küche, die die Gerichte aus Großmutters Rezeptbuch pflegt.

Allgemeine Informationen
Auskunft:
Syndicat d'Initiative
64250 Cambo-les-Bains
Parc public
Tel. 00 33 / 59 28 70 25
Mo–Fr 9.30–12, 14–18,
Sa bis 17 Uhr
Syndicat d'Initiative
Mairie (Rathaus)
64310 Sare
Tel. 00 33 / 59 54 20 14
Mo–Fr 15–18 Uhr, Juli / Aug.
auch 9–13 Uhr

Allgemeine Informationen

Anreise

Mit dem Auto

Außer nationalem Führerschein und Zulassungspapieren sind keine weiteren Autodokumente erforderlich. Die grüne Versicherungskarte wird empfohlen, für Schweizer ist sie Pflicht.

Autobahngebühren: Von den französischen Autobahnen sind lediglich die Stadtumgehungen gebührenfrei. Danach wird an Mautstationen entfernungsabhängig zur Kasse gebeten: Über den Daumen gepeilt sollte man für einen PKW mit 30–40 FF pro 100 km rechnen. An den Zahlstellen (*péage*) werden auch die gängigen Kreditkarten akzeptiert.

Autoreisezüge: Von Hamburg, Hannover, Köln/Düsseldorf, Neu-Isenburg (bei Frankfurt/Main) aus verkehren zwischen Juni und September Autoreisezüge nach Nantes und Bordeaux. Die Preise sind je nach Saison gestaffelt. Beispielsweise kostet die Fahrt Hannover-Bordeaux für einen PKW mit bis zu vier Erwachsenen im Liegewagenabteil 2 626 DM (Stand Sommer 1994). Nach Nantes, Bordeaux und Biarritz können auch

die innerfranzösischen Autoreisezüge ab Metz oder Straßburg benutzt werden. Details können Sie der Broschüre »Autoreisezugverbindungen Deutschland – Frankreich« entnehmen, die an größeren Bahnhöfen erhältlich ist.

Mit der Bahn

Die schnelleren Verbindungen an die Atlantikküste führen ausnahmslos über Paris. Je nach Route endet die Fahrt am Nordbahnhof (»Gare du Nord«) oder Ostbahnhof (»Gare de l'Est«), während die Züge an die Atlantikküste von der Gare Montparnasse 1+2 (nur TGV) oder von der Gare d'Austerlitz starten. Der französische Hochgeschwindigkeitszug TGV (*train à grande vitesse*) verbindet als »TGV atlantique« Paris mit Nantes und, über Poitiers, mit La Rochelle, Bordeaux und der baskischen Küste bzw. den östlichen Pyrenäen. Für den TGV sind Platzkarten (*resa 300*) obligatorisch.

Ermäßigungen: »Interrail« (420 DM) erlaubt Jugendlichen bis 25 Jahren (einschließlich) an 15 frei wählbaren Tagen während eines Monats freie Fahrt in Frankreich und den Beneluxstaaten.

Mit »Eurodomino« bereisen Sie für 394 DM (1. Kl.: 614 DM; Jugendliche bis 26 Jahren: 2. Kl.: 323 DM) an fünf frei wählbaren Tagen beliebige Strecken innerhalb Frankreichs.

Vorherige Seite: Ein Bild, wie man es alle Tage in der Dordogne sieht: Geflügelzucht und Landwirtschaft sind die Einnahmequellen des agrarisch geprägten Departements
Links: Vivre à la française: Musikstunde auf einer Parkbank in La Rochelle

Entsprechende Angebote gibt es auch für drei und zehn Tage.

Über die zahlreichen Sondertarife bei Fahrkarten, die in Frankreich gekauft werden, informiert Sie die Broschüre »Reisetips für Bahnfahrten in Frankreich« der französischen Eisenbahnen, erhältlich bei

Frantour
Rüsterstraße 22
60325 Frankfurt/M.
Tel. 069/72 81 43, Fax 72 51 16

Mit dem Flugzeug

In der Ferienzeit offeriert Air France täglich außer Samstag und Sonntag einen Direktflug Frankfurt–Bordeaux (Normaltarif hin und zurück 1626 DM, Flieg-und-Spar 985 DM).

Brit Air (Tel. 02 11/4 18 06 19) fliegt von Düsseldorf direkt nach Nantes. Bei allen anderen Zielorten müssen Sie in Paris umsteigen.

Air France
Friedensstraße 11
D-60311 Frankfurt/M.
Tel. 069/41 19 19

Auskunft

Französisches Verkehrsbüro:
Westendstr. 47 (Direktion)
Kaiserstr. 12 (Publikumsverkehr)
D-60311 Frankfurt/M.
Tel. 069/7 56 08 30,
Fax 75 21 78
Berliner Allee 26
D-40212 Düsseldorf
Tel. 02 11/8 03 75
Hilton Center 259

Landstrasser Hauptstraße 2
A-1030 Wien
Tel. 01/75 70 62
2, rue Thalberg
CH-1201 Genf
Tel. 0 22/7 32 86 10

Auto

(→ Allgemeine Informationen, Anreise mit dem Auto)

Benzinpreise

Die Benzinpreise liegen etwa auf deutschem Niveau. Als Faustregel gilt: An den Autobahnen tanken Sie am teuersten, an den Einkaufszentren (*centre commercial*) am preiswertesten.

Besondere Verkehrsregeln

Zulässige Höchstgeschwindigkeit in Ortschaften 50 km/h, außerhalb 90 km/h (bei Nässe 80 km/h, auf vierspurigen Landstraßen 110 km/h (bei Nässe 100 km/h), auf Autobahnen 130 km/h (bei Nässe 110 km/h). Führerscheinneulinge dürfen im ersten Jahr nicht schneller als 90 km/h fahren. Straßenbahnen haben immer Vorfahrt, bei Regen und Schneefall ist Abblendlicht vorgeschrieben, und im Kreisverkehr gilt, wenn nicht anders beschildert, rechts vor links. Promillegrenze: 0,8 %.

Mietwagen

In allen größeren Orten sind internationale und nationale Verleiher zu finden. Wer einen Wagen mieten will, muß mindestens 21 Jahre alt und schon länger als 12 Monate im Besitz eines Führerscheins sein. Ohne Kreditkarte muß mit Kautionen bis 3000 FF gerechnet werden. Die Preise variieren je nach Leihdauer, Fahrzeugtyp und Saison, sind insgesamt aber recht hoch. So kostet etwa ein Kleinwagen (z. B. Peugeot 205) bei Hertz für 24 Stunden 300 FF, dazu pro km 4,80 FF; das gleiche Auto kostet für eine Woche mit unbegrenzter Kilometerzahl etwa 3200 FF.

Pannenhilfe

Auf der Autobahn kann man sie über die Notrufsäulen, sonst über den Polizeinotruf (*police secours*), Tel. 17, anrufen. Hilfe in deutscher Sprache bietet rund um die Uhr der Touringclub de France (TCF) in Zusammenarbeit mit dem ADAC.

Touring Club de France (TCF)
21, rue Vital Charles
Bordeaux
Tel. 1/45 00 42 95 (Paris)
56 44 46 81 (Bordeaux)
Mai–Sept.

Parken

Rotweiß oder rotgelb markierte Bordsteine bezeichnen ein Parkverbot. In den Kurzparkzonen (*zone bleue*) darf, wenn nicht anders ausgeschildert, werktags zwischen 9–12.30 und 14.30 bis 19 Uhr längstens eine Stunde geparkt werden (Parkscheibe).
In manchen Straßen wird vom 1. bis 15. auf der Seite mit ungeraden Hausnummern geparkt, danach umgekehrt.

Baden

Überall an der Küste macht sich der Gezeitenwechsel sehr stark bemerkbar. Läuft das Ufer flach ins Meer aus, zieht sich das Wasser bei Ebbe kilometerweit zurück, so daß Baden nur bei Flut möglich ist. Auch für geübte Schwimmer sind die durch den Gezeitenwechsel verstärkten tückischen Strömungen äußerst gefährlich. Das Gesundheitsministerium kontrolliert regelmäßig die Wasserqualität. Der Hinweis »Baden verboten!« (*baignade interdite*) sollte deshalb unbedingt ernst genommen werden.
In den meisten Badeorten wird der Strand während der Saison überwacht. In diesen Abschnitten wird bei unruhigem Wasser die rote Fahne aufgezogen. Die gelbe Fahne bedeutet: Das Baden ist gefährlich, das Meer wird jedoch überwacht, während die grüne Fahne signalisiert: schwimmen ohne Risiko! Fast alle Strände sind frei zugänglich.
Um Toiletten und Duschen ist es allerdings nicht überall gut bestellt. Strandzelte und Sonnenschirme kann man mieten, Kleinkinder werden oft in »Miniclubs« betreut und können sich hier mit französischen Altersgenossen anfreunden. Gänzlich unbekleidetes Baden ist an den öffentlichen Stränden nicht üblich. Dazu gibt es spezielle FKK-Clubs mit Campingplatz und Bungalows.

Camping

Frankreich ist das europäische Land mit den meisten Campingplätzen. Etwa 15 % der Urlauber bevorzugen das *hôtel de plein air*, und der Standard der Plätze ist im allgemeinen recht hoch. Auch wer kein Zelt oder Wohnmobil mitbringt, muß auf Campingfreuden nicht verzichten. Etliche Plätze bieten Bungalows oder Mietzelte an.

Diplomatische Vertretungen

In der Bundesrepublik Deutschland:
Französische Botschaft
Kapellenweg 1 a
53179 Bonn
Tel. 02 28/36 20 31, 36 21 78
Fax 35 18 32
In Österreich:
Französische Botschaft
Technikerstr. 2
A-1040 Wien
Tel. 01/65 47 47
In der Schweiz:
Französische Botschaft
Schosshaldenstr. 46
CH-3006 Bern
Tel. 0 31/43 24 24
In Frankreich:
Bordeaux:
Konsulate von Deutschland, Österreich und der Schweiz
Deutsches Generalkonsulat
377, bd. du Président Wilson
Tel. 56 08 60 20, Fax 56 42 32 65
Konsulat der Republik Österreich
86, cours Balguerié-Stuttenberg
Tel. 56 00 00 70

Schweizer Generalkonsulat
4, cours Xavier Arnozan
Tel. 56 52 18 65
Nantes:
Deutsches Honorarkonsulat
22, rue Crébillon
Tel. 40 73 01 73, Fax 40 69 25 15

Einreise

Für einen Ferienaufenthalt von bis zu drei Monaten genügen Personalausweis oder Reisepaß. Kinder unter 16 Jahren sollten im Paß der Eltern eingetragen sein oder einen eigenen Kinderausweis besitzen.
Katzen oder Hunde müssen wenigstens drei Monate alt und gegen Tollwut geimpft sein, wobei die Impfung nicht länger als sechs Monate zurückliegen darf. Katzen im Alter zwischen drei und zwölf Monaten brauchen zusätzlich eine Impfung gegen Katzenseuche, gleichaltrige Hunde die Impfung gegen Staupe und Hepatitis. Detaillierte Auskunft erteilen die Botschaften und Konsulate.

Essen und Trinken

In den Feriengebieten setzt mancher Wirt lieber auf seine Lage als auf seine Küche – besonders beim auf den ersten Blick scheinbar preiswerten »Touristenmenü« ist Vorsicht angeraten. Achten Sie bei Lokalen darauf, ob unter den Gästen auch Einheimische sind. Ein Blick auf die Autonummern ist da manchmal ratsam.

Im Restaurant

Üblicherweise sucht man sich seinen Platz im Lokal nicht selbst, sondern läßt ihn sich vom Kellner zuweisen. Die Wartezeit bis zum Essen wird mit einem Aperitif überbrückt. Komplette Menüs sind preiswerter als solche, die der Gast selbst *à la carte* zusammenstellt. Manche Lokale bieten auch preiswerte Tagesgerichte (*plat du jour*) an. Zu einem Menü gehören Vorspeise (*hors d'œuvres*), Zwischengericht (*deuxième entrée*), Hauptgericht (*plat de résistance*). Erst danach wählt man Käse und/oder Nachspeise; ein kleiner Kaffee und ein Verdauungsschnaps (*digestif*) beschließen das Essen.

Alles vom Meer

Das *plateau de fruits de mer*, ein aufgetürmtes, mit Tang unterlegtes Potpourri aus Meeresfrüchten aller Art, gehört zum kulinarischen Pflichtteil eines Urlaubs am Atlantik. Mit Langustinen, Krabben (*crabes*), Garnelen (*crevettes*) und Meeresspinnen (*araignées*) bietet der französische Atlantik genug »Eigengewächse«, so daß sich eigentlich niemand die überwiegend aus Kanada eingeflogenen Hummer (*homard*) auftischen lassen muß. Nur wenig billiger sind gegrillte oder *à l'américaine* zubereitete Langusten (*langoustes*). Die Zubereitung der dünn geschnittenen Schalentiere in einer scharfen Sauce erfand im letzten Jahrhundert Meisterkoch Pierre Fraisse, als er nach langem Aufenthalt in Chicago wieder nach Paris zurückgekehrt war. Eines Abends von späten Gästen überrascht, blieb ihm keine Zeit mehr, die Hummer wie üblich in Bouillon zu kochen. So zerlegte er die Krustentiere, schnitt das Fleisch klein und garte es in einer aus Butter, Zwiebeln, Tomaten, Knoblauch, Wein und reichlich Brandy angerührten Sauce. Auf die Nachfrage der begeisterten Gäste wußte Pierre, noch ganz unter dem Eindruck Amerikas, seine Kreation nicht anders zu nennen als *à l'américaine*.

Geradezu ein Standardgericht sind in Weinsud und mit Zwiebeln angerichtete Miesmuscheln (*moules marinières*). Die rosafarbene Jakobsmuschel (*coquille Saint-Jacques*), früher das Kennzeichen der Jakobspilger, als Emblem am Hut getragen, wird mit einer Cremesauce überbacken als Vorspeise gereicht. Die Küste der Charente ist Europas größtes Austernzuchtgebiet. Hier ist die Königin der Muscheln (*huîtres*) frisch und preiswert zu haben, und wer direkt bei den Zuchtparks einkauft, bekommt als Beigabe sogar Gebrauchsanweisungen zur richtigen Zubereitung. Auf klassische Art werden sie, nur mit einem Tropfen Zitrone beträufelt, roh geschlürft. An Fisch, ob gebraten, gegrillt, pochiert oder in einer Suppe werden Wolfsbarsch (*barloup*), Seezunge (*sole*), Steinbutt (*turbot*), Thunfisch (*thon*), Makrele (*maquereau*) serviert.

Wein (*vin*)
Frankreich ist das Weinland par excéllence. Vom Frühstück abgesehen nimmt der Franzose kaum eine Mahlzeit ohne Wein zu sich. Etwa zwei Drittel der französischen Weine gehören in die Gruppe der einfachen Tafelweine (*vins de table oder V. C. C. = vins de consommation courante*). Sie sind aus Weinen verschiedener Regionen verschnitten und tragen deshalb keine Herkunftsbezeichnung. Landweine (*vins de pays*) sind Tafelweine aus einem einzigen, meist sehr weitgefaßten Herkunftsgebiet. Weine mittlerer Qualität dürfen sich mit dem Prädikat V.D.Q.S. (*vin délimité de qualité supérieure*) schmükken, während die Weine mit *Appellation d'origine contrôlée (A. O. C.),* also »kontrollierter Herkunftsbezeichnung«, etwa unseren Prädikatsweinen entsprechen. A. O. C.-Weine müssen mehrere Qualitätsanforderungen erfüllen: Ein Mindestalkoholgehalt ist vorgeschrieben, der Höchstertrag von 40 hl pro ha Rebfläche darf nicht überschritten werden. Besondere Verarbeitungsmethoden müssen auf dem Etikett angegeben sein, dazu Rebsorte(n), Lage und Jahrgang sowie die Namen des Abfüllers und Erzeugers.

Speisen- und Getränkelexikon
Alcool: Spirituosen
abricot: Aprikose
agneau: Lamm
aiglefin: Schellfisch
aïl: Knoblauch
airelles rouges: Preiselbeeren
amandes: Mandeln
anchois: Sardelle (Anchovis)
andouille: Schweinswurst (aus Kutteln)
andouillette: Kalbswürstchen
anguille: Aal
artichauts: Artischocken
asperge: Spargel
assiette anglaise: Platte mit kaltem Aufschnitt
Baguette: langes Weißbrot
bar: Barsch
barbeau: Meerbutt
baudroie: Seeteufel
bécasse: Schnepfe
beignet: Karpfen
belon: flache Auster
bette: Mangold
betterave rouge: rote Beete
beurre: Butter
bière blonde: helles Bier
bière brune: dunkles Bier
bière de malt: Malzbier
bière pression: Bier vom Faß
bifteck: Beefsteak
– *saignant:* blutig
– *à point:* medium
– *bien cuit:* gut durchgebraten
bisque: Cremesuppe
blé noir: Buchweizen
blanquette: 1. moussierender Weißwein, 2. Ragout
bœuf: Ochse, Rind
boudin blanc: Weißwurst
boudin rouge: Blutwurst
bouillabaisse: Fischeintopf, -suppe (als Hauptgericht)
brandade: Stockfisch
brioche: Hefegebäck
brioche Vendéenne: Hefezopf
brochet: Hecht
brochette: kleiner Bratspieß

Cabillaud: Kabeljau
cacahouètes: Erdnüsse
caille: Wachtel
calmar: Tintenfisch
canard: Ente
canelle: Zimt
carbure: dicke Gemüsesuppe mit Gemüsen der Saison, Speck und Confit
carotte: Karotte
carpe: Karpfen
carré: Rippenstück
cassis: schwarzer Johannisbeerlikör
cassoulet: Bohneneintopf
céleri: Sellerie
cèpe: Steinpilz
cerf: Hirsch
cerise: Kirsche
cervelle: Hirn
chanterelle: Pfifferling
chapon: Kapaun (kastrierter Hahn)
charcuterie: Wurst-, Fleischaufschnitt
châteaubriand: Filetsteak
chaud: heiß
chausson: Blätterteigstückchen
chèvre: Ziege, Ziegenkäse
chou: Kohl
chou-fleur: Blumenkohl
chou frisé: Wirsing
chou-rave: Kohlrabi
chou rouge: Rotkohl
choucroute: Sauerkraut
ciboulette: Schnittlauch
cidre: Apfelwein
civet de lièvre: Hasenklein
clafoutis: Auflauf (süß, mit Obst)
cochon de lait: Spanferkel
cœur: Herz
cœur de palmier: Palmherz
colin: Seehecht

concombre: Gurke
confit: im eigenen Fett eingemachtes Geflügel oder Schweinefleisch
coq: Hahn
coquille, coquillage: Muschel
cornichon: Gewürzgurke
côte: Rippenstück
courgette: Zucchini
crabe: Krabbe
crémant: (elsässischer) Sekt
crème Chantilly: Schlagsahne
crème fraîche: saure Sahne
crêpe: feiner, belegter Pfannkuchen
crevette: Garnele
croustade: knusprige Pastete
crudités: Rohkostsalat
crustacés: Krustentiere
cuisiné: gekocht
cuisse: Schenkel, Keule
cumin: Kümmel
Dattes: Datteln
daurade: Goldbrasse
demi litre: halber Liter
dinde: Truthenne
dindon: Truthahn
Eau: Wasser
eau gazeuse: kohlensäurehaltiges Wasser
eau minérale: Mineralwasser
eau-de-vie: klarer Schnaps
échalote: Schalotte
éclair: Brandteiggebäck
écrevisse: Flußkrebs
endive: Chicorée
entrecôte: Lendenstück
entrée: warme Vorspeise
épaule: Schulterstück
épice: Gewürz
épinards: Spinat
escalope: Schnitzel
escargots: Schnecken
estouffade: Geschmortes

E

Coquille, baguette und ein Glas *vin sec* gefällig?

Faisan: Fasan
farci: gefüllte Krautwickel
fenouil: Fenchel
figues: Feigen
flageolets: junge weiße Bohnen
flan: Pudding
flambé: flambiert
flétan: Heilbutt
foie: Leber
foie gras: Stopfleber
frais: frisch
fraises: Erdbeeren
framboises: Himbeeren
frit: gebacken
froid: kalt
fromage: Käse
fromage blanc: weißer Käse, Quark
fruits: Obst
fruits de mer: Meeresfrüchte
fumé: geräuchert

Gâteau: Kuchen
galette: herzhaft belegte Crêpe aus Buchweizenteig
gaufrettes: Waffeln
gibier: Wild
gigot: Keule
girolles: Pfifferlinge
glace: Eis
glaçon: Eiswürfel
gougère: Käsekuchen
gratin: Überbackenes, Auflauf
grenouille: Frosch
grillé: gegrillt, gebraten
griottes: Sauerkirschen
grive: Drossel
grondin: Knurrhahn (Fisch)
groseilles: Johannisbeeren
Hachis: Haschee
hareng: Hering
haricots verts: grüne Bohnen
herbes: Kräuter
homard: Hummer
huile: Öl
huîtres: Austern

Jambon: Schinken
jambon d'Auvergne: roher Schinken
jambon de Paris: gekochter Schinken
jambon de Vendée: in Salz- und Gewürzlake konservierter Schinken
jarret: Haxe
jus de fruits: Obstsaft
jus de pomme: Apfelsaft
jus d'orange: Orangensaft
jus de raisin: Traubensaft
jus de tomate: Tomatensaft
Lait: Milch
laitue: Kopfsalat
langouste: Languste
langoustine: kleiner Panzerkrebs
langue: Zunge
lapereau: junges Kaninchen
lapin: Kaninchen
lapin de garenne: Wildkaninchen
lard: Speck
légumes: Gemüse
lentilles: Linsen
lièvre: Hase
lièvre à la royale: Feldhase
limande: Scholle
limonade: Limonade
liqueur: Likör
loup: Wolfsbarsch
lotte: Seeteufel
Macaroniade: überbackene Makkaroni
mâche: Feldsalat
magret de canard: im eigenen Fett gegrillte oder gebratene Entenbrust
maquereau: Makrele
marcassin: junges Wildschwein
mariné: mariniert
marron: Eßkastanie

marrons glacés: glasierte Maronen
matelote: Fischsuppe
merluche: Stockfisch
miel: Honig
mignon de canard: mariniertes Entenfilet
mitonné: geschmort
morilles: Morcheln
moure: Kabeljau
morue noir: Schellfisch
morue sèche: Stockfisch
moules: Muscheln
moutarde: Senf
mouton: Hammel
mouton de pré-salé: Fleisch von Hammeln, die auf Salzwiesen aufgewachsen sind
myrtilles: Heidelbeeren
mystère: Eistorte
museau vinaigrette: Ochsenmaulsalat
Navarin: Hammelragout mit Rüben
navets: weiße Rüben
noisette: Haselnuß
noix: Walnuß
nouilles: Nudeln
Œuf: Ei
œuf à la coque: weiches Ei
œufs brouillés: Rührei
œuf dur: hartes Ei
œuf poché: verlorenes Ei
œuf sur le plat: Spiegelei
oie: Gans
oignon: Zwiebel
oison: junge Gans
oreille: Ohr
oseille: Sauerampfer
Pain: Brot
palourde: Seemuschel
panaché: Bier mit Limonade (»Radler«)
parfait: Halbgefrorenes

E

pastis: Anisschnaps
pâté: Pastete
pâté feuilleté: Blätterteig
pâtes: Teigwaren
pâtisserie: Konditorei, Gebäck
paupiette: Roulade
pêche: Pfirsich
perche: Flußbarsch
perdreau: Rebhuhn
persil: Petersilie
petits pois: Erbsen
petit salé: gekochtes Schweinefleisch
pichet: offener Hauswein
pied: Fuß
pigeon: Taube
piments: Peperoni, Pfefferscho-
  ten
pintade: Perlhuhn
plat du jour: Tagesgericht
plie: Scholle
poires: Birnen
poireau: Lauch
poisson: Fisch
poitrine: Brust
poivre: Pfeffer
poivrons: Paprikaschoten
pommes: Äpfel
pommes de terre: Kartoffeln
pommes à l'anglaise: Salzkartoffeln
pommes dauphines: Kartoffel-
  gratin
pommes nature: Salzkartoffeln
pommes sautés: Bratkartoffeln
porc: Schweinefleisch
porcelet: Stücke vom Spanferkel
potage: Suppe
pot au feu: Rindfleisch in Ge-
  müsebrühe
poule: Suppenhuhn
poulet: Brathuhn
poulet jaune: »gelbes«, d. h.
  mit Mais gefüttertes Huhn

poulpe: Tintenfisch
poussin: Küken
profiterolles: Windbeutel mit
  Schokoladencreme
pruneaux: Backpflaumen
prunes: Pflaumen
Quart: Viertel
quenelles: Klößchen
queue: Schwanz
quiche lorraine: Speckkuchen
Râble de lièvre: Hasenrücken
raie: Rochen
raifort: Meerrettich
raisins: Weintrauben
rillettes: Pastete aus gehacktem
  Schweinefleisch
ris de veau: Kalbsbries
riz: Reis
rognons: Nieren
romarin: Rosmarin
rôti: Braten
rouget: Rotbarbe
Sabayon: Weincreme
salade: Salat
salade niçoise: Salat mit Thunfisch, Ei, Oliven, Anchovis
sandre: Zander
sanglier: Wildschwein
sauce périgueux: aus dem Sud
  zerkochter Knochen, mit
  Portwein und Trüffeln
saucisse: Würstchen
saucisson sec: Dauerwurst
sauge: Salbei
saumon: Lachs
sauté: geschmort
sel: Salz
selle: Rückenstück
semoule: Grieß
sole: Seezunge
sorbet: Fruchteis (mit Wasser);
  Sorbet
soubise: Zwiebelpüree
soufflé: Eischaumauflauf

soupe aux choux verts: Grün-
kohlsuppe
sucre: Zucker
Tanche: Schleie
tarte: Kuchen
tarte des noces islaises: salziges
Blätterteiggebäck, gefüllt mit
Pflaumen aus dem Rumtopf
tarte tatin: karamelisierte Apfel-
torte
tartine: belegte Brotscheibe
tellines: kleine Muscheln
tête: Kopf
thé: Tee
thé nature: Schwarztee
thé au citron: Tee mit Zitrone
thon: Thunfisch
thym: Thymian
tisane: Kräutertee
tournedos: Rindsfilet
tourteaux: Taschenkrebse
tranche: Scheibe
tripes: Kutteln
truffes: Trüffeln
truite: Forelle
turbot: Steinbutt
Veau: Kalb
velouté: Cremesuppe
vermicelles: Fadennudeln
verre: Glas
viande (hachée): (Hack-)Fleisch
vin blanc: Weißwein
vin doux: Dessertwein
vin en fût: Faßwein
vin maison: Wein des Hauses
vin mousseux: Schaumwein,
Sekt
vin rosé: Rosé
vin rouge: Rotwein
vin sec: trockener Wein
vinaigre: Essig
vinaigrette: Essig-Öl-Marinade
volaille: Geflügel
Yaourt: Joghurt

Feiertage

Neujahr (1. Januar), Ostermon-
tag, Tag der Arbeit (1. Mai),
Ende des Zweiten Weltkrieges
(8. Mai), Christi Himmelfahrt
(Ascension), Nationalfeiertag
(14. Juli), Mariä Himmelfahrt
(Assomption, 15. August), Aller-
heiligen (1. November), Ende
des Ersten Weltkrieges (11. November), Weihnachten (25. De-
zember).

Geld

Der französische Franc (FF) ist
in 100 Centimes unterteilt.
Der Wechselkurs unterliegt
leichten Schwankungen; im
Sommer 1994 lag er bei etwa
30 DM für 100 FF.
Devisen dürfen unbegrenzt ein-
und ausgeführt werden.
Kreditkarten sind in Frankreich
weit verbreitet; Eurocheques
(weniger bekannt) werden –
meist gegen Vorlage des Perso-
nalausweises – bis zu 1400 FF lediglich bei Banken problemlos
akzeptiert.

Hotels und andere Unterkünfte

Das spartanische Frühstück (*petit déjeuner*) ist in manchen Hotels obligatorisch, wird aber ex-
tra berechnet. Häuser mit ange-
schlossenem Restaurant erwarten, daß der Gast wenigstens
eine weitere Mahlzeit im Haus
einnimmt – in der Saison werden in vielen Ferienhotels Zimmer nur mit Halbpension ver-

mietet. Während der Hauptsaison (Juli/August) sollte man Zimmer in Ferienorten unbedingt vorher reservieren.

Das Bett ist in aller Regel ein französisches Bett, ein *grand lit* und als solches für zwei Personen gedacht – weshalb Einzelreisende allenfalls mit einem geringem Preisnachlaß gegenüber zwei Personen rechnen können. Wer ein Doppelzimmer mit zwei getrennten Betten sucht, sollte nach einem *chambre à deux lits* fragen.

Schloßhotels

Leben nicht ganz wie Gott in Frankreich, aber zumindest im Stil eines französischen Aristokraten – für Urlauber mit dicker Brieftasche kein Problem. Einige französische Schlösser und Herrensitze sind zu Hotels umgewandelt worden. Und wer es noch eine Spur exklusiver haben will, findet neben diesen Schloßhotels auch noch von den Eignern bewohnte Häuser, die eine kleine Anzahl von Gästezimmern nach Voranmeldung auch Fremden überlassen – Urlaub mit Familienanschluß bei den Von-und-Zus. Näheres in der beim Fremdenverkehrsamt erhältlichen Broschüre »Châteaux Accueil«.

Ferienwohnungen

Die Palette reicht von der ausgebauten Garage bis zur Villa, die sich eine wohlhabende Pariser Familie um die Jahrhundertwende an der baskischen Küste einrichten ließ. Entsprechend variieren die Preise der für zwei bis neun Personen zugeschnittenen Studios, Meublés, Résidences oder Appartements angebotenen Domizile zwischen 200 und 4000 FF pro Woche. Über Scharnow, ITS und ADAC-Reisen beispielsweise lassen sich Ferienwohnungen schon in Deutschland buchen.

Privatzimmer

In kleineren Orten stellen Privatzimmer eine preisgünstige Übernachtungsalternative dar. Das Angebot entspricht oft unseren »Ferien auf dem Bauernhof« (*ferme auberge*). Wie die Hotels sind sie je nach Komfort in vier Kategorien eingeteilt – die Preise beginnen bei etwa 100 FF pro Person und schließen das Frühstück ein. Adressenlisten verschicken die lokalen oder regionalen Informationsbüros oder das landesweite Büro der Vereinigung Gîtes de France.

Féderation Nationale des Gîtes de France
Sachsenhäuser Landwehrweg 108
D-60598 Frankfurt/M.
Tel. 069/683855

»Gîtes d'Etape«

Diese jugendherbergsähnlichen Einrichtungen auf dem Lande sind für Wanderer, Kanuten, Radler und andere Urlauber gedacht, die sich naturnah in vergleichsweise kleinen Etappen fortbewegen. Die Ausstattung entspricht in etwa den Berghütten des Alpenvereins (Matratzenlager, Schlafräume, teilweise Zimmer für zwei bis vier Personen, Kochgelegenheit). Die Übernachtung kostet je nach Komfort 50 bis 100 FF, und die Gäste dürfen höchstens zwei Nächte bleiben. Regionale Verzeichnisse der Herbergen halten die Fremdenverkehrsämter bereit.

Jugendherbergen

Zur Übernachtung ist ein Herbergsausweis erforderlich, den das Jugendherbergswerk oder die Herbergen im Heimatland, ja inzwischen sogar manche Sporthäuser ausstellen. Das Jugendherbergswerk verschickt auf Anforderung auch ein internationales Herbergsverzeichnis mit Informationen über die wichtigsten Jugendherbergen in Frankreich.

Deutsches Jugendherbergswerk
Bismarckstr. 8
D-32756 Detmold
Tel. 0 52 31 / 7 40 10

Klima und Reisezeit

Milde Temperaturen und viel Sonnenschein bestimmen das Wetter an der Atlantikküste. Frühjahr und Baumblüte setzen zwei bis vier Wochen eher ein, auch der Sommer ist etwas wärmer als bei uns. Besonders gegen Süden hin kommt es auch in der warmen Jahreszeit gelegentlich zu kurzen, doch heftigen Wolkenbrüchen; das im Staubereich der Pyrenäen liegende Biarritz hat so im Jahresmittel etwa doppelt so viele Niederschläge wie die Küste nördlich der Gironde. Mit fast 2 000 Jahresstunden Sonnenschein kommt freilich selbst das nasse Biarritz noch auf die gleichen Werte wie Nizza. München muß sich mit knapp der Hälfte begnügen.

Ideale Reisezeit für den Badeurlaub ist Ende Juni bis Anfang September. Mag die Luft im Frühjahr und Herbst noch so angenehm sein, läßt doch das Wasser deutlich fühlen, daß es zu einem kalten Ozean gehört: Nur im Hochsommer steigt die Wassertemperatur des Atlantik auf über 18 Grad. Wer es sich einrichten kann, sollte die französischen Schulferien meiden und die Küste vor dem 10. Juli bzw. nach dem 20. August besuchen. Für reine Besichtigungsfahrten sind Mai und September die besten Monate.

Literatur und Karten

Als Lektüre für unterwegs empfehlen wir Ihnen:

Baier, Lothar: »Firma Frankreich«, Berlin (Wagenbach-TB), 1988.

Cyrano de Bergerac: »Die Reise zum Mond«, Frankfurt/M. (Insel-TB), 1991. Erzählung.

Haensch, Günther/Tümmers, Hans: »Frankreich«, Beck' sche Reihe 831, München 1993. Eine politische Länderkunde.

Kinkel, Tanja: »Die Löwin von Aquitanien«, München (Goldmann), 1993. Die Ge-

Die genauen Klimadaten von Bordeaux:

	Durchschnittliche Temperaturen in °C		Sonnen-stunden pro Tag	Regentage	Wasser-tempera-tur in °C
	Tag	Nacht			
Januar	9,2	1,7	2,6	16	12
Februar	10,5	2,0	3,9	13	11
März	14,9	4,2	5,5	13	12
April	17,3	8,1	7,0	13	13
Mai	20,3	9,1	7,5	14	15
Juni	23,7	12,2	8,2	11	17
Juli	25,4	13,7	8,0	11	18
August	25,7	13,6	8,0	12	19
September	23,1	12,0	6,6	13	19
Oktober	18,1	8,2	5,0	14	17
November	12,7	4,7	2,9	15	15
Dezember	9,3	2,5	1,8	17	14

Quelle: Deutscher Wetterdienst Offenbach

schichte der Königin Eleonore als packender Roman.

Montesquieu, Charles de: »Vom Geist der Gesetze«, Ditzingen (Reclam).

Piroué, Susi: »Freude am Wein«, München (Gräfe und Unzer Verlag), 1993.

Piroué, Susi: »Die echte französische Küche«, München (Gräfe und Unzer Verlag), 1994. Typische Rezepte und kulinarische Impressionen aus allen Regionen.

Raddatz, Fritz: »Pyrenäenreise im Herbst. Auf den Spuren Kurt Tucholskys.« Reinbek (Rowohlt), 1985. Ein Kritiker auf den Spuren des Literaten Tucholsky.

Rostand, Edmond: »Cyrano de Bergerac«, Ditzingen (Reclam).

Schmid, Klaus-Peter: »Gebrauchsanweisung für Frankreich«, München (Piper) 1991.

Simenon, Georges: »Maigret und der Verrückte von Bergerac«, Zürich (Diogenes-TB), 1992. Krimi.

Tucholsky, Kurt: »Ein Pyrenäenbuch«; Reinbek (rororo-TB 474). Bericht von einer Reise im Jahre 1925.

Karten

Die besten Straßenkarten für Frankreich gibt der Reifenhersteller Michelin heraus. Autofahrer greifen für das Gebiet um die Loire-Mündung zur Karte 232, für Charente, Poitou und Vendée zu Nr. 233 und für den Südwesten zur Karte 234 (alle im Maßstab 1:200000). Für Wanderer und Radfahrer kommen besonders die Karten im Maßstab 1:25000 und 1:50000 des Institut Géographique National in Frage.

Medizinische Hilfe

Versicherte einer deutschen oder österreichischen gesetzlichen Krankenkasse haben in Frankreich »Leistungsanspruch im Wege der Aushilfe«, sprich: Die örtliche französische Krankenkasse übernimmt etwaige Krankenhauskosten und erstattet die für Arztbesuch und verschriebene Medikamente verauslagten Beträge. Dazu sind der bei der heimatlichen Krankenkasse erhältliche Auslandskrankenschein und ein vom Arzt auszustellendes Abrechnungsformular (*feuille de soins assurance maladie*) vorzulegen.

In den größeren Städten gibt es nachts und an Wochenenden einen telefonisch erreichbaren medizinischen Bereitschaftsdienst (*permanence médicale*). Auf dem Land informiert die Gendarmerie über den diensthabenden Arzt. Entsprechendes gilt für den Bereitschaftsdienst der Apotheken außerhalb der normalen Öffnungszeiten (Mo−Sa 9−12, 14−19 Uhr).

Vom ADAC erfahren Urlauber telefonisch die Adresse eines deutschsprechenden Arztes in ihrer Nähe. Der Automobilclub organisiert im Notfall auch einen Rücktransport nach Deutschland. Dessen recht hohe Kosten werden von den gesetzlichen Kassen auf keinen Fall erstattet. Wer sich gegen dieses Risiko absichern will, sollte für etwa 20 DM Jahresbeitrag eine besondere, private Auslandskrankenversicherung abschließen.

ADAC

Abteilung Verkehrsmedizin
Am Westpark 12
D-81373 München
Tel. 0 89/22 22 22

Notruf

Feuerwehr: Tel. 18
Polizei: Tel. 17
Ambulanz: Tel. 15

Post

Bei der französischen Post (PTT) sind »blaue«, »gelbe« und »graue« Dienste, also Briefpost, Fernmeldewesen und Postbank, noch in einer Hand und in ein und demselben Gebäude untergebracht. Die Postämter sind gewöhnlich 8–19 Uhr und samstags bis 12 Uhr geöffnet, in kleineren Orten schließen sie abends etwas früher und halten Mittagspause.

Radio und Fernsehen

In Südwestfrankreich kann man ohne Kabelanschluß und Satellitenschüssel die Programme TF 1, Antenne 2 (staatlich), FR 3 (staatlich), den deutschfranzösischen Kulturkanal Arte sowie den Canal plus (Pay-TV) und TV 6 empfangen.
Wer sich auch im Urlaub darüber auf dem laufenden halten will, was Deutschland bewegt, der hört mit einem Kurzwellenempfänger dicht nebeneinander die Deutsche Welle (6075 kHz), den Bayerischen Rundfunk (6080 kHz) und RTL (6092 kHz).

Sport

Angeln (*pêche*)
Die für das Fischen im Binnengewässer notwendigen Angelscheine können Sie in größeren Hotels – und vor allem in den örtlichen Tabakläden – kaufen. Vielversprechender – was die Beute betrifft – ist freilich der Ozean. *Pêche à pied* ist eine beliebte Freizeitbeschäftigung französischer Urlauber. Bei Ebbe begibt sich die ganze Familie ins Watt und sucht Muscheln, Krabben und die in Pfützen zurückgebliebenen Fischlein. Andere graben im Sand, wozu sich professionelle Sammler großer Rechen bedienen.

Bootstouren mit Kanu oder Kajak (*canoë, kayak*)
Schöne Paddelgebiete sind der urwüchsige, von tausend Flüßchen und Kanälen durchzogene Marais poitevin (→ Unterwegs in La Rochelle) und der Courant d'Huchet, der Abfluß des Sees von Léon (→ Unterwegs in Arcachon). Zwischen Sabres und dem Becken von Arcachon führt eine 80 km lange Paddelroute auf Leyre und Eyre durch den Nationalpark des Landes de Gascogne. In bequemen Tagesetappen sind Campingplätze eingerichtet, Boote werden mit Transport- bzw. Rückholservice verliehen. Für Wildwasserfahrten eignen sich besonders der Gave d'Oloron und der Gave de Pau (→ Unterwegs in Pau). An beiden Sturzbächen werden auch Rafting-Touren angeboten. Informationen bei den regionalen Touristenämtern oder:
Fédération Française de Canoë-Kayak
Quai de la Marne
94349 Joinville-le-Pont
Tel. (1) 48 89 39 89,
Fax (1) 48 86 13 25

Segeln (*voile*)

Für Segelboote und Motorboote mit weniger als 10 PS werden keine Führerscheine verlangt. Zentren der anspruchsvollen Hochseesegelei sind die Ile de Noirmoutier und La Rochelle, während die Binnenseen der Côte d'Argent das richtige Revier für Anfänger sind. Auskunft geben die örtlichen Fremdenverkehrsämter oder (Hochseesegeln) die

Fédération Française de Voiles
55, av. Kléber
75784 Paris Cedex 16
Tel. (1) 45 53 68 00,
Fax (1) 47 04 90 12

Surfen (*planche à voile*)

Ob Anfänger oder Crack, jeder wird an der Atlantikküste auf seine Kosten kommen. Vielerorts werden Bretter verliehen und Kurse angeboten. Für weniger Geübte bieten sich dabei vor allem die flachen Binnenseen (*étangs*) der Côte d'Argent an. Auf dem Atlantik selbst ist angesichts von Brandung, Gezeiten und unvermuteter, künstlicher Hindernisse (Muschelparks!) etwas Erfahrung vonnöten – wenigstens der Wasserstart sollte beherrscht werden. Je weiter es nach Süden geht, desto wilder wird das Meer: Hier sind die besten Bedingungen für Brandungssurfer und Wellenreiter. Besonders auf Surfer eingerichtet hat sich La Tranche-sur-Mer.

Tauchen (*plongée sous-marine*)

Tauchsport wird an der Küste vergleichsweise wenig betrieben. Dabei verheißen vor allem bei Arcachon versunkene Schiffe und Bunker, die ins Meer gerutscht sind, abenteuerliche Ausflüge in die Unterwasserwelt.

Sprache

Etwa von Bordeaux nach Périgueux und damit quer durch das in diesem Buch behandelte Gebiet läuft die Sprachgrenze zwischen den Dialekten der *Langue d'oïl*, der modernen französischen Hochsprache, und den der *Langue d'oc* zugerechneten Mundarten, wobei das südfranzösische *oc* »ja« bedeutet, während man im Norden statt dessen *oïl* sagte, aus dem sich das heute geläufige *oui* entwickelte. Noch die mittelalterlichen Minnesänger trugen ihre Lieder auf »Occitanisch« vor, doch 1539 wurde es im Zuge der Zentralisierung Frankreichs durch königliche Verfügung als Amts- und Bildungssprache durch die *Langue d'oïl* ersetzt.

Sprachbücher für die Reise:

Hérin, Gérard: »Reisewörterbuch Französisch«; Stuttgart (Klett), 1987.

Jue, Isabelle/Zimmermann, Nicole: »Sprachbuch Frankreich« (Anders Reisen); Reinbek (rororo-TB 7520, 1984). Für Fortgeschrittene.

Baskisch (*euskara*) wird im französischen Teil des Baskenlandes (*eskual herria*, »das Land, wo

Baskisch gesprochen wird«) noch von etwa 80000 Menschen als Muttersprache gepflegt. Gegenstand des Schulunterrichts ist es gleichwohl nur an wenigen Gymnasien – und dort als Fremdsprache. An den staatlichen Grundschulen jedoch werden die kleinen Basken, wie die Bretonen, Elsässer und anderen sprachlichen Minoritäten Frankreichs, nur auf Französisch unterrichtet. Sprachbewußte Basken (*eskualdunak*, »die, die Baskisch sprechen«) helfen sich mit Privatschulen.

Das vokalreiche und hart klingende Baskisch – lauschen Sie spaßeshalber einmal einer baskischen Rundfunksendung aus San Sebastián – ist das letzte Überbleibsel der Sprachen, die vor der indogermanischen Eroberung in Europa gesprochen wurden. Es ist damit die älteste Sprache unseres Kontinents und mit keiner anderen auch nur entfernt verwandt. An den Universitäten Pau und Bordeaux kümmern sich Lehrstühle um die Erforschung der baskischen Sprache und Literatur.

Baskischer Mini-Sprachführer

Die Buchstaben u, g, j, n werden wie im Deutschen gesprochen; das e als é, das z als stimmhaftes s (»Sonne«), x als sch wie in »Schule«.

Guten Tag: *Egun on*
Auf Wiedersehen: *Ikus arte*
Wie heißen Sie?: *Zer da zure izena?*
Wie geht es Ihnen?: *Nola zara?*

(Erwiderung) Danke, gut, und Ihnen?: *Ongi milesker, eta zu?*
Verzeihen Sie bitte: *Barkatu*
bitte: *Plazer baduzu*
danke: *Milesker*
Zum Wohl!: *Zure osagarriari!*
Was bedeutet dieses Wort?: *Zer erran nahi du hitz honek?*
Ich verstehe nicht: *Ez dut konprenitzen.*

Wenn Sie mehr wissen wollen:
Euskalzaleen Biltzarra (Hg.) *Guide de Conversation Français-Basque;* Bayonne/San Sebastian, 1991

Stromspannung

Die Stromspannung beträgt 220 Volt. Deutsche Schukostecker passen nicht. Entsprechende Adapter gibt es, wenn nicht im Hotel, dann im Elektrogeschäft (*bricolage*).

Telefon

Im Unterschied zu Deutschland ist die Vorwahl auch bei Verbindungen innerhalb eines Ortes oder Departments mitzuwählen – jede Telefonnummer ist also achtstellig, lediglich bei Gesprächen von außerhalb in die Region Paris ist vor der Rufnummer zunächst 16-1 zu wählen. Für Inlandsgespräche gilt ein gestaffelter Tarif. Am teuersten sind Gespräche während der normalen Bürozeiten, am preiswertesten Gespräche zwischen 22.30 und 6 Uhr. Verbilligte Verbindungen nach Deutschland, der Schweiz und Österreich gibt es Mo–Sa 21.30–8 Uhr, und Samstag 14 Uhr bis Montagmorgen 8 Uhr.

Telefonieren von Deutschland, Österreich, Schweiz

nach Frankreich (Provinz): 00 33 + achtstellige Rufnummer
in die Region Paris: 00 33 + 1 + achtstellige Rufnummer

Telefonieren von Frankreich (Provinz)

nach Region Paris: 16 + 1 + achtstellige Rufnummer
nach Deutschland: 19 49
nach Österreich: 19 43
in die Schweiz: 19 41

Auskunft (Inland): 12
Auskunft (Ausland): 19 + 33 + 12 + Vorwahl des betreffenden Landes

Trinkgeld

Im Restaurant sind etwa 10 % *pourboire* üblich. Auch Taxifahrer, Führer jeglicher Art und Hotelpersonal erwarten ein Trinkgeld.

Zeitungen und Zeitschriften

Die angesehensten überregionalen Tageszeitungen sind »Le Monde« (liberal), »Le Figaro« (konservativ) und »Libération« (links). Durch spektakuläre Enthüllung macht immer wieder das mit Schulfranzösisch allein allerdings kaum zu bewälti-gende satirische Wochenblatt »Le Canard Enchaîné« auf sich aufmerksam. An Regionalblättern liest man um Nantes herum und in der Vendée die Zeitung »L'Ouest«, in Bordeaux und im Süden hingegen »Le Sud-Ouest«. Aus der deutschen Presselandschaft sind »Bild«, in den größeren Städten und Ferienorten auch die »Frankfurter Allgemeine«, seltener die »Süddeutsche Zeitung« erhältlich; nicht zu vergessen natürlich »Spiegel« und »Stern«.

Zoll

Mengenmäßige Ein- und Ausfuhrbeschränkungen für Tabak und Alkohol gibt es innerhalb der EU nicht mehr. Es muß allerdings erkennbar sein, daß die Waren, die Sie mitführen, ausschließlich für den Privatgebrauch bestimmt sind. Sollten die Grenzbehörden den Verdacht haben, daß Sie mit den Waren handeln, werden Sie sofort zur Versteuerung herangezogen. Für Schweizer sowie für den Duty-free-Einkauf gelten folgende Mengenbeschränkungen:
200 Zigaretten oder 100 Zigarillos oder 50 Zigarren oder 250 g Tabak, 1 l Spirituosen oder 2 l Likör und 2 l Wein, (für die Schweiz jedoch abweichend 2 l alkoholische Getränke einschließlich Wein bis 15 % Alkohol- oder 1 l mit höherem Alkoholgehalt), 50 g Parfüm oder 0,25 l Eau de Toilette.

S
T
U
V
W
X
Y
Z

Register

Hier finden Sie die in diesem Band beschriebenen Orte und Ausflugsziele sowie wichtige Stichworte. Die Artikel La, le, les und chez wurden nicht berücksichtigt. Wird ein Begriff mehrfach aufgeführt, verweist die **fett** gedruckte Zahl auf die Hauptnennung. Die Buchstaben-Zahlen-Kombinationen verweisen auf die Planquadrate der Karten in der vorderen und hinteren Umschlagklappe sowie auf den Stadtplan von Bordeaux (S. 98/99). *Kursive* Zahlen beziehen sich auf Abbildungen.

🅼 = Der gute Tip von MERIAN

Die Autoren dieses Bandes

Ralph Braun, geb. 1953, Studium der Germanistik, Politologie und Geografie, war mehrere Jahre als Reiseleiter in europäischen Ländern tätig. Neben zahlreichen Reportagen hat er ein gutes Dutzend Reisebücher zu Zielen in Westeuropa und rund ums Mittelmeer verfaßt. *Bordeaux, Atlantikküste, Périgord* ist das Ergebnis eines längeren Aufenthaltes an der französischen Atlantikküste. Lebt in Konstanz.

Thorsten Droste, geb. 1950 in Hamburg, 1978 Promotion zum Dr. phil., ist freischaffender Künstler, Fotograf, Autor und Hochschullehrer. Von seinen etwa 20 Buchveröffentlichungen handeln 15 über Südfrankreich und Fragen der französischen Kultur. Lehrt an der Universität Salzburg Kunstgeschichte des Mittelalters. Lebt bei München.

Fotonachweis

Alle Fotos von Martin Thomas, Aachen, bis auf:
G. Amberg S. 65, G. Huber S. 186, G. Jung S. 121

LAND UND LEUTE ERLEBEN. MIT MERIAN.